Erika Cser
Juhani Laurinkari
Mária Sárosi
Zoltán Tefner

Grundlinien der ungarischen Sozialpolitikgeschichte

Ein internationaler Ausblick

disserta
Verlag

Cser, Erika; Laurinkari, Juhani; Sárosi, Mária; Tefner, Zoltán: Grundlinien der ungarischen Sozialpolitikgeschichte. Ein internationaler Ausblick, Hamburg, disserta Verlag, 2013

Buch-ISBN: 978-3-95425-182-7
PDF-eBook-ISBN: 978-3-95425-183-4
Druck/Herstellung: disserta Verlag, Hamburg, 2013

Herausgeber:
O. Prof. Dr. Habil. Dr. Dr. (H.C.) Juhani Laurinkari
A. O. Prof. Dr. Dr. Dr. Habil Zoltán Tefner

Übersetzung:
Karolina Cserti (Kapitel 1, 4)
Juhani Laurinkari (Kapitel 8)
Zoltán Tefner (Zum Geleit, Kapitel 3, 5, 6; in Deutsch verfasst Kapitel 2, 7)

Formatierung:
Béla Tefner

Bibliografische Information der Deutschen Nationalbibliothek:
Die Deutsche Nationalbibliothek verzeichnet diese Publikation in der Deutschen Nationalbibliografie; detaillierte bibliografische Daten sind im Internet über http://dnb.d-nb.de abrufbar.

© disserta Verlag, Imprint der Diplomica Verlag GmbH
Hermannstal 119k, 22119 Hamburg
http://www.disserta-verlag.de, Hamburg 2013
Printed in Germany

ZUM GELEIT

Das vorliegende Buch verdankt seine Geburt der Idee, dass die Autoren – ursprünglich – ein Universitätskonzept den Soziologiestudenten in sozialpolitischer Hauptfachrichtung von der Budapester Corvinus Universität zu Händen kommen lassen wollten. Die erste Fassung des Buches, das eigentliche Rohmanuskript entstand auf dieser Weise zuerst in ungarischer Sprache, die deutschsprachige Version, die die verehrten Leser nun in der Hand halten, ist ein Ergebnis von weiteren, tief greifenden Überlegungen. Sowohl die Herausgeber als auch die Autoren waren nämlich von der Überzeugung ausgegangen, dass die deutschsprachige Fassung als eine Unterrichtsgrundlage für deutschsprachige Studien in Budapest oder woanders in der Welt dienen könnte. Das Arbeitsteam wusste in der Vorbereitungsphase genau, dass aus dieser Budapester soziologischen Schule in erster Linie die künftigen Sozialarbeiter hinausgelangen werden, die nach Absolvierung ihrer Studien als Mitarbeiter von unterschiedlichen sozialpolitischen Instituten tätig werden. Daher kam unser Team auf den Gedanken, dass in Mittelpunkt unserer Auslegungen zwei kardinale Begriffe gestellt werden müssten: erstens die Geschichte der Institute, zweitens die historischen Krummwege der Armenfürsorge.

Die Armut ist bedauerlicherweise eine der sozialen Erscheinungen, die die ganze Menschheitsgeschichte hindurch ziehen. Sie gilt als das schwierigste Problem auch der Neuzeitgeschichte Ungarns, dermaßen, dass Ungarn in der Zwischenkriegzeit „das Land der drei Millionen Bettler" genannt wurde. Die Armut verschwand nicht einmal nach dem zweiten Weltkrieg – insbesondere in der 1950er Jahren, als der Lebensstandard unter das Niveau vor 1938 sank –, aber ihr Vorhandensein – aus ideologischen Gründen – wurde offiziell in Frage gestellt. Unter der Pression der staatlichen Propaganda meinten sogar viele, dass die jämmerliche Welt der der Arbeitslosen und Obdachlosen ein für allemal verschwand. Die demographischen, soziologischen Forschungsergebnisse betreffend den sozial Ausgestoßenen waren nur in engen fachlichen Kreisen außerhalb der offiziellen Öffentlichkeit bekannt.

Erst nach dem Sturz des Parteistaates, ab den 1990er Jahren stellte sich die Realität über die massenhafte, über Generationen hinweg ziehende Armut, die Arbeitslosigkeit, die Obdachlosigkeit, eine ganz breite Skala der sozialen Devianz heraus. Die ungarische Gesellschaft geriet unter den Zwang, sich mit den bis dahin latenten Problemen zu konfrontieren. Im Bereich Pauperismus wurde den Forschungen auch offiziell eine große Bedeutung beigemessen, in denen die Soziologie sowie die Geschichtswissenschaft Raum gewann.

Es taucht die Frage auf, ob die ungarische Praxis der Armutsbehandlung von vorangehenden Jahrhunderten Parallelitäten mit derer von Westeuropa aufweist, und nicht weniger berechtigt kann man die Frage stellen, ob die christliche Nächstenliebe in Ungarn – ähnlich wie im Westen – dem Arbeitsethos der bürgerlichen Gesellschaft zum Opfer fiel. Das Aufrollen der Frage ist auch deshalb gerechtfertigt, da die Verhältnisse in Ungarn denen von in Westeuropa erheblich abwichen: die durch die langen Türkenkriege entstandene niedrige Bevölkerungszahl und der Landreichtum eine Menge der Ansiedler in das verwüstete Land anzog; aus den zeitgenössischen Reisedarstellungen unter anderem aus den begeisterten Berichten von den Autoren im ehemaligen Ungarischen Königreich wurde es gar nicht verheimlicht, in wie großen Maße Ungarn an Naturschätzen reich ist. Während dessen Ungarn von den Kriegen des 18. Jahrhunderts, den Seuchen, Naturkatastrophen und in erster Linie vom Arbeitsmangel öfters heimgesucht wurde, sowie erschwerte noch die Unterentwickeltheit der Marktverhältnisse die Lage.

Wegen der verspäteten Industrialisierung in Ungarn zeigen die Erscheinungen des die weiten Schichten betreffenden, modernen Pauperismus – und die Versuche sie zu bewältigen –, eine bedeutende Phasenverzögerung vergleichend mit Westeuropa. Die einheimische Gesellschaft – ausgenommen einige weit blickende Geister – nahm den Pauperismus, als ein schwieriges soziales Problem erst ab erster Hälfte des 19. Jahrhundert wahr. Am klarsten und am kräftigsten erschienen die verblüffenden Fälle des Pauperismus zunächst in der Hauptstadt. Demzufolge haben die Leiter von Budapest – mit tätiger Zusammenarbeit von Wohltätigkeitsorganisationen zahlreicher Mitgliedschaft – die unter den einheimischen Verhältnissen umfassendsten und modernsten Rahmen der sozialen Assistenz ausgearbeitet, die sie später zu realisieren beginnen.

Die sozialpolitischen Ergebnisse der Jahrhundertwende wurden aber von den Verlusten infolge des Weltkrieges annulliert, und das Übel wurde von der Irrationalität des Friedenssystems von Versailles noch weiter vertieft. Die prekäre Lage der „drei Millionen Bettler" der Zwischenkriegszeit ließen allerdings die von den vorherigen historischen Perioden erheblich abweichenden Verhältnisse, namentlich die Auflösung des einheitlichen Wirtschaftsraums der Österreichisch–Ungarischen Monarchie entstehen. Die 20er Jahre wurden überall in den Nachkommenstaaten der Doppelmonarchie die Jahre der wirtschaftlichen Depression. An Stelle des zerstückelten, ehemaligen Reichs entstanden kleine Nationalstaaten, die die Sorgen der wirtschaftlichen Desintegration auf der Schulter trugen, und es verbreitete sich in ihnen die Not, sogar der Pauperismus in modernem Sinne.

Aber gerade dadurch, dass die inneren Ressourcen abgeriegelt wurden, entfielen keine Gelder auf die Fürsorge der sozial Bedürftigen. Die Schwierigkeiten haben sich infolge der großen Wirtschaftskrise von 1929 riesig vermehrt, als die „Tiefarmut" – das beste Beispiel dafür ist Budapest – auch in der Wirklichkeit zum Faktor der Gefährdung des gesellschaftlichen Status quo geworden ist. In den 30er Jahren nahm in Ungarn ein gemäßigtes Wirtschaftswachstum seinen Anfang, infolge dessen sich der wirtschaftlich-gesellschaftlichen Hintergrund der Sozialpolitik verändert hat.

Parallel entwickelte sich die Sozialpolitiktheorie in Europa. Die Frage wurde von vielen wissenschaftlichen Zirkeln als ihre eigene angesehen, insbesondere die an den Universitäten. Es entpuppten die Umrisse einer Sozialpolitik in heutigem Sinne. In der landesweit bewährten großen Politik gewann die Vorstellung Raum, die in den Begriffskreis der modernen Sozialpolitik auch die in der Allgemeinheit aufgefasste soziale Sicherheit aufgenommen werden soll. Gesetze sind auf die Welt gekommen, umfassende Programme betreuten Landesoberbehörden mit Kompetenzbereich für ganz Ungarn, und es wurden auch die institutionellen Systeme der sozialen Pflege anders, die damals schon über seit einem Jahrhundert existierende Traditionen verfügten. Welche waren diese Traditionen?

In Europa haben die christliche und die jüdische Kirche seit dem frühen Mittelalter ihre wichtigsten Armenversorgungssysteme ausgebaut. Diese Systeme wurden nach dem Schließen der Kloster im Auslaut des 18. Jahrhunderts gelegentlich abgeschafft, aber dann haben die karitativen Vereine der christlichen und jüdischen Konfessionen mit dem Zustandebringen eigener Institutionen und Asyle im 19. Jahrhundert an der Armenversorgung einen Riesenanteil gehabt. Nach dem zweiten Weltkrieg hat das kommunistische Establishment dieses kirchliche Institutionssystem der Armenversorgung wieder zerstört. Nach 1989, nachdem das Parteistaatssystem gefallen war, schlossen sich die historischen Konfessionen an die Arbeit der Armenfürsorge mit erneuten Kräften an. (Die Geschichte der konfessionellen Armenversorgung fällt aber außerhalb des Gegenstands dieses Überblicks.)

Die Sozialpolitikgeschichte – gegenüber anderen klassischen Zweigen der Geschichtsschreibung – lässt die traditionelle Periodisierung im Allgemeinen außer Acht. In der Sozialpolitikgeschichte gibt es nur längere „Bögen", die, was die „Realprozesse" anbetrifft, die gewohnten und bekannten Perioden der Allgemeingeschichte oder zum Beispiel der Politikgeschichte ganz einfach überspannen. In unserer Arbeit mussten wir aber zwangsweise Kompromisse schließen. Machten wir es allerdings daher, weil wir unseren Sachgehalt in das Gefüge der Universalgeschichte einzufügen versuchten. (Untertitel des Buches: „Ein internationaler Vergleich") Obwohl die Autoren dieses Widerspruchs bewusst sind, teilten sie die mehr als zweihundert Jahre lange ungarische Sozialpolitikgeschichte – wie es der Leser unten erfahren kann – in vier große Perioden. Aber trotzdem: Inhalt und Methodologie trennt keine chinesische Mauer voneinander. Wichtig ist, wenn ein geschichtswissenschaftliches Buch mehrere Autoren schreiben, dass die sie unter einem Fachbegriff immer dasselbe verstehen. Deshalb lassen wir in den nächsten Absätzen unserer Einleitung die grundlegendsten Fachbegriffe durch das Sieb von mehr, als zwei Jahrhunderten durch, einerseits um unseren terminologischen Vorrat zu vereinheitlichen, andererseits um den verehrten Leser über den Inhalt des Buches zu informieren. Drittens: die Autoren hegen die Hoffnung, dass das Publikum, das diesen Band in die Hand nimmt, erhält ein mehr oder weniger grobes Bild darüber, welche methodologischen Konzepte die Feder der Verfasser führten.

Die Armenpolitik und Armenversorgung des 19. Jahrhunderts, die Armut und die mit ihr verknüpfte praktische Tätigkeit (die Verfahrensweisen der Gemeinden, des Staates sowie der Staatverwaltungsebenen, die Gesamtheit der Institutionen, die Bereiche der privaten Charité) sind ohne Ausnahme infolge der liberalen Lehre und des liberalen Kredo so geworden, wie es in unseren weiteren Erörterungen erscheinen wird. Jeder Mensch bestrebt sich – so das liberale Credo von Adam Smith – nach der Verbesserung seiner eigenen Lage, und diese Bestrebung führt zu einem Optimalisierungsgrad des Wohlstandes. Bis auf die 1880er Jahre hielten sich der Staat und seine Behörden von jeglicher unmittelbarer Sozialpolitik stracks fern.

Das Ende der liberalen Ära, die ersten Elemente der Diskontinuität, die zweifellose Tatsache einer elementaren Wende sind von den Abwicklungen der 1890er Jahre signalisiert worden: das Inkrafttreten des ersten Versicherungsgesetzes (1892), der Beginn des systembedingten Ausbaus der kommunalen Sozialpolitik, hauptsächlich in Budapest und Pozsony/Pressburg (heute Bratislava). Es wurde die IX. (sozialpolitische) Sektion des Rates der

Hauptstadt aufgestellt, ein Gesetzesartikel über die Arbeitslosigkeit verabschiedet, ein Projekt über die Errichtung von Arbeiterwohnungen ausgearbeitet, das erste „Volkshaus" erbaut usw.). Diese Trendwende erwies sich als eine Folge der zeitgenössischen deutschen staatlichen Bestrebungen.

Vor dem Menschen des 19. Jahrhunderts erschienen die Armut und der Pauperismus nicht eindeutig als wirtschaftliche, sondern eher grundsätzlich als moralische Probleme. Diesbezüglich können wir im Laufe der Quellendeutung den in schriftlich festgesetzten quasi-soziographischen Beobachtungen empirisch keineswegs Glauben schenken. Im Falle von mehreren Autoren gestatten wir uns aber die Vermutung, dass sie die Erscheinungen sachlich und ausführlich beobachteten, über sie eine objektive Darstellung durchzuführen versuchten, sogar haben sie ja mit Hilfe von selbst konstruierten Indizes dem Publikum mit immer und immer wirklichkeitsnäheren Daten gedient (Beispiele: Bemessungen im Auftrag der Französischen Akademie oder der British Royal Society, außerdem die Begehungen der Allgemeinen Arbeiterkrankenkasse). Bei den Autoren, die wir als Quellen benutzen, müssen wir prüfen, auf Grund welcher Werteordnung sie sich an die Erforschung der von ihnen für wichtig gehaltenen Fragen heranmachten.

Was die Auswahl der Werteordnung, der Anschauungsweise und des kohärenten Systems der Gesichtspunkte anbelangt gibt es die Zielsetzung: Die Autoren wollen verfolgen, wie sich die Armut und die Deprivation zu sozialem Problem geworden ist, die sich anhand ihrer dieser neuen Funktion gesellschaftlich-politische Behandlung und Lösung beansprucht. Mindestens in zwei Ebenen müssen wir unsere Forschungen anstellen. Die liberale Gesellschaftsphilosophie hat die Freiheit des Individuums in Mittelpunkt gestellt. Diese Schule war an der Meinung, dass sowohl das Wohlergehen als auch dessen Gegensatz, die Verarmung, die Pauperisierung ebenfalls nur als Folgen der freien Wahl des Individuums aufgefasst werden sollen. Daher ist es so, dass zur Blütezeit des Liberalismus das Avancieren dieser Erscheinung zum gesellschaftlich-politischen Problem gar keine Chancen hatte. Später aber immer mehr. Die die sozialen Probleme des 20. Jahrhunderts Forschenden gelangten zur Erkenntnis, dass die Verarmung (und die Pauperisierung) mehr oder weniger auch strukturellen Änderungen in der Gesellschaft zu verdanken sind. Viele Zeitgenossen der Liberalphilosophen fingen an die Argwohn zu hegen: Nicht nur ein Fehler des Individuums kann es sein, wenn Leute massenhaft in die Armut stürzen. Obwohl die Anhänger der Auffassung von „blame of the victim" sich bis auf den heutigen Tag zur liberalen Lehre „das Opfer ist schuld daran" bekennen.

Die Autoren des Buches haben die einzelnen Vorstellungen, Meinungen, Anschauungsweisen Werteordnungen in den entsprechenden Kontext gesetzt und es stellte sich dadurch heraus, dass das Dilemma, ob der Mensch oder das Gesellschaftssystem die Verantwortung davonträgt, das ganze 20. Jahrhundert hindurch zog. Die voneinander konzeptuell abweichenden politischen Systeme – die ungarischen Regime in der Zwischenkriegszeit sowie der Staatssozialismus – machten das Individuum verantwortlich dafür, ob ihr Los günstige oder ungünstige Richtung nimmt, gleichzeitig war aber das Maß und das Wie der staatlichen Anteilnahme an der Verantwortlichkeit sehr unterschiedlich.

Nach dem zweiten Weltkrieg hatten die mit dem Wiederaufbau und mit der Kriegsentschädigung verbundenen Aufgaben die Oberhand gewonnen, deswegen hat die Armenfrage bis 1948 nicht einmal aufgetaucht. Hingegen wurde die Frage der Armut nach der kommunistischen Machtübergabe von 1948 ignoriert, weil alle Maßnahmen des Staates als Sozialpolitik verschrien wurden. Die in den politischen Deklarationen für einheitlich gehaltene Sozialpolitik betrachtete die Sozialpolitik als überflüssig, ungeachtet dessen, dass aus der Bodenreform von 196/47 viele ausblieben und die Lage der Alten sowie der Arbeitsunfähigen auch ungelöst blieb. Die allgemeine Wohlstandspolitik – meinte die kommunistische Partei – macht die kirchliche und zivile Organisationen der traditionelle Armenversorgung überflüssig, aus diesem Grund sind sie bis 1950 aufgelöst worden.

Die Betriebsstörungen der sozialistischen Wirtschaft zeigten sich in den 70er, 80er Jahren immer mehr, wodurch die verschiedenen Formen der Armut sichtbar geworden sind. Dem offiziellen Standpunkt nach gibt es in Ungarn keine Armut, nur gibt es im Lande „Schichten in benachteiligter Lage", „Leute, die unter dem Existenzminimum leben", „Deprimierten" und diejenigen, „die vom Arbeitsmarkt verdrängt worden sind". Wieder erschien die Kategorie „würdiger–unwürdiger Armer", obwohl sie derzeit von der Politik verschwiegen war.

Die politische Wende von 1990 brachte in die Armenpolitik eine Wendung erneut mit sich. Die durch die strukturellen Änderungen arbeitslos und obdachlos Gewordenen wurden stigmatisiert: Sie sind anpassungsunfähig, für ihr Los sind sie verantwortlich selber. Man kann deshalb nicht der Tatsache stillschweigend vorbeigehen, dass zu den staatlichen Hilfsprogrammen die

Hilfsprogramme der Kirchen und der bürgerlichen Organisationen beitragen mussten.

Der vorliegende Band kam als Frucht aus internationaler Zusammenarbeit zur Welt. *„Omnia si cupias, contingit, ut omnia perdas."* – lautet die alte lateinische Weisheit. Möchtest du alles für sich behalten, kommt vor, dass du alles verlierst. Die Wissenschaft wird nur so wirksam, wenn die Kenntnisse in internationaler Ebene ausgetauscht werden. In diesem Sinne kann das Buch, das der verehrte Leser in der Hand hält, als ein Produkt der komparativen Wissenschaft angesehen.

Im Rahmen des Erasmus-Programms wurde das Arbeitsteam zusammengebracht, in dem das letzte Kapitel über die finnische Sozialpolitik der Mitwirkung von o.Prof. Dr. habil. Dr. Dr. (h. c.) Juhani Laurinkari von der Universität Ostfinnlands (Sitz in Kuopio) zu verdanken ist. Warum eben Finnland? Weil die sozialpolitischen Ergebnisse dieses skandinavischen Landes in aller Welt den besten Ruf errungen haben und „von dem Besseren zu lernen" ist der Pfad, der uns zu einer besseren Zukunft leitet. Wie weiter? Diese kurze Zusammenfassung trägt den Titel „Grundlinien…", also etwas, was nicht das Große, das Monographische erzielt. Diesbezüglich zum Schluss noch eine Weisung von den alten Römern: *„Omnibus in rebus gravis est inceptio prima."* – in allen Sachen ist der erste Schritt wichtig."

Lectoris salutem!

Budapest–Kuopio den 15. Februar 2013

Die Herausgeber

INHALT

1 AUSGANGSPUNKTE DER ANALYSE MIT QUELLENKRITISCHEN BEMERKUNGEN

In Ungarn haben sich die Industrialisierung und die wirtschaftlich–gesellschaftliche Modernisierung erst später als in Westeuropa in Bewegung gesetzt, sie entfalteten sich langsamer und ihre Auswirkung hat die Gesellschaftsstruktur in bescheidenerem Maße umgeformt. Über die Dringendste aller sozialer Probleme, die Armenpflege, haben die ersten Aufsätze in der Zeit der Aufklärung die sich im Thema in Inland und im Ausland gut bewanderten ungarischen Wissenschaftler und Ärzte geschrieben.[1]

Anfang des 19. Jahrhunderts haben Frauenvereine[2] unter dem Einfluss des Pietismus definiert, welche sie entweder für arm oder reich halten, welche sind hilfeberechtigt, und in welchem Maße sie an der Hilfe teil haben können. Was bedeuten die Kategorien würdiger und unwürdiger Armer? Im „Reformzeitalter"[3] [1825–1848] sprachen auch leitende Politiker im Gegenstand des Elends ein, betonend die gesellschaftliche Pflicht der Wohlhabenden die Armen zu unterstützen.

In den Blättern der Tageszeitungen wurde die Aufmerksamkeit der Zeitgenossen auf die Gefahren des massenhaften Pauperismus gelenkt. (Typisch für dieses Zeitalter war es, dass die Probleme, die in dem für Musterländer der Progression gehaltenen England und Frankreich aufgetreten sind, wurden in Ungarn nur als künftighin bedrohende Gefahr in Rücksicht genommen.) Die diktatorische politische Einrichtung nach der Niederschlagung des Freiheitskrieges von 1849[4] hat verhindert, dass die Erforschung und Andeutung der sozialen Probleme auf die Tagesordnung gesetzt werden.

---

[1] **Réti**, Endre: Egykori doktori disszertációk [*Doktordissertationen von einst*]. Budapest 1974. **Erdélyi**, János: Úti levelek, naplók [*Reisebriefe, Tagebücher*]. Budapest 1985, S. 272-273., 288. Lőrincz **Tóth** hat in seinen Reisebildern die Wohnungen, die Lebensverhältnisse, die hungernden Kinder der Arbeiter von Manchester verewigt. **Tóth**, Lőrincz: Úti tárca [*Reiseportefeuille*]. Pest 1844, S. 191., es sind noch die Reisedarstellungen von Bertalan **Szemere**, István **Gorove**, János **Irinyi** zu erwähnen.

[2] „**Tudósítás** az Asszonyi Egyesület által sz. kir. Pest városában alapított jóltévő Intézetekről, azoknak belső elrendeltetéséről és fenn állásáról, 1817diki martius elsejétől 1833diki september végéig" [„*Bericht über die von dem Frauenverein gegründeten Wohltätigkeitsvereine in der freien königlichen Stadt Pest, über ihre innere Ordnung und Bestehung"*]. Bécsben 1834. **Országh**, Sándor: A Budai Jótékony Nőegylet 1817-1897 [*Der Budaer Wohltätige Frauenverein*]. Budapest 1898. **Schmall**, Lajos: Pest város szabályrendeletei és elvi jelentőségű határozatai Band III. [*Regelungen und Verordnungen prinzipieller Bedeutung der Stadt Pest*] Budapest 1863.

[3] Die die 1848er Revolution einleitende Bewegung in Ungarn 1825–1848, teilweise Synonym mit dem deutschen Ausdruck „Vormärz" [Notiz des Übersetzers].

[4] Ungarn führte 1849 einen Freiheitskrieg gegen den Wiener Zentralismus. Österreich konnte den Krieg nur in russischer Allianz im August 1849 gewinnen.

Nach dem Ausgleich zwischen Österreich und Ungarn von 1867 regelten auf die Kommunen oktroyierten Gesetze die Armenversorgung, auf Grund derer die Bedürftigen auch weiterhin in ihren Aufenthaltsorten versorgt werden mussten.[5] Die Fürsorgeberechtigen mochten nur in der Hauptstadt eine hohe Zahl betragen, zum Teil weil Wohnhaftigkeitsberechtigung – wegen des unzulänglichen Zustands der Lohnarbeiterverordnungen – in Budapest zu bekommen ein überaus schwerer Versuch war. (Zum Beispiel für eine Hausmagd eben aus diesem Grund fast unmöglich.)

Die Armenversorgung, die Hilfeleistung für die ärmsten industriellen und landwirtschaftlichen Arbeiter, die Landarbeiterfrage, die Behandlung der Armenkinder und der Findlinge, und überdies die Handhabung der Arbeitslosenfrage sind um die Jahrhundertwende auch in Ungarn zu den am dringendsten zu lösenden Fragen geworden. Die Lage war in der Hauptstadt äußerst kritisch, daher ist hier die große Zahl der Hilfsvereine, außerdem wurden die Maßnahmen zur Verbesserung der Lage hier erstens in die Tat umgesetzt. (N. b.: einige Städte auf dem Lande, vor allem Pozsony machten ernste Schritte auf dem Gebiet der Verbesserung der Wohnverhältnisse, Arbeiterwohnungsbau, Schaffung von neuen Arbeitsplätzen.) Neben den Reformpolitikern haben die städtischen Beamten und vor allem die Ärzte – denen das Elend und seine Folgen unmittelbar und alltäglich aneinandergerieten – ihre Meinung in ausführlichen Studien über die Armenpflege geäußert.[6]

Auf die massenhafte Not der Großstadt machte vor der öffentlichen Meinung vor allem die Untersuchung der Wohnungsprobleme und des Gesundheitswesens aufmerksam.[7] (Tuberkulose und Syphilis waren kamen in

---

[5] **Pomogyi**, László: Szegényügyi és községi illetőség a polgári Magyarországon. [*Armenversorgungszuständigkeit und Heimatberechtigung in dem bürgerlichen Ungarn*]. Budapest 2001.

[6] Dr. **Csatáry,** Lajos: Az Országos Közegészségügyi Tanács 25 évi története 1868-1893 [*Die 25jährige Geschichte des Landesrates für öffentliche Gesundheitswesen*]. Budapest 1893. Dr. **Chyzer**, Béla: A gyermekmunka Magyarországon [*Die Geschichte der Kinderarbeit in Ungarn*] Budapest, 1909. **Weisz,** Bernát: Indítvány egy lelencház felállítása tárgyában [*Vorschlag im Gegenstand der Errichtung eines Findelhauses*]. Budapest 1876. **Kaszás**, Marianne: Az egyesületi karitásztól az állami gondoskodásig. Szociális gyermekvédelem a századfordulón Budapesten [*Von Wohltätigkeit der Vereine zur staatlichen Versorgung*]. In: Szociológiai Szemle, 1994. Nr. 1. S. 127-145. Dr. **Szalárdy**, Mór: A közárvaház és a gyermekhalandóság Magyarországon [*Das Waisenhaus und die Kindermortalität in Ungarn*]. Budapest 1879. Ders.: Néhány szó a lelencház ügyében [*Ein paar Worte zur Angelegenheit Findelhaus*]. Budapest, 1892.

[7] Szabályrendelet-tervezet a fővárosi lakásviszonyok rendezésére [*Gemeindeordnungsentwurf für die Regelung der Wohnungsverhältnisse der Hauptstadt*]. 1884. In: Források Budapest történetéhez [*Quellen zur Geschichte der Hauptstadt*]. Band II. Hrsg.: **H. Kohut**, Mária. BFL

großer Menge vor.) Infolge der systematischen statistischen Bemessungen bildeten die dem Armenwesen gehörenden Erscheinungen das Thema von ausführlichen Untersuchungen, und die wissenschaftliche Bemessung der Lage der Armen wurde auch auf die Tagesordnung gesetzt. Der Statistiker József Kőrössy stellte die Armenwesensstatistik der Hauptstadt 1900–1902 zusammen, die die Fragen mit wissenschaftlichen Methoden untersuchte, wer in Budapest zu den Armen gerechnet werden kann, wie viel sie sind, wie sie leben.[8]

Der Verfasser hat auch diesmal nur über eine überraschend niedrige Zahl berichtet: 1902 versorgte die Hauptstadt 7733 Armen mit Geld und in Form von Naturalverpflegung, in 40 Schulen und 4 Kindergärten gab es Kinderhort für die armen Kinder, in den Armenhäusern wohnten nur insgesamt 1303. [9] Zur gleichen Zeit unterstützte das ganz Ungarn umfassende Netzwerk der karitativen Vereine mehr 10 tausend von Erwachsenen und Kindern.[10]

Nach der Jahrhundertwende blieb die Armenfürsorge kontinuierlich auf der Tagesordnung, weil sie als das schwerwiegendste Problem angesehen war.[11] Der Verarmung vorbeugend fing die Hauptstadt unter der Leitung des Oberbürgermeisters István Bárczy mit einer Aktion von Kleinwohnungsaufbau an, sie hat Volkshaus und Volkshotel angelegt, die Räte der Hauptstadt waren an Armenpflegereformen tätig.[12] Interessant war es in dieser Hälfte Europas, dass

---

kiadványa, Budapest 1971. S. 128-131. **Pásztor,** Mihály: Az eladósodott Budapest [*Das verschuldete Budapest*]. Budapest, 1907. **Varga,** Jenő: A lakásügy, mint közgazdasági és szociális probléma [*Das Wohnungswesen als ökonomisches und soziales Problem*]. In: Huszadik Század,1918. évf. S. 321-336. **Gergely,** András: Települések, lakások, lakóik a századforduló Magyarországán [*Siedlungen, Wohnungen, ihre Bewohner in dem Ungarn der Jahrhundertwende*]. In: Történelmi Szemle, 1971. Nr. 2. S. 404-440.
[8] **Kőrösy,** József: Budapest székesfőváros szegényügye az 1900-1902. években [*Das Armenwesen der Hauptstadt Budapest in den Jahren 1900–1902*]. In: Budapest Székesfőváros Statisztikai Közleményei. Band 37. Budapest, 1905.
[9] Ebenda, S 43, 63.
[10] Der Statistiker Gyula **Vargha** machte eine Vermessung über die Vereine und Gesellschaften im Lande. Aus der Bearbeitung dieser Vereinsstatistik des Dualismus stellt es sich heraus, welche Bedeutung man 1878 den karitativen Vereinen im öffentlichen Leben beimessen soll. **Vargha** hat in seinem Studium 3956 Vereine untersucht, die 672 783 Mitglieder rechneten. 9,4% aller Vereine wurde ausgesprochen mit dem Ziel der Wohltätigkeit gegründet.
[11] Die Tätigkeit von Jenő **Gaál,** Gábor **Kovács,** Kálmán **Kenessey,** Lajos **Kubinyi,** Kálmán **Müller,** Manó **Somogyi,** György **Schulpe** ist maßgebend in dieser Hinsicht.
[12] Zum Beispiel: Der Bericht des Ratsmitglieds Ambrus **Neményi** über die Wohnungslage in der Hauptstadt 1883. In: Források Budapest történetéhez. Band II. BFL 1971. S. 33-40.

an der Veröffentlichung sowie an der Praxis der „Nächstenliebe" die Freimaurerlogen die Spitzenreiter waren. [13]

Das in dieser Zeit in Ungarn um sich greifende kapitalistische Produktionssystem hat die Menschen von den persönlichen Gebundenheiten befreit. Den Grund des kapitalistischen Systems bildeten der Besitz, die Arbeit, die Freiheit des Vertragsabschlusses, auf die der Staat ein wachsames Auge hatte. Die Berufung des Staates wurde, dass er das Leben, Privateigentum, und die Einhaltung der Verträge sichert. Die Basis des Lebensunterhalts waren der freie Besitz und die freien Arbeitskräfte. Sei der großen französischen Revolution war in Europa bekannt, dass alle Menschen ein Recht zur Arbeit und dadurch zur Existenz haben. Die Arbeit wurde bis zur Jahrhundertwende auch in Ungarn das allgemeine Mittel der gesellschaftlichen Integration. Die gesellschaftliche Solidarität erhielt Ernährung aus dem institutionellen System der Arbeit.[14] Die Möglichkeit des Ungleichgewichts zwischen Angebot und Nachfrage wurde nur von wenigen erkannt, so beschränkte sich die soziale Versorgung lediglich auf die noch oder schon Arbeitsunfähigen. Die arbeitsfähigen aber arbeitslosen Armen fielen der Kategorie der allgemeingefährlichen Arbeitsscheuen zu, sie wurden mit Arbeitshaus und Gefängnis bestraft.

Um die an der Jahrhundertwende begründete Zeitschrift „Huszadik Század"[15] gestaltete sich eine Gruppe der ungarischen Sozialwissenschaftler aus, die schon auch auf die sozialen Probleme empfindlich reagierten. In dem Themenkreis haben sie Fallstudien und Aufsätze regelmäßig erscheinen lassen. (Die Zeitschrift ist heute schon auch elektronisch erreichbar.)[16]

Der größte Anspruch auf die wissenschaftlichen Darstellungen des Weges – um die sozialen Probleme zu lösen – erschien in der Zwischenkriegszeit. (In dieser

---

[13] **Abafi**, Lajos: A szabadkőművesség története Magyarországon: mutatókkal kiegészítve [*Die Geschichte der Freimaurerei in Ungarn: ergänzt mit Indizes*]. Reprint Budapest 1993.
[14] **Bódy**, Zsombor: Az ipari munka társadalma. [*Die Gesellschaft der industriellen Arbeit*] Budapest, 2010. S. 7. „Das Arbeitsrecht, das System der Arbeitsvermittlung, die Behandlung der Arbeitslosenfrage, die mit dem Arbeitsverhältnis verbundene Sozialversicherung, die Gewerkschaften und die gegenüber ihr zu Stande gekommenen Arbeitgeberorganisationen führten gemeinsam zum Ausbau der „Welt der Arbeit", die *charakteristisch* nur für das 20. Jahrhundert war. In diesem Jahrhundert realisierte sich die Integration der Gesellschaft größtenteils ebenso durch das Institutionssystem der Arbeit, wie auch die gesellschaftliche Position der Individuen, ihr Zugang zu den Gütern, Dienstleistungen, zu sozialem Schutz davon abhängig waren, in welchem Maße sie in der Welt der Arbeit integriert wurden."
[15] „Das 20. Jahrhundert".
[16] http://mtdaportal.extra.hu/huszadik_szazad/hszopen.html.

Hinsicht hielt Ungarn mit der Wissenschaftlichkeit des zeitgenössischen Europa Schritt.)[17] Die Grenzen von Trianon[18] und die wirtschaftlichen Repressalien des Friedensschlusses trugen dazu bei, dass die staatliche Einmischung in die Behandlung der sozialen Probleme, also die Sozialpolitik, unvermeidlich wurde. Die Sozialwissenschaftler, die Statistiker, die Demographen haben ihre Projekte zur Errichtung der heimischen Theorie und des institutionellen Systems der Sozialpolitik auf Grund der vorherigen inländischen Versuchen und der europäischen Erfahrungen ausgearbeitet.[19] Kálmán Csorna – in der historischen Einleitung seiner statistischen Arbeit – hat alle Beweggründe und Argumente zusammengefasst, die nach seiner Meinung die entschlossene staatliche Einmischung in die Wahrnehmung des Armenwesens unvermeidlich machten. Er verlautete, dass die soziale Wohltätigkeit – deren sehr viele schöne Beispiele in Ungarn ersichtlich waren – das Mehrfache ihrer Effizienz zu erreichen vermöge, wenn die Behörden die Vorgänge gut organisieren, und sie in Einklang bringen würden[20] Dezső Schuler legte die Geschichte und der aktuellen Aufgaben der offenen Armenbehandlung im Spiegel der Rechtsvorschriften und Gesetzesentwürfe dar[21], während Geyza Wenczel, Andor Medriczky, Endre Liber schufen das Handbuch der hauptstädtischen Armenpolitik, der Wohltätigkeitsverwaltung[22] Die Autoren waren damit einverstanden, es sei eine staatliche Aufgabe Entbindungsheime sowie Findelhäuser zu Stande zu bringen, und auch darin waren sie einig, dass

---

[17] Siehe: Verein für Sozialpolitik und das Lebenswerk von Otto von **Zwiedineck-Südenhorst**.

[18] Friedensvertrag mit Ungarn 4. Juni 1921.

[19] **Hanvai**, Sándor: A szegénygyámolításról [*Über die Armenunterstützung*]. Budapest 1925. **Schuler**, Dezső: Hatósági és társadalmi embervédelem Budapesten [*Behördlicher und gesellschaftlicher Menschenschutz in Budapest*]. In: Statisztikai Közlemények 1937. Band 78. Nr. 4.; Band 90. Nr. 1. Ders.: A székesfőváros lakosságának szociális gondozása. Mai magyar szociálpolitika [Die *soziale Versorgung der Bevölkerung der Hauptstadt. Sozialpolitik von heute*]. Budapest 1939.
Pálos, Károly: Szegénység, szegénygondozás [*Armut, Armenversorgung*]. Szombathely 1934.
Inántsy-Papp, Elemér: A magyar városok szociálpolitikai tevékenysége [*Die sozialpolitische Tätigkeit der ungarischen Städte*]. In: Statisztikai Közlemények Band 93. Nr. 31. Budapest 1940.

[20] **Csorna**, Kálmán: A szegénygondozás Budapesten [*Armenversorgung in Budapest*]. In: Statisztikai Közlemények Band 62. Nr. 1. Budapest 1930.

[21] **Schuler**, Dezső: A hatósági nyílt szegénygondozás Budapesten [*Die behördliche offene Armenversorgung in Budapest*]. In: Budapest Székesfőváros Statisztikai Közleményei Band 75. Budapest 1935.

[22] **Wenczel**, Geyza – **Medriczky**, Andor – **Liber**, Endre: Budapest székesfőváros szociálpolitikai, közjótékonysági és közművelődési közigazgatásának kézikönyve [*Handbuch für Sozialpolitik, gemeinschaftliche Wohltätigkeit und Volksbildung der Hauptstadt Budapest*]. Budapest 1930.

Zentralen für Armenfürsorge zur komplexen Sicherung der gesellschaftlichen und behördlichen Versorgung angelegt werden müssen. Sie verlangten auch eine einheitliche und zentrale Armenregistratur. Sie meinten, der Vorbeugung des Übels muss ein besonderer Nachdruck verliehen werden, viel eher, als früher. Sie schlugen regelmäßig zu veranstaltende sozialpolitische Beratungen auf Landesebene vor, in deren es sich eine Möglichkeit eröffnet, die oben erwähnten Aufgaben zu vollziehen, außerdem kann man bei diesen Beratungen über die von der Weltwirtschaftskrise ausgelösten Probleme Diskurse führen.[23]

Für die prinzipiellen Grundzüge der staatlichen Sozialpolitik wurden neue Vorschläge 1936 auf dem Landeskongress in Pécs unterbreitet. Der Stadtrat von Pécs, Lajos Esztergár und der Ökonom Farkas Heller trugen die Erwartungen vor, auf Grund derer die staatliche Sozialpolitik ausgeformt werden musste.[24] Ihr Konzept kurz zusammengefasst: Die Sozialpolitik besteht in der institutionellen Aufhebung der sozialen Probleme auf der Basis der christlichen Moralphilosophie, wo die ersten Schritte in Bereichen des Arbeiterschutzes, der Selbsthilfe der Arbeiter und der Arbeiterwohlstandsverwaltung eingeleitet werden müssen. In den letzteren Bereich haben sie die Armenversorgung und Armenunterstützung eingereiht. Heller plädierte für die Notwendigkeit einer modernen Sozialpolitik neben der moralischen Verpflichtung der Gesellschaft so: Das Elend bleibt auch dann nicht ohne Auswirkung auf die gesellschaftliche Umwelt, wenn die Wohlhabenden von den Armen separiert leben würden. Überdies bedeutet die Revolution die furchtbare und unberechenbare Gefahr der

---

[23] **Szádeczky-Kardos**, Tibor: A munkanélküliség statisztikai módszerei és főbb tanulságai Magyarországon [*Die statistischen Methoden und ihre wichtigsten Belehrungen in Ungarn*]. In: Béla-Kenéz-Gedenkbuch. Budapest 1932. S. 135-178. Siehe noch: **Baksay**, Zsolt: A munkanélküliség esetére szóló kötelező biztosítás és a munkanélküli-segély kérdése az ellenforradalmi Magyarországon [*Pflichtversicherung im Falle der Arbeitslosigkeit und die Frage des Arbeitslosengeldes in dem konterrevolutionären Ungarn*]. In: Századok. 1983. (117) Nr. 4. S. 741-803.

[24] **Esztergár**, Lajos: A szociálpolitika tételes jogi alapja [*Die geschriebenen juristischen Grundlagen der Sozialpolitik*]. Pécs, 1936. Ders.: Gyakorlati szociálpolitika [*Praktische Sozialpolitik*]. Pécs, 1933. Siehe noch: **Hilscher**, Rezső: Bevezetés a szociálpolitikába [*Einführung in die Sozialpolitik*]. Budapest, 1928. **Heller**, Farkas: A szociálpolitika alapja és lényege [*Die Basis und das Wesen der Sozialpolitik*]. In: Szociálpolitikai Értesítő. 1990. Nr. 1. S. 165-175. Erstauflage: A korszerű közszolgálat útján [*Auf dem Wege des modernen öffentlichen Dienstes*]. In: A mai magyar szociálpolitika. Band 10. Hrsg.: **Mártonffy**, Károly. Budapest 1939.) Den Vergleich des ungarischen und der zeitgenössischen Sozialpolitik siehe: **Kovrig**, Béla: A munka védelme a dunai államokban [*Arbeitsschutz in den Donaustaaten*]. Kolozsvár, 1944. (Béla **Kovrig** war namhafter Ökonom und Soziologe, Sekretär des Vereins gegen den Kampf der Arbeitslosigkeit.)

Anarchie, wenn die breiten Massen in eine so klägliche Lebenssituation geraten, in der sie nichts zu verlieren haben.[25]

Laut der oben zitierten Autoren geht die Sozialpolitik dahin, dass sie – berücksichtigt den Spielraum der bestehenden politischen Ordnung – die wirtschaftlichen und gesellschaftlichen Spannungen so mildert, dass sie (nötigenfalls mit der politischen Macht zusammenwirkend) weiten Schichten der Menschen immer bessere Lebensverhältnisse sichert, um die soziale Kohäsion zu stärken. Die zu den schönsten Hoffnungen berechtigenden Initiativen sind von dem zweiten Weltkrieg in der Mitte entzweigebrochen worden: Aufbau von Arbeiterwohnsiedlungen, Familienunterstützung, Pflichtunterricht, Beförderung der Berufausbildung. Das Ungarische Königreich musste riesige Verluste an Menschleben und materiellen Gütern einbüßen, während die Hoffnungen auf eine erwünschte Gebietsrevision zerflossen.[26] Zur Zeit des zweiten Weltkriegs wurde die Sozialpolitik, ähnlich wie in der Zeitperiode 1914–1918, zur Kriegsfürsorge umgewandelt.

In den Jahren der „volksdemokratischen Ära" war die Erforschung der Armut nicht nur als unerwünscht aufgefasst, sondern sie stieß gerade auf feindselige Aufnahme. Die Vorgeschichte der Frage erklärte man daneben mit schlichten und einseitigen ideologischen Argumenten.[27] In den 70er Jahren konnten sich die Forscher der Soziologie zwar mit den Problemen der „existierenden Armut" befassen, die Ergebnisse der maßgebenden Soziologen wie Rudolf Andorka und István Kemény durften nur in den engsten fachlichen Kreisen verbreitet werden.[28] Kemény hielt die Armut für nicht ausschließlich auf Grund der Einkommensverhältnisse definierbar, stattdessen hat er die deskriptive Methode empfohlen: Zu den Armen sind zu zählen, die „[…] nicht wie die Anderen leben können." In dieser Herangehensweise müssen wir die Lebensform der Armen

---

[25] **Heller**, Farkas: A szociálpolitika alapja […]. S. 174-175.

[26] Im Friedensvertrag von Trianon von 1921 verlor Ungarn etwa 66% seines früheren Staatsgebietes. [Notiz des Übersetzers].

[27] Zusammanfassend dieses Zeitalter: **Ferge**, Zsuzsa: A szegénység társadalmi megítélése Magyarországon, történelmi nézőpontból [*Die gesellschaftliche Beurteilung der Armut in Ungarn in historischem Blickpunkt*]. In: **Ferge**, Zsuzsa: Szociálpolitika és társadalom [*Sozialpolitik und Gesellschaft*]. Budapest 1991. S. 208-212.

[28] **Kemény,** István: A szegénységről. Felszólalás az Magyar Tudományos Akadémián 1970 [*Über die Armut. Diskussionsbeitrag an der Ungarischen Akademie zu Wissenschaften im Jahre 1970*]. In: **Kemény**, István: Szociológiai írások [*Soziologische Schriften*]. Szeged, 1992. S. 79-83. Die Definierung der zeitgenössischen Armut wird regelmäßig auf Tagesordnung gestellt, weil es die sich ständig verändernden Lebensverhältnisse und die gesellschaftlichen Unstände immer wieder aktualisieren. Zum Beispiel: **Krémer**, Balázs: Gibt es heute in Ungarn Armut? In: Esély, 1993. Nr. 3. S. 89-108.

untersuchen, ihre Wohnstätten, Ernährungsgewohnheiten, Lebensführung, wie sie ihre Kinder erziehen und ihre Auffassung bezüglich aller dieser Faktoren. Kemény macht Unterschiede zwischen der geregelten und ungeregelten Lebensform, dementsprechend setzte er diverse Typen der Armut fest. Dieser Anschauungsweise von Kemény konnte in der Soziologie folglich des nuancierten und komplexen Charakters dieses Begriffs festen Fuß fassen.[29]

Zu dieser Zeit fingen die ausländischen sozialhistorischen Schulen mit der Aufschließung und Bearbeitung der Quellen betreffend ihren eigenen Armenwesens an. Der skizzenhafte, rechtshistorische Überblick der Frage vom Feudalismus bis zum zweiten Weltkrieg ist Andor Csizmadia zu verdanken. Das im Jahre 1977 erschienene Buch ist bis auf heute ein grundlegendes Werk, das keiner der für dieses Thema engagierten Forscher umgehen kann.[30] Zsuzsa Ferge und Ágnes Bokor gingen im Laufe ihrer in den 80er Jahren durchgeführten Forschungen auch bis auf Ende des 19. Jahrhunderts, bis auf die Zeit der Doppelmonarchie zurück, wo die Wurzeln der gegenwärtigen Armut liegen.[31]

In den 80er Jahren meldete sich in der ungarischen Geschichtswissenschaft der Anspruch auf die sozialhistorischen Forschungen. Die neuesten Forschungsergebnisse der deutschen, angelsächsischen und französischen Geschichtsschreibung, die sich nach der Aufschießung des Alltagslebens drang und sich kontinuierlich im Zustand der Erneuerung befand, wurden schon in

---

[29] A SZETA (Szegényeket Támogató Alap [Fonds für Unterstützung der Armen]) war in der Zeit des Kommunismus eine bürgerliche Initiative, der zu der „geduldeten" Kategorie gehörig war, als eine seiner Organisatorinnen war die früh verstorbene Ottilia Solt. Die Bänder der soziologisch-soziographischen Serie „Pillanatképek" [Blitzbilder] beschäftigten sich mit den Fragen der Armut: **Darvas**, Ágnes.-**Tausz**, Katalin. Hrsg.: Gyorsjelentés a gyermekszegénységről Magyarországon és Romániában [Schnellbericht über die Kinderarmut in Ungarn und in Rumänien]. Budapest 2000. **Mezei**, György-**Sarlós**, Katalin: Nyomorskála [Elendsskala]. In: Terem a nyomor füzetek [„Das Elend im Gedeihen" Hefte] Nr. 1. Budapest 1995. In den 1980er Jahren konnte man schon über die Armut im Sinne der soziologischen Herangehensweisen in Westeuropa und in den USA Informationen einholen. Siehe: **Ferge**, Zsuzsa - **Gara**, Judit - **Horváth**, Ágota - **Szalai**, Júlia: A szegénységgel és a többoldalúan hátrányos helyzettel kapcsolatos mai nyugati nézetek [Die heutigen westeuropäischen Ansichten über die Armut und die mehrfach benachteiligte Lage]. In: Valóság 1980. Nr. 2. S. 15-29. **Lakatos**, Mária: Hajléktalanság a nemzetközi irodalom tükrében [Obdachlosigkeit im Spiegel der internationalen Fachliteratur]. Budapest 1993.
[30] **Csizmadia**, Andor: A szociális gondoskodás változásai Magyarországon [Die Wandlungen der sozialen Fürsorge in Ungarn]. Budapest 1977. **Csöppüs**, István: Komáromi norma – egy szociálpolitikai kísérlet. [Die Komáromer Norm – ein Experiment in der Sozialpolitik]. In: Századok 1992. Nr. 2. S. 259-283.
[31] **Ferge**, Zsuzsa: Fejezetek a magyar szegénypolitika történetéből [Kapitel aus der Geschichte der ungarischen Armenpolitik] Budapest 1998. (1986.) **Bokor**, Ágnes: Szegénység a mai Magyarországon [Armut in dem heutigen Ungarn]. Budapest 1987.

größeren Kreisen bekannt[32] und die Quellenforschung der Vergangenheit des ungarischen Armenwesens, mit besonderer Rücksicht auf das Zeitalter nach dem österreichisch–ungarischen Ausgleich, nahm ihren Anfang.[33] In den 1990er Jahren erschienen Werke, in denen (auch) die Geschichte der Armut gewichtet erörtert wurde, obwohl in diesen Studien das größte Gewicht auf den Überblick der Geschichte der Sozialpolitik und der Sozialarbeit gelegt wurde.[34] Gábor Gyáni versuchte 1994 – nach der Untersuchung der Lebensverhältnisse der Arbeiter und der Hausmägde sowie der Vorstellung der großstädtischen Wohnungslage im Auslaut der 19. Jahrhunderts – die Geschichte der Sozialpolitik in Ungarn zusammenzufassen.[35] In der Anleitung seines Buches behauptete er in seinen Thesen, dass im Laufe des 19. Jahrhunderts, am Anfang der Industrialisierung und der Urbanisierung die absolute Armut zugenommen hat. Mit dem Erscheinen des auf dem freien Wettbewerb basierenden Kapitalismus verschwand die gemeinschaftliche Solidarität, die viele Jahrhunderte hindurch den Bedürftigen das Überleben erleichterte. Die Armut im 19. Jahrhundert wurde mit neuem, aus moralischer Sicht verurteilendem Inhalt erfüllt, vielmehr erschien sie als eine Mangelhaftigkeit des Individuums. Gyáni hat viele Probleme erhellt, in erster Linie gab er Antwort auf die Frage: Was gehört dem Bereich Sozialpolitikgeschichte an? In seiner Arbeit erkannte er

---

[32] Über die Bewertung der Sozialgeschichtsschreibung in Ungarn: **Benda,** Gyula: A társadalomtörténet-írás helyzete és perspektívái [Die Lage und die Perspektive der Sozialgeschichtsschreibung]. In: Századvég 1997. Nr. 4. S. 35-42. und **Kövér,** György: Milyenek vagyunk ? [*Wie sind wir?*]. In: Századvég, 1997. Nr. 4. S. 43-54. **R. Várkonyi,** Ágnes-**Vörös,** Károly: Három vázlat Budapest társadalomtörténetéből a dualizmus korában [*Drei Skizzen aus der Gesellschaftsgeschichte von Budapest aus dem Zeitalter des Dualismus*]. Studien aus der Vergangenheit von Budapest. Band XXIX. S. 47-36
[33] Umgestaltung der globalen politischen Struktur des Habsburgerreiches im Jahre 1867, Entstehung der Doppelmonachie nach der zur innenpolitischen Krise führenden Niederlage gegen den Norddeutschen Bund bei Königgrätz [Notiz des Übersetzers].
[34] **Bartal,** Anna Mária: Kié volt a szegény? [*Wem gehörte der Arme?*] Valóság 1996. Nr. 12. S. 24-36. **Hodgyai,** Mátyás: Ínséges évek Biharban 1814-1817 között [*Notleidende Jahre im Komitat Bihar 1814–1817*]. In: Történelmi Szemle, 1991. Nr. 1-2. S. 59-69. Siehe noch:: **Bódy,** Zsombor: Kislakás, társasház, családi ház. lakásépítkezés és az otthon ideáljának változása Budapesten az első világháború körül [*Kleinwohnung, Gesellschaftshaus, Familienwohnung. Wohnungsbau und Veränderungen des Idealbildes des Familienheimes um den ersten Weltkrieg in Budapest*]. In: Századvég 2004. Nr.4. S. 27-57. Ders.: Szociálpolitika és szociáldemokrácia Magyarországon az I. világháború idején [*Sozialpolitk und Sozialdemokratie zur Zeit des ersten Weltkrieges in Ungarn*]. In: Századok, 2005. Nr. 6. S. 1457-1475.
[35] **Gyáni,** Gábor: A szociálpolitika múltja Magyarországon [*Die Vergangenheit der Sozialpolitik in Ungarn*]. Előadások a történettudomány köréből 4. Budapest, 1994. **Gyáni,** Gábor: Könyörületesség, fegyelmezés, avagy a szociális gondoskodás genealógiája [*Barmherzigkeit, Disziplinierung oder die Geneologie der sozialen Versorgung*]. In: Történelmi Szemle 1999. Nr. 1-2. S. 57-84.

die Notwendigkcit weiterer Erforschungen großangelegten Formats, da die das Armenwesen erörternde Soziologen, außerdem frühere Geschichtsbücher über die Arbeiterbewegung keine tiefgreifende Antwort auf die Ursachen der zeitlichen Wandlungen in der Armenversorgung geben konnten.

Hervorragende Epoche der ungarischen Sozialpolitikgeschichte war die Zeitperiode zwischen den zwei Weltkriegen. Auch in den ersten Dekaden des 20. Jahrhunderts begann die Untersuchung der ökonomischen Zusammenhänge. Die Möglichkeit des Antiäquilibriums des Arbeitsmarkts hat die Theorie von Keynes bewiesen. Im letzten Jahr erschien das große zusammenfassende Werk von Zsombor Bódy, in dem der Verfasser das Allgemeinwerden der Lohnarbeit, das Zustandekommen der Welt der Arbeit im Spiegel eines ganzen Jahrhunderts untersucht.[36] Im Fallstudium von Anna Mária Bartal lesen wir über die sozialen Bodenverteilungsprogramme von den 1930er Jahren, ferner über die Alternativen der Beschäftigungs- und Sozialpolitik. Detailliert bewertet sie die Ausarbeitung und Auswirkungen der sogenannten ungarischen Norm auf die Armenversorgung.[37] Die Autorin stellt fest, dass im Interesse der Aufrechterhaltung des gefährlich instabilen sozialen Gleichgewichts die produktive, in genossenschaftlicher Form funktionierende Versorgung in Westeuropa in den 1920er Jahren eingeführt wurde. „Der Geist der Zeit" wurde auch auf Ungarn übergriffen. Dieser Prozess der Modernisierung ergab eine Wandlung in der Armenpflege: Die Notstandsaktionen wurden von der umfassenden, sich auf die Ackerbauarbeiter erstreckenden Sozialversorgung abgelöst.[38]

---

[36] **Bódy**, Zsombor: Az ipari munka társadalma. Szociális kihívások, liberális és korporatív válaszok Magyarországon a 19. század végétől a második világháborúig [*Die Gesellschaft der industriellen Arbeit. Soziale Herausforderungen, liberale und korporative Antworten in Ungarn ab Ende des 19. Jahrhunderts bis zum zweiten Weltkrieg*]. Budapest, 2010.

[37] In der Geschichte der ungarischen Armenversorgung begannen in der 1930er Jahren großangelegte Experimente: die Norm von Eger und die Norm von Komárom, unter deren Zielgruppen auch die ärmste Agrarbevölkerung vorfindlich war. **Csöppüs**, István- **Gyáni,** Gábor: Szociálpolitika és jótékonyság a két világháború közötti Magyarországon [*Sozialpolitik und Wohltätigkeit in dem Ungarn der Zwischenkriegszeit*] In: Szociális kérdések és mozgalmak Magyarországon (1919-1945) [*Soziale Fragen und Bewegungen in Ungarn (1919–1945)*]. Hrsg.: **Szilágyi**, Csaba, Budapest 2008.

[38] **Prónai**, Borbála: A kötelező társadalombiztosítás szolgáltatásai a két világháború közötti Magyarországon [*Die Dienstleistungen der sozialen Pflichtversicherung in dem Ungarn der Zwischenkriegszeit*]. In: Szociális kérdések és mozgalmak Magyarországon (1919-1945) [*Soziale Fragen und Bewegungen in Ungarn (1919–1945)*]. Hrsg.:**Szilágyi** ,Csaba, Budapest 2008.

Katalin Pik hat die Geschichte der ungarischen Sozialarbeit geschrieben.[39] Das Buch lässt uns einen Überblick über die gesellschaftlichen, behördlichen Organisationen verschaffen, die eine Aktivität wirken ließen, die schon als Sozialarbeit galten. Hierzu gehörend sind der Kinderschutz, die Tätigkeit der philanthropischen Vereine, überdies die Settlement-Arbeit in der Hauptstadt und auf dem Lande, ferner die Notstandsaktionen. Das Buch hebt aus der Geschichte der Armenversorgung im vorigen Jahrhundert die Beispiele der praktischen Realisierung hervor. Nach Katalin Pik verschwindet die Sozialarbeit gleich in den Jahren nach 1945 (auch der früher allgemein bekannter Ausdruck wurde aus dem Gebrauch verdrängt), und sie kam erst in den 1970er Jahren wieder zurück, nachdem die „nevelési tanácsadók" („Erziehungsberatungsstellen") ins Leben gerufen worden waren. Die Autorin nahm schon an der Armenforschung und an der dem Thema eng passenden Roma-Forschung aktiv teil, daher ist ihr Bericht über die Ergebnisse und Schwierigkeiten so glaubwürdig.[40] Genauso authentisch ist die Darstellung der Geschichte des SZETA. (Diese ihre Aktivität hält die Autorin für „echte" Sozialarbeit.)

Ferenc Gergely hat die Geschichte des ungarischen Kinderschutzes von dem 1867er Ausgleich bis 1991 zusammen.[41] Seit 1867 rückte auch in Ungarn das Problem des Findlingswesens und des Kinderschutzes in den Vordergrund. Gergely stellt den Prozess vor, wie sich der staatliche Kinderschutz allmählich auf die armen und/oder auf die unehelichen Kinder erstreckte. Der Band ist überaus reich an Daten, gleichzeitig scheint der gesellschaftshistorische Hintergrund zur Entwicklung des Kinderschutzes ziemlich oberflächlich zu sein. János Buda überblickt in seinem Buch die Jahrhunderte lange Geschichte der Armenversorgung.[42] Die Unterstützung der Bedürftigen, die auf die christliche moralische Pflicht des Mittelalters zurückgeht, wird in dieser Dokumentenauswahl in den Mittelpunkt gestellt. Der Band enthält im Grunde

---

[39] **Pik,** Katalin: A szociális munka története Magyarországon (1817-1990) [*Geschichte der Sozialarbeit in Ungarn (1817–1990)*]. Budapest 2001.

[40] Siehe noch: **Ladányi,** János: Leszakadók. A gazdasági és társadalmi szerkezetváltás alternatívái. [*Die sich Marginalisierenden. Alternative des wirtschaftlichen und gesellschaftlichen Strukturwechsels*]. In: Replika 1991. Nr. 4. S. 1-23. **Andorka,** Rudolf – **Spéder,** Zsolt: Szegénység Magyarországon [*Die Armut in Ungarn*]. In: Esély 1996. Nr. 4. S. 25-52.

[41] **Gergely,** Ferenc: A magyar gyermekvédelem története (1867—1991) [*Geschichte des ungarischen Kinderschutzes*]. Budapest 1997. Siehe noch die Werke von Mariann **Kaszás,** und des Zeitgenossen Béla **Chyzer.**

[42] **Buda,** János: Szemelvények a szegénygondozás történetéből [*Auswahl aus der Geschichte der ungarischen Armenversorgung*]. Pécs 1999.

genommen einzelne Schriftstücke in Bezug auf das Thema, vor allem auf die Geschichte Armenversorgung der Kirche und der geistlichen Order.

Die von Pál Léderer, Tamás Tenczer und László Ulicska zusammengestellte Textsammlung – die Einleitung hat Gábor Gyáni geschrieben – stellt die historisch veränderlichen Erscheinungsformen und deren veränderlichen Behandlungspraxis vor.[43] In der Einleitung finden wir die Gründe dafür, warum sich die Anschauungsweise in der Neuzeit bis auf ihre Wurzeln geändert hat.

Das Thema betreffend müssen wir große Bedeutung jenen historischen Forschungen beimessen, die die in weiten Kreisen verbreitete, allgemein angenommene Behauptungen überprüfen und ihnen – die Methoden der Geschichtswissenschaft mit den Methoden anderer Wissenschaftszweige ergänzend – einen neuen Sinn geben. Hervorragendes Beispiel ist dafür das Studium von Tamás Faragó, in dem der Autor untersuchte, wie die Naturkatastrophen auf die Lebensunterhaltungspotenz einzelner, in traditioneller Dorfgemeinschaft lebenden Familien auswirkten.[44] Da über das Leben der Menschen vom Anfang des 19. Jahrhunderts nur wenige Quellen zur Verfügung stehen – meistens nur Kirchenregister, Steuerlisten, gelegentlich Polizeiakten –, sind die Aufzeichnungen über die Folgen der Katastrophen äußerst interessant. Die Überschwemmung von 1883 – so Tamás Faragó – lieferte uns das beste Beweismaterial darüber, welche Rolle die Naturkatastrophen in der Gestaltung der ökonomischen Gewohnheiten und der demographischen Lage der Dörfer spielten.

In Verbindung mit den Funktionen des Wohlfahrtsstaates bearbeitete Zsusza Ferge in ihrem Buch „Die sich losreißenden Ungleichheiten"[45] die historische Wandlung der „allgemeinen sozialen Verantwortlichkeit".[46] Laut ihrer These „[...] spielte der Staat in Westeuropa, namentlich das die ganze Gesellschaft umfassende Gewebe von Wohlfahrtssystemen, in der Beschleunigung des (modernen) Zivilisierungsprozesses eine bedeutende Rolle. Dieser Prozess hat

---

[43] **Léderer,** Pál-**Tenczer,** Tamás-**Ulicska,** László Hrsg.: „A tettetésnek minden mesterségiben jártasok." Koldusok, csavargók, veszélyeztetett gyerekek a modernkori Magyarországon [„*Sie sind bewandert in allen Tricks der Heuchelei". Bettler, Landstreicher und gefährdete Kinder in dem Ungarn der Neuzeit*]. Budapest,1998.
[44] **Faragó** Tamás: Az 1838. évi árvíz a Szentendrei-sziget falvaiban [*Die Überflut in den Dörfern der Szentendreer Insel im Jahre 1838*]. In: **Faragó,** Tamás: Tér és idő - család és történelem [*Raum und Zeit – Familie und Geschichte*]. In: Társadalomtörténeti Tanulmányok (1976-1992) Miskolc, 1999. S. 109., 89-136.,125.
[45] **Ferge,** Zsuzsa: Elszabaduló egyenlőtlenségek. Állam, kormány, civilek. [*Die sich losreißenden Ungleichheiten. Staat, Regierung, Zivilisten*]. Budapest, 2000.
[46] **Ferge,** Zsuzsa: Elszabaduló egyenlőtlenségek [...]. S. 9.

sich, obwohl in vieler Hinsicht den Regionen nach unterschiedlich, auch in Ostmitteleuropa abgespielt. Die Beschleunigung wurde in den letzten Jahrzehnten stärker, aber im Vergleich zu Westeuropa viel problematischer. Der heutige Rückzug des Staates – so im Westen wie im Osten – scheint bedeutend zu sein, insbesondere in den Regionen, deren potentieller Zivilisierungseffekt stärker zur Geltung kommt. Wenn es so recht ist, so wird sich die Befürchtung wahrscheinlich bewahrheiten, dass ein Dezivilisierungsprozess eintrifft (wahrscheinlich begleitet von schwerwiegenden Folgen)."[47] Die Geschichte des Armenwesens als Bestandteil des Zivilisierungsprozesses geriet noch nicht in die Reihe der historischen Erforschungen, obzwar die Argumentierung von Ferge überzeugt uns unzweifelhaft: es ist der Entwicklungsgradmesser einer gegebenen Zivilisation, in welchem Maße sie die potenziell gefährlich zu werdenden Mittellosen in ihr Netzwerk von Menschen-Verhältnisse-Institutionen einfügen können. 1

Zsolt Spéder hat in seinem Buch „Die sich umwandelnden Gesichter der Armut" die heutigen Armenforschungen, die mit ihnen verbundenen theoretischen und methodologischen Erkenntnisse, die Dilemmas der empirischen Untersuchungen systematisiert und zusammengefasst. Dem laut wird die Armut als ein dynamischer Begriff aufgefasst – auf dieser Weise wird sie als ein soziales Phänomen angesehen – also man kann jemand entweder vorübergehend oder dauerhaft arm sein, und die augenblickliche Position können auch diejenigen gesellschaftlich-strukturellen Erscheinungen beeinflussen, aus denen der Begriff Armut inhaltlich besteht. Die Forschungen aus unterschiedlicher Hinsicht schießen die abweichenden Erscheinungsformen der Armut auf, sie lassen unterschiedliche Seiten einer und derselben Erscheinung erkennen. Wenn wir aber das alles in der Zeitdimension untersuchen, erfahren wir, dass diese Erscheinungsformen sich ständig ändern."[48] Diese treffende Feststellung von Spéder gilt für die alle Forschungen im Bereich der Vergangenheit des Armenwesens.[49]

Unter Zwang wegen der beschränkten Textlänge haben wir in unserem kurzen Überblick viele, zur Sache unmittelbar gehörige aktuelle Fragen, Problemkreise nicht angegangen. Die äußerst dringenden sozialen Probleme des heutigen

---

[47] **Ferge,** Zsuzsa: Elszabaduló egyenlőtlenségek [...] S. 19-20.
[48] **Spéde**r, Zsolt: A szegénység változó arcai [*Die sich umwandelnden Gesichter der Armut*]. (Andorka Rudolf Társadalomtudományi Társaság) Budapest, 2002. S.10-11.
[49] **Csoba,** Judit: Tisztes munka. A teljes foglalkoztatás: a 21. század esélye vagy utópiája? [*Die ehrwürdige Arbeit. Die Vollbeschäftigung: Chance oder Utopie des 21. Jahrhunderts?*]. Budapest, 2011.

Ungarn – die Kinderarmut, die niedersinkenden sozialen Schichten, die in massiver und dauerhafter Armut Lebenden, also die bisher unerfüllten Aufgaben der staatlichen Sozialpolitik – gehen weit in die Vergangenheit Ungarns zurück. Sobald wir diese Probleme unter die Lupe der historischen Forschungsarbeit stellen, sobald wir für diese Fragen den entsprechenden europäischen Kontext finden, sobald wir diese Probleme anzudeuten versuchen, eröffnen sich vor uns Sozialhistoriker ungenutzte Möglichkeiten und in diesem Fall haben wir viel Arbeit.

2 VORGESCHICHTE

2.1 ARMENPOLITIK IM HABSBURGERREICHE ZUR ZEIT DES AUFKLÄRERISCHEN ABSOLUTISMUS 1723–1790

Die Fürsorge für die in Armut geratene Menschen war im 18. Jahrhundert in die geistig-ideologischen Rahmen der aufgeklärten Absolutismus eingebettet. *Karl III.*[50], deutsch-römischer Kaiser, Souverän des Habsburgerreiches und in dieser Qualität König von Ungarn war so wie die Mehrheit seiner europäischen Zeitgenossen keine gottesähnlichen Herrscher mehr. Er verstand seine eigene Herrschaft nicht mehr als von Gott eingesetzter Herrscher und über jedem Gesetz stehender Souverän. Eher betrachtete er seine politische Berufung so, als wenn er eine vernünftige Art der Staatsordnung als oberster Repräsentant vertreten würde. Die Zeit des „Gottesgnadentums" löste die Zeit der Machtlegitimation ab Diese Vorstellung basierte auf einem unkündbaren Gesellschaftsvertrag zwischen Herrscher und Volk. Die Gesellschaft beglaubigt die Macht des Königs, tauschweise wird ihr „volksbeglückende" Vorkehrungen seitens der Regierung zu Teil. Die vernünftige Staatsordnung ernährte sich aus der Gedankenwelt der französischen Aufklärung: Die Verpflichtung des Souveräns bestand darin, dem Allgemeinwohl zu dienen. Und das Allgemeinwohl bezog sich nicht nur auf die Wohlhabenden, sondern auch auf die Mittellosen.

Karl III. als ungarischer König ließ auf dem Reichstag vom Jahre 1723 das höhere Regierungsorgan des Landes, den *Statthalterrat* aufstellen. Dieses Organ erhielt die verehrende Aufgabe, die Fragen des Armenwesens regulieren zu müssen. Der Statthalterrat arbeitete ein bis in Einzelheiten drängendes Elaborat aus, in dem die polizeiliche Bereinigung des Problems aufgenommen wurde. Die ausländischen Bettler sowie die Landstreicher müssen aus den Ländern der Stephanskrone[51] beseitigt werden, außerdem die inländischen arbeitsfähigen Bettler mit strengen Mitteln auf Arbeit zu zwingen. Für die arbeitsunfähigen Armen, die sich nur aus Almosen unterhalten können, müssen diejenigen Kommunen die Sorge tragen, wo die Bettler her sind.[52] – so die Verordnung des Reichstages.

---

[50] **Karl VI.** (1685–1740): deutsch-römischer Kaiser, regierender Erzherzog von Österreich, als König von Ungarn Karl III.
[51] Öffentlich-rechtliche Bezeichnung Altungarns vor 1920.
[52] **Csizmadia**, Andor: A szociális gondoskodás változásai Magyarországon. A Magyar Tudományos Akadémia Állam- és Jogtudományi Intézetének kiadványa [*Wandlungen der*

Dieser Textteil brachte Zäsur zum ungarischen Armenwesen. In der ungarischen Sozialpolitikgeschichte erscheint das örtliche Zuständigkeitsprinzip in diesem Passus das erste Mal. „[...] unde essent": Wo sie geboren sind oder wo sie letzthin aufgehalten haben.[53] Gleichzeitig unterscheidet diese Politik gar nicht von der Politik der anderen europäischen aufgeklärten Monarchien, wie England oder Frankreich, in deren die polizeiliche Lösung auch eine herkömmliche Sitte war. In Frankreich sogar waren die Strafmaßnahmen viel grausamer ausgefallen. In der früheren Neuzeit zählte das Betteln im Land der Bourbonen gerade zum Verbrechen. In Preußen verfolgte die frei wandernden Bettler die „Armenpolizei".[54] Der Preußenkönig, Friedrich II. von Preußen bezeichnete sich als der „erste Diener des Staates", der im Geist der Aufklärung auch die Judikative aus der Hand zu legen versuchte. Obwohl er die Geschehen an der richterlichen Urteilsprechung überwachte und verschiedene Urteile der Gerichte manchmal revidierte, wurde die polizeiliche Behandlung der Frage in die Hände der Ordnungsorgane übergegangen.

Nicht anders ging es unter der Herrschaft der Tochter von Karl III. Maria Theresia[55]. Der ungarische Statthalterrat brachte eine Anordnung mit dem Titel „Regulation mendicorum et vagorum"[56] im Jahre 1775 aus. Laut Formulierung des Dokuments sind die Kommunen aufgefordert, den Faulenzern Arbeit zu geben, die körperlich behinderten Bettler und Arbeitsunfähigen mit Brot zu ernähren und die arbeitsscheuen Müßiggänger ins Gefängnis zu stecken. Das Rezept der Armenpolitik unterscheidet sich von den entsprechenden westeuropäischen amtlichen Produkten nur in geringem Maße. Ein nicht neues, aber infolge der massenhaften Verbreitung des Bettelns großes Gewicht erlangtes Institut erschien in diesen Dokumenten: das *Arbeitshaus*. Die aus dem Ausland (Böhmen und Mähren) hereingekommenen Landstreicher mussten

---

Sozialversorgung in Ungarn. Ausgabe des Instituts für Staats- und Rechtswissenschaften der Ungarischen Akademie zu Wissenschaften]. Budapest, 1977. S. 24.

[53] Das preußische „Allgemeine Landrecht" von 1794 verfügte über die Versorgungspflicht der Gemeinden für die in ihren eigenen Gemeindeverband aufgenommenen Armen. In: **Koselleck**, Reinhardt: Preußen zwischen Reform und Revolution. Allgemeines Landrecht, Verwaltung und soziale Bewegung von 1791 bis 1848. Klett-Cotta Verlag, Stuttgart, 1987. S. 87.

[54] **Csizmadia**, Andor: A szociális gondoskodás változásai [...]. S. 23.

[55] **Maria Theresia** (1717–1780): regierende Erzherzogin von Österreich, Königin von Ungarn.

[56] Im Preambulum wir eindeutig mitgeteilt, dass die Anordnung die polizeiliche Regulierung vor Auge hält: Wieso könnte man das Königreich von den trägen und in dem ganzen Land herumwandernden Vagabunden gesäubert werden. Ungarisches Staatsarchiv C. 26. Helytartótanácsi Levéltár. Acta Mendicantium et Vagorum. Idealia Nr. 2. In: **Csizmadia**, Andor: A szociális gondoskodás változásai [...]. S. 25.

abgeschoben werden, falls sie aber zurückkehrten, mussten sie in den Arbeitshäusern beschäftigt werden.[57]

Die Statthalterei kontrollierte die Bewegung der Scharen der Bettler ständig. Die Berichterstattungen der offiziellen Behörden stellen nicht selten ein sehr düsteres und absurdes Bild dar. Die Bettler belästigen die anständigen Bürger, um von ihnen Almosen zu erpressen, sie lassen ihre Opfern nicht einmal in der Kirche in Ruhe. Die Tricks der Bettler übergingen alle Grenzen: Selbstverstümmlung, zum Krüppel gemachte Kinder (um höhere Effizienz im Betteln zu erreichen), hinkende Männer, die sich bald auf ihre Krücken stützen, bald die gleichen Krücken zur Schlägerei brauchen, junge Leute, die Blindheit imitieren – wie der diese Zeit darstellende Aufsatz feststellt: „[...] sie sind in allen Künsten der Heuchelei bewandert". Die Ratgeber der Königin konnten mit diesen sich umher treibenden Massen wahrhaftig nicht viel anfangen.

Andererseits ging es soweit, dass die aufgeklärte Staatsraison für den Ausbau der Infrastruktur der Armenfürsorge zu sorgen wusste: 28. August 1744 verordnete beispielsweise ein königliches Patent, dass aus den Nachlässen der verstorbenen kirchlichen Persönlichkeiten ein Drittel den Armen gebühren müsse. Die Wiener Politik bewog die wohlhabenden Aristokraten und Bürger, Lazarette und Hospitale zu gründen oder die schon bestehenden zu vergrößern. Die Statthalterei spornte zugleich die regionalen Verwaltungseinheiten, die Komitate an, das Komitatsgebiet in 10-12 Bezirke zu verteilen, in denen je Bezirke mindestens ein Hospital zu errichten. Vorwärts weisende Direktiven enthielt der vorliegende Erlass des Statthalterrates, indem er betonte, dass die Neubauten keineswegs luxuriös eingerichtet werden müssen, die Gesichtspunkte des Gesundheitsschutzes mussten aber die Schirmherren vorzüglich vor Auge halten. Baustelle in großer Entfernung von anderen Gebäuden auszuwählen, möglichst auf höher liegenden Punkten, gesundes Trinkwasser, Absonderung der Geschlechter, zum Spazierengehen geräumiger Hof u. s w. – dies waren die Erwartungen der Statthalterei.

Der älteste Sohn und Nachfolger von Maria Theresia, Joseph II.[58] leitete keine charakterreiche aber eine sehr produktive Epoche in der österreichischen und

---

[57] **Csizmadia**, Andor: A szociális gondoskodás változásai [...]. S. 26.
[58] **Joseph II.** (1741–1790): Seit 1765 deutsch-römischer Kaiser, regierender Erzherzog von Österreich, wurde nicht zum ungarischen König gekrönt, daher erhielt er von der Welt das Attribut „kalapos király" („König mit dem Hut"). Radikaler Sozialreformer, seine politischen Bestrebungen richteten sich auf die Errichtung des Gesamtstaates ohne die historischen

ungarischen Armenfürsorge ein. Joseph setzte die Politik seiner Mutter fort und richtete ein besonderes Augenmerk auf die polizeiliche Zurückhaltung der Bettler und Vagabunden, um sie im Verbrechen zu verhindern. Im Jahre 1783 rief er systematische Maßnahmen für die Pfarrämter in den österreichischen Erbländern ins Leben. Zurückgegriffen auf ein früheres Statut von Leopold I. vom Jahre 1694 betonte er die Wichtigkeit der von seinem Vorgänger gegründeten Armenkassen, die „Cassae pauperum",[59] die von den katholischen Pfarreien betreut worden waren und nötigenfalls den Armen materielle Hilfe leisten konnten.

Die berühmt gewordene Anordnung Nr. 3262 vom Jahre 1788 anerkannte der zwingenden Kraft der Realität zufolge, dass der gesellschaftliche Status quo – trotz den vielen früheren Reformen im Geist der Aufklärung – immer noch landesweit gefährdet ist. Die Verordnungen von Joseph II. unterschieden *ausländische* und *inländische* Bettler. Die Methode, mit derer Hilfe er die Lage in Griff nehmen wollte, ist nicht alt. Das lokale Zuständigkeitsprinzip, also dass die Bettler in diejenigen Orte, wo sie geboren sind, zurückgeschickt werden müssen, blieb in Geltung. Die Anordnung regelt die Herangehensweise mit der Abschiebung sehr ausführlich und akkurat. Die unvertraulichen Personen reisen mit Begleitern, die anderen allein, aber um ihre Versorgung unterwegs mussten sich im Falle der Dörfer die Gutsherren, im Falle der Städte die Magistraten kümmern. Die Versorgung konnte entweder mit Speisung erfolgen oder wenn die Reisenden über 15 Jahre waren, bekamen sie von den Gemeinden, wo sie sich aufhielten, eine geringe Summe von Bargeld. Der Staat – ebenso wie in Westeuropa – duldete kein Herumstreichen im Reiche, um die Sicherheit und das Gemeinwohl der Staatsbürger zu schützen. Die Armenkassen funktionierten aber nur in den österreichischen Ländern den Gesetzen entsprechend, in Ungarn kaum oder überhaupt nicht. Die Spitäler nahmen die Bettler, die wirklich krank waren, auf, diejenigen aber, die die Krankheit imitierten, wurden mit einer Strafe belegen.[60] Den Gutsherren waren Rechte vorbehalten, die Heuchler und Arbeitsscheuer einen Monat lang ohne Entlohnung als Zwangsarbeiter beschäftigen. Den Gutsherren stand auch das Rech zu, die Müßiggänger und die entlaufenen, in Haft genommenen Leibeigenen zum langjährigen Militärdienst zu zwingen. Bei den Rückfälligen verdoppelte sich die Strafdauer.

Eigentümlichkeiten der einzelnen Länder zu berücksichtigen. Kurz vor seinem Tod hat er die Mehrheit seiner radikalen Verfügungen zurückgezogen.
[59] **Csizmadia**, Andor: A szociális gondoskodás változásai [...]. S. 31.
[60] Ebenda, S. 32.

2.2 SOZIALE VERWALTUNG UND ARMENFÜRSORGE ZWISCHEN 1810 UND 1867. METTERNICH'SCHE ÄRA, REFORMZEITALTER, 1848ER REVOLUTION, NEOABSOLUTISTISMUS

Die Armenfürsorge blieb auch nach den napoleonischen Kriegen eine auf die Kommunen auferlegte Aufgabe. Der Staat fühlte sich nur dafür berufen zu sein, dass er sich an der Organisation und an der Aufsicht der Vollziehung der Armenverwaltung beteiligte. Das Staatsbudget ließ er mit dieser kostspieleigen Tätigkeit nicht belasten. Nicht unerwähnt bleiben darf aber, dass sowohl der Staathalterrat als auch das siebenbürgische Gubernium[61] den lokalen Verwaltungen – um zu den nötigen Ressourcen zu kommen – tätige Hilfe leistete. Im Mittelalter schützte die Armen in erster Linie die Familie, die engere Lebensgemeinschaft oder die Kirche vor dem Heruntergehen, in diesen Jahrzehnten fing aber der Staat gewisse Aktivität im Armenwesen vorzuzeigen. Die finanzielle Unterstützung für die Armenpflege, für die Ernährung der Bettler kam aus verschiedenen Geldfonds zusammen, deren Budget durch Spenden und durch verschiedene gesellschaftliche Einnahmen regelmäßig aufgefüllt wurde. Der Staat wirkte nur an der Organisation mit.

Als wesentlicher, weiterer Aspekt muss noch erwähnt werden, dass die staatlichen Armenverordnungen – so wie im 18. Jahrhundert – nur lückenhaft durchgeführt worden waren. Ein schlagender Beweis dafür ist, dass die Gesetzgebung die staatlichen Vorschreibungen von Zeit zu Zeit notorisch wiederholte. Sonst waren die kommunalen Verwaltungen auffallend passiv, und nur wenn elementare Katastrophen das Land betroffen haben, ergriffen die Städte und Gemeinden die Initiative.[62] Sowohl im Ungarischen Königreich als auch in Siebenbürgen ist die Sache der gesellschaftlichen Wohltätigkeit der Vereine zu Teil geblieben. Das menschliche Wohlwollen spielt nur in diesem Gebiet eine entscheidende Rolle.

In Pest-Buda gründeten die hiesigen Frauen den Wohltätigen Frauenverein – später tun wir von diesem Verein mehrmals Erwähnung – und in Siebenbürgen

---

[61] Siebenbürgen war in dieser Zeit noch von Ungarn getrennt verwaltet. Das Siebenbürgische Königliche Gubernium wurde 1695 zu Stande gebracht, und erfüllte die gleichen Funktionen wie der Ungarische Königliche Statthalterrat.
[62] **Csizmadia**, Andor: A szociális gondoskodás változásai [...]. S. 32.

gründeten die Frauen von Kolozsvár[63], unter der Leitung von *Rozália Csáky* eine ähnliche Vereinigung, die Nachbildung des Pest-Budaer Vereins.[64] Die Gründung des Vereins quittierten die Stadträte mit Genugtuung, hielten sie aber von der Finanzierung aus dem städtischen Haushalt fern.[65] Die wohltätigen Vereine der Frauen entstanden als Übernahme von deutschen Vereinen. Die Anregungen gingen in dem von den Kriegszerstörungen heimgesuchten Europa von den Aristokraten aus. In dieser Weise sind die Initiativen auch mit dem höheren ungarischen Adel verknüpft. Ungarn verfügte nämlich in diesen Jahren noch über keine weit reichenden Traditionen der Armenfürsorge, und das Bürgertum trat in dieser Zeit noch nicht als einheitliche, energisch politisierende Schicht im Königreich auf.[66] Als Schirmherrin betätigte sich auch eine Aristokratin, *Erzherzogin Hermina*, die Gattin des Palatins[67] von Ungarn Erzherzog *Joseph von Habsburg*.[68] 1838 gründete eine „wohltätige Frau", *Teréz Szirmay-Szulyovszky* 1838 einen dem Pest-Budaer Institut ähnlichen Verein in Kassa.

In dieser Zeit erlangten die Arbeitshäuser in Ungarn hohen Belang. Als Systemadaptation nach englischen Vorbildern (*workhouse*) wurde die Form in ganz Ungarn in dieser Zeit allgemein. Arbeithäuser mit Zwangscharakter[69] waren in Ungarn seit langer Zeit nicht unbekannt. Das erste „dolgozóház" in Ungarn gründete die Familie *Eszterházy* 1772 in der Gemeinde *Szempc*, nicht weit von der damaligen ungarischen Hauptstadt *Pozsony*.[70] 1799 wurde auch in Kassa ein Arbeitshaus, in dem unter der Zuständigkeit des Stadtpräfekten Landstreicher ohne Reisepass, familienlose Kinder und Prostituierten eingesperrt waren. Offiziell unterscheidet man heute zwischen Zuchthaus – das eine strenge Strafanstalt ist – und Arbeitshaus, in dem die Insassen auch freiwillig Aufnahme erhalten können. „Das Zuchthaus diente ursprünglich nicht

---

[63] Kolozsvár/Klausenburg, heute Cluj-Napoca, ehemals Sitz des Guberniums, also Hauptstadt von Siebenbürgen.

[64] „Jóltévő Asszonyi Egyesület". Rozália Csáky war mit dem Gubernator Freiherr János Jósika verheiratet. Das zeigt, dass die privaten Initiativen trennten keine festen Mauern von der politischen Sphäre.

[65] **Csizmadia**, Andor: A szociális gondoskodás változásai [...]. S. 48.

[66] **Cser**, Erika: Fejezetek a magyarországi szeszegénység kezelésének történetéből a 19. században. Doktori értekezés az Eötvös Loránd Tudományegyetemen. Kézirat. [*Kapitel aus der Geschichte der Behandlung der Armut in Ungarn im 19. Jahrhundert. Ph.D-Dissertation an der Eötvös-Loránd-Universität. Manuskript*]. Budapest, 2004. S. 238.

[67] Ungarisch: „nádor", der höchste öffentlich-rechtliche Würdenträger, unmittelbar unter dem König.

[68] **Cser**, Erika: Fejezetek a magyarországi [...] S. 239.

[69] Oder Zuchthaus

[70] **Cser**, Erika: Fejezetek a magyarországi [...] S. 160.

als Strafanstalt im eigentlichen Sinne, da es sich bei den Insassen nicht primär um Kriminelle handelte. Man verstand das Zuchthaus damals als soziale Einrichtung, die arbeitsunwillige Menschen „therapieren" und wieder in die Gesellschaft zurückführen sollte. So wurden u. a. „herrenlose" Frauen, Bettler, Prostituierte und Menschen, die sich Geld auf eine unehrenhafte, aber nicht kriminelle Weise verdienten, in Zuchthäuser verbracht."[71] – lesen wir die adäquate Definition über die Armenhäuser. In der Tat vermischten sich aber die zwei Formen, und in den Benennungen finden wir auch keine folgerichtige Abgrenzung: Es wurden mehrere Bezeichnungen für Arbeitshaus gebraucht, wie *Manufakturhaus, Werkhaus, Korrektionshaus.* In der ungarischen Sprache gebraucht man vorwiegend „dologház" oder „dolgozóház".

Gegen Ende des Reformzeitalters vermehrte sich die Zahl dieser gesperrten Züchtigungshäuser, in denen nicht nur die devianten Elemente arbeiteten, sondern auch unglückliche, sich zu erhalten unfähige Leute, die auf staatliche Fürsorge angewiesen waren. „[…] Die Armen, die aus etlichen Gründen keine Arbeit zu finden im Stande sind, erheben so hohe Ansprüche auf diesen Status[72], deswegen ist die Armenfürsorge ein Zweig der Staatsverwaltung von hervorragender Bedeutung. […] diejenigen, die sich eine öffentliche Hilfe beantragen, und für Arbeit tauglich sind, müssen in den Arbeitshäusern angestellt werden."[73] – erörtert das Problem die siebenbürgische Wochenzeitung kurz vor der 1848er Revolution.

Die Wege sind an diesem Punkt auseinander gegangen. Ursprünglich wurden die Arbeitshäuser in den 1500er Jahren in der niederländischen Strafvollstreckung erfunden und in Dienst gestellt. Von hier aus hielt diese Institution Einzug in die Geschichte der europäischen Strafvollziehung. Das Ziel war es, dass die Häftlinge mit Hilfe von regelmäßiger Beschäftigung, Erziehung und Religion in die Gesellschaft zurückgeführt werden. Lange Jahre später fand das Prinzip der pädagogischen Herangehensweise in ganz Europa Anklang. Die andere, oben erwähnte Form, das Arbeitshaus ohne Strafcharakter entwickelte sich aus der ersteren Form und ist erst im 19-20. Jahrhundert in den anderen Typ

---

[71] http://de.wikipedia.org/wiki/Zuchthaus.
[72] D. h. „Mittellosenstatus", der sie für die Aufnahme der Hilfe berechtigt.
[73] Hetilap, 1846. Nr. 32. Zitiert von **Csizmadia**, Andor: A szociális gondoskodás változásai […]. S. 47.

übergegangen, der nur als eine Ergänzung der Armenhäuser war, und wo die Arbeitslosen provisorisch zur Arbeit gelangen konnten.[74]

Wie fast in jedem Segment der Armenpolitik wurde in den Arbeitshausangelegenheiten gleichfalls ausländischen Beispielen gefolgt. Das Systemadaptation erfolgte teils auf Grund von französischen teils englischen Mustern. Im Laufe des 17. Jahrhunderts, kurz darauf als in Amsterdam das erste „ergasterion" das Licht erblickt hatte, eröffneten Arbeitshäuser überall in Europa nacheinander ihre Türe. Sie waren einerseits freiwillige, andererseits Zwangsarbeitshäuser. Obwohl es diesbezüglich nicht unerwähnt bleiben darf, dass der Unterschied zwischen den beiden Typen manchmal nur in ihrem Titel bestand, aber in der Qualität und Quantität der Arbeit außerdem in der Behandlung gar nicht. Oft äußerte sich die „Freiwilligkeit" darin dass die Klienten in den für die par exellence Armen errichteten Instituten nur arbeiteten, aber sie übernachteten zu Hause, während dessen die zur Zwangsarbeit verurteilten Bettler nachts eingesperrt worden waren.[75] Wenn wir aus den Umständen in Frankreich ausgehen, wo die zwei Haupttypen „depôt de mendicité" und „ateliér de charité" existierten[76], kann man sich vorstellen, wie die ersten Arbeitshäuser in Ungarn gewesen sein konnten. In der zeitlichen Reihenfolge ging das „depôt de mendicité" dem „ateliér de charité" voraus und war härter als die zweite. Mit Recht kann man es mit dem Zuchthaus identifizieren, bis in dem zweiten Typ die karitative Absicht herrschte, den Armen, kleineren Kriminellen, herumziehenden Kindern, Prostituierten und unverschuldeter Weise Arbeitslosen Arbeitsmöglichkeit zu geben.

1826 errichtete der oben erwähnte Frauenverein Arbeitshaus in Kolozsvár, das den zweiten Typ, also gehörte, wo die Bewohner sich unter anderem mit der Herstellung von Textilien beschäftigten. Die Weberwerkstatt war mit technischen Geräten gut ausgestattet, mit denen man zum Beispiel die erzeugten Gewebe bleichen konnten. (Hohes technologisches Niveau stand nur in Schlesien zur Verfügung, der Transport hin und zurück kostete eine Menge von Geld. Mit der Einstellung einer Maschine ersparte der Frauenverein viel Geld.) Das Institut hatte also keinen Züchtigungshauscharakter, also es galt nicht als geschlossenes Institut, der Aus- und Eingang waren für die Bewohner frei. Nicht

---

[74] Beide Formen des Instituts überlebten zwei Jahrhunderte und wurden erst im Gesetzartikel Nr. II vom Jahre 1950 (!) für Null und nichtig erklärt.

[75] **Cser**, Erika: Fejezetek a magyarországi […] S. 139.

[76] Ebenda, S. 140.

viel später hatte eine eigenes Arbeitshaus auch die damalige Reichshauptstadt Pozsony[77], das seit 1844 ein kapitalistischer Unternehmer pachtete.[78]

Die Sache des Pester Arbeitshauses mit gemischtem Charakter, praktisch Zuchthaus, hat der Pester Magistrat im Dezember 1841 in Bewegung gesetzt. In dem dem Nádor vorgelegten Gesuch betont die Stadtrat, dass die Anstalt zuerst mit provisorischem Charakter arbeiten soll, so, dass sie der Polizei ordnungspolitischen Beistand leisten wird: Die in der Stadt herumschweifenden, elternlosen Kinder, kleinere Verbrecher, Prostituierte sollte das Arbeitshaus unterbringen, und sie mit vernünftiger Beschäftigung zur Besserung verhelfen.[79] Der Magistrat teilte mit der Ungarischen Kammer in Wien[80] teil, dass sie zur Baustelle das Eckhaus in der Kreuzung von der Fűzfa utca und Nyár utca[81] (damals noch Vorstadt) ausgewählt hat. Das Haus diente vorher den Zwecken eines Armenhauses, und nachdem die Kammer sowie der Statthalterrat dem Unternehmen der Pester Stadtväter mit Anerkennung gezollt hatten, setzte der Magistrat die Umbauarbeiten ins Werk.[82] Die Bauarbeiten ließen die Pester Bürger in Eifer kommen, was sich in erster Linie in den üppigen Spenden zum Ausdruck kam. Die Stadt – nicht nur Pest, sondern Gemeinden überall, wo es zur Gründung von Zucht- oder Arbeitshäusern kam – nannte sie ihr Eigen. Obwohl sie nicht in jeder Hinsicht den Kriterien der Humanität entsprachen. Den Bürgern kam es zum Bewusstsein, dass alles um ihre Sicherheit und Nachtruhe ging. 1846 hat der Magistrat von Pest ein Grundstatut für sein Arbeitshaus verfasst. Die Aufgabe, die „ehrlichen" und „unehrlichen" Elemente innerhalb der Mauern voneinander zu trennen, erwies sich eine fast unlösbare

---

[77] Nachdem die Türken im Jahre 1541 die ganze mittlere Region des mittelalterlichen Ungarischen Königreichs bis zur Linie der damaligen Hauptstadt Buda ergattert, und dort eine länger als 150 Jahre dauernde Herrschaft errichtet hatten, wurden die ständischen ungarischen Reichstage mehrere Jahrhunderte hindurch meistens nach Pozsony/Pressburg – heute Bratislava – einberufen. Die seit 1825 tagenden Versammlungen der drei Stände leiteten die Revolution von 1848 ein. Daher erhielten diese insgesamt 23 Jahre von der Nachwelt die Etikette „Reformreichstage" und die Zeit zwischen 1825 und 1848 „Reformzeitalter". Die Zeitperiode wird häufig mit dem nicht ganz korrekten deutschen Ausdruck „Vormärz" bezeichnet. Über das Thema näheres: **Hermann**, Róbert – **Závodszky**, Géza: Nemzet születik [*Eine Nation im Werden*]. Helikon Kiadó, Budapest, 1997.
[78] **Csizmadia**, Andor: A szociális gondoskodás változásai [...]. S. 50.
[79] **Cser**, Erika: A pesti kényszerítő dologház történetéből [*Aus der Geschichte des Pester Zwangsarbeitshauses*]. In: A mesterség iskolája. Tanulmányok Bácskai Vera 70. születésnapjára. Osiris Kiadó, Budapest, 2000.
[80] Übersetzt auf den heutigen Wortgebrauch: „Ungarisches Wirtschaftministerium". Die größten „historisechen Individualitäten" (siehe oben) hatten in Wien Ämter, die sich mit ihren Wirtschfftaangelegenheiten befasst waren.
[81] Ungarisch: Weidenstraße, Sommerstraße.
[82] **Cser**, Erika: A pesti kényszerítő dologház [...]. S. 359.

Aufgabe. Die Würdigen von den Unwürdigen, die Kriminellen von den anständigen aber mittellosen Bürgern, die arbeitslosen Hausmägde von den Prostituierten, die Kinder von den Erwachsenen, die Einheimischen von den herumwandernden Vagabunden ohne Pester Wohnhaftigkeit.

Die öffentliche Ordnung auf den Straßen von Pest schien zur Lösung zu gelangen, die Stadtleiter, zusammengearbeitet mit den Reichsorganen, den Frieden und die Harmonie nicht zum Erliegen kommen ließen. Theoretisch kann festgestellt werden, dass die sich zeitweise gegenüber der Politik erhobenen Ansprüche bezüglich der sozialen Sicherheit in diesen Jahren an den Kulminationspunkt gelangten. In dieser konkreter historischer Situation war noch genügend, wenn die in Gewahrsam gehaltenen potentiellen oder tatsächlichen Kriminellen von der Mehrheit der Menschen von „normaler" Lebensführung Ruhe gewannen. Nicht viel Zeit musste vergehen, als in den späteren historischen Zeitetappen die Politiker – um dasselbe Ziel zu erreichen – zu anderen, nicht selten unsauberen – Mitteln gegriffen haben. Diese Zeit werden das Ungarische Königreich und seine Armen im Zeichen der rasenden Entwicklung des Kapitalismus verbringen.

Gesundheitspflege, der ärztliche Beruf, die Heiltätigkeit der Ärzte besaßen größere Bedeutung, als in den späteren Zeitperioden, als das soziale Netz schon weit und breit ausgebaut funktionierte. Zwischen 1820 und 1848 standen mit der Armut am häufigsten die Ärzte in Verbindung. Sie hatten unmittelbare Erfahrungen von der Tiefarmut der Massen. Sie waren immer draußen auf dem Feld, wenn die Volksseuchen, wie Cholera tobten, und der Tod am besten unter den Armen erntete. Aus ihren eigenen Erfahrungen wussten sie, dass die Unterernährung, der völlige Mangel an Hygiene dem Ausbruch der Volksepidemien wesentlich beitragen. Sie wussten, dass die armen Menschen nicht in der Lage sind, falls Krankheit zum Arzt zu gehen und sich an professionellen Behandlung zu beteiligen. Glücklichen Falls behandelten sie Laienärzte, aber in den meisten Fällen begegneten sie nur Quacksalberinnen, Wahrsagerinnen, wandernden „Oleikaren" und anderen „Wunderärzten". Obwohl der Ackerbaubevölkerung die körperliche Gesundheit eine grundsätzliche Voraussetzung für die pure Existenz war, waren sie gegen diese Bedrohung vollkommen hilflos. Die Bauernfamilien konnten sehr leicht ins Bedrängnis geraten, wenn ihre Familienernährer Krüppel oder schwerkrank geworden waren.[83] In Ungarn praktisierten bis in die 1860er Jahre nur wenig

---

[83] **Cser**, Erika: Fejezetek a magyarországi [...] S. 207.

Ärzte, obendrein die Mehrheit derer in den Städten.[84] Ungeachtet dessen hielten sie für wichtig, dass sie Wohlwollen gegenüber den Armen bezeigen, die aus dem Heilwesen ausgeschlossen waren. Die Ärzte waren es, die sich mit dem Volk mehrmals als Betreuer in allen ihren Problemen beschäftigten. In irgendeiner Weise können sie auch Vorläufer der späteren Sozialarbeiter aufgefasst werden, da es diese Funktion damals noch nicht gab.

Die Aufklärung war die leitende geistige Idee der Zeit. Der Mensch in diesem Zeitalter war davon fest überzeugt, dass die Information für allen sozialen Probleme als Heilmittel dient. Die engagierten Ärzte der Zeit betrieben Agitation mit Hilfe von Broschüren, um dem Volk die Art und Weise der Verteidigung gegen die Krankheiten beizubringen. Sie haben mit ihren Patienten ständigen Umgang gepflegt, in diesem Weg konnten sie ihnen ihre Propagandaschriften zukommen lassen. Die Broschüren erklärten: Auf die Hygiene muss man wegen der Vorbeugung der Epidemien großen Wert legen. Ferner plädierten sie für die Schutzimpfungen (in manchen Gemeinden erweckte sogar die Absicht der Reihenimpfungen Argwohn und Furcht), und für die Einhaltung der Maßregeln gegen die Epidemiegefahr.[85] Kulturhistorisch erntete die Aufklärungstätigkeit dieser Ärzte große Anerkennung. Einige von ihnen ohne Anspruch auf Vollständigkeit: *József Csapó, Sámuel Zay, Sámuel Rácz, József Csorba.*[86] Sie waren leitende Persönlichkeiten von hohem Ansehen in Ungarn und veröffentlichten ihre Schriften teils auf eigene Kosten, teils mit Hilfe von zentralen Fachzeitschriften der Zeit. Eine solche war die „Tudományos Gyűjtemény" (Wissenschaftliche Sammlung) [87], ein Organ, das für die Volksaufklärung und Volksbildung sehr viel getan hat. Umsonst: Die Gesundheitsinfrastruktur war bei Weitem nicht geeignet, Millionen der Bedürftigen aufzunehmen und sie medizinisch befriedigend – wenn auch auf dem beruflich-technischen Niveau der Zeit – zu behandeln.

Spital, Hospital, Armenhaus und Arbeitshaus haben sich in der ersten Hälfte des 19. Jahrhunderts noch nicht abgeschieden. Die Armenpflegeformen waren in den meisten Anstalten zusammengeschmolzen. Diese „Multifunktionalität" der Institute ist auf die Jahrhunderte des Mittelalters zurückzuführen. Spitals waren ab den 1740er Jahren in Ungarn in immer größerer Zahl vorzufinden: Um diese

---

[84] Ebenda.
[85] **Cser**, Erika: Fejezetek a magyarországi […] S. 208.
[86] **Huszár**, György: Magyar orvosok önéletrajzai [*Selbstbiographien von ungarischen Ärzten*]. In: Orvostörténeti Közlemények 1987. S. 117-120. Zitiert von **Cser**, Erika: Fejezetek a magyarországi […] S. 209.
[87] Erschien 1817–1841 monatlich in ungarischer Sprache in Pest.

Jahre wurde eine Reihe dieser sozialen Anstalten errichtet. Überhaupt hatte es damals, wie hundert Jahre später keinen Sinn, einen Unterschied zwischen den einzelnen Pflegeanstalten zu suchen. Ins Krankenhaus sowie ins Armenhaus gingen sowieso nur die Ärmsten, die Hilfslosen, die Wehrlosen, die Ausgelieferten.

Nur ab den 1770er Jahren erschien in der öffentlichen Meinung irgendwelche Differenzierung zwischen den Ausdrücken Spital und Armenhaus. Die Armenhäuser des Reformzeitalters haben die Kranken nicht aufgenommen, richtiger gesagt haben sie sie ins Spital umgelenkt. Die Spitals gehörten meisten den Konfessionen, wo die eingelieferten, manchmal ohnmächtigen, handlungsunfähigen Klienten „medizinisch" behandelt wurden, aber es war überhaupt nicht sicher, ob in jedem Spital Ärzte angestellt worden wären. Das Krankenhaus, eine entwickelte Form, ist das Ergebnis einer späteren Zeit. Dieser Typ war schon mit den für die ärztliche Praxis notwendigen Apparaten versorgt und die Heilung ging unter der Mitwirkung und Aufsicht geschulter Ärzte. Bis zum Revolutionsjahr ist es schwer zu sagen, wo es in Ungarn richtige Krankenhäuser gab. Spitals natürlich in jeder größerer Stadt; diese Institutionen unterhielten die Gemeinden.

Genauso, wie heute, hat auch in dieser Epoche das traurige Bild eines kranken Kindes dem humanistisch denkenden Teil der Gesellschaft Kummer angetan. Kinderhospitale kamen in dieser Zeit auch in Westeuropa selten vor. (1839 gab es Kinderkrankenhäuser nur in Wien, Sankt-Petersburg und Paris). In Ungarn gab es einige Ärzte, die – auch damals schon – für die Sache der Kinderheilkunde Zeugnis abgelegt haben. Einer von ihnen war Doktor *Ágost Schöpf-Mérei*[88], der sein Leben den kranken armen Kindern widmete. Ihm gelang es, im Jahre 1839 einen Verein zu gründen, der dazu beigetragen hat, seine verwegensten Träume in Erfüllung zu verhelfen: Seit August 1839 konnte auch in Pest ein Kinderhospital arbeiten. Das Institut war kleiner als die parallelen europäischen Institute – zuerst nur mit 12, später mit 19 Betten war es eingerichtet – aber die modernen Leitprinzipien der Heilarbeit stimmten mit denen des Wiener Instituts überein. Bis 1842 sind im Institut 4364 Kinder herumgekommen.[89] Die Kinderheilkunde erfuhr eine Förderung aus mehreren finanziellen Quellen, erster Linie die Hauptstadt, zweitens erwiesen die privaten

---

[88] **Schöpf-Mérei**, Ágost [ursprünglicher Familienname: Schöpf-Merei] (1804–1858): Kinderarzt, Akademiker, 1849 diente er in der italienischen Legion als Militärarzt, nach der Niederlage emigrierte er mit Kossuth nach Westeuropa.
[89] **Cser**, Erika: Fejezetek a magyarországi […] S. 208.

Geldspendeaktionen Unterstützung, außerdem befand sich die Tätigkeit im Krankenhaus in Abhängigkeit der Weißkreuzbewegung (Über den Verein „Weißkreuz" enthalten die nächsten Seiten Einsicht.)

Die Ableitung der sozialen Spannungen hätte bestes Mittel in der Hand der hohen Politik gewesen sein können. Ob die oberste politische Leitung der Habsburgermonarchie diese Möglichkeit hätte in Erwägung ziehen können, ist – unseres Erachtens – eher zweifelhaft als sicher. Clemens Metternich, seit 1809 Staatsminister, später Reichskanzler von Österreich hat ein hervorragendes Lebenswerk in der Außenpolitik geschaffen, in dem vorwiegend die konservativen Ideen (um Europa politisch zusammenzuhalten) dominierten.[90] In seiner Innenpolitik setzten sich aber wenn auch in der Ebene der Planung und der Traumwünsche gewisse liberale Gedanken durch. Er hat in dem multinationalen Reich einer altmodischen Demokratie Beachtung gewidmet. Seine Staatsidee stellte eine gewisse Bestrebung nach der gleichmäßigen Behandlung einzelner Nationalitäten dar. Was er sich natürlich auf der alten ständischen Grundlage und nicht entsprechend dem modernen Nationalismus vorstellte. Den „alten historischen Individualitäten", so wie Ungarn, Böhmen, Steiermark, Galizien u. a. würden nach seiner Auffassung die gleichen Rechte zugelassen werden.

Diese Rechte überschritten die Grenzen der ständischen Gesinnung trotzdem nicht. Metternich konnte nicht in den Kategorien der bürgerlichen Reformen und der sozialen Politik denken. Wie alle seinen Zeitgenossen, Kollegen und Regierungen in Europa. Das zeitgenössische Österreich als politisches Gebilde, an seiner Führungsspitze mit Metternich, stand in dieser Zeit – wie wir es früher mehrmals angeschnitten haben – sehr weit von einer umfassenden staatlich garantierten Armenpolitik. Obwohl der Kanzler menschlich der Mitleidenschaft und dem Karitas nahe stand. Da seine dritte Frau, Melanie Zichy eine Ungarin war, ließ er sich unmittelbar in die karitative Tätigkeit seiner Frau ein. Sonst konnte er die Lösung des Konflikte, vor allem die Niederwerfung der sich ständig zum Ausbruch eilenden Revolution nur in Form von polizeilicher Gewalt begreifen. Nicht milder war sein Vorgehen im Falle der Wahrnehmung der Gefahr von sozialen Unruhen.

Keine politische Taktik konnte der Revolution ausweichen. Am 15. März 1848 brach in Pest die Revolution aus, die die gesetzgeberische Aktivität des in diesen Tagen in Pozsony tagenden ungarischen Reichstages beschleunigte. Mit 1848

---

[90] http://hu.wikipedia.org/wiki/Klemens_Wenzel_Lothar_von_Metternich.

endete die ständische Epoche der ungarischen Geschichte und begann die Zeitperiode des bürgerlichen Staates. Die neue politische Situation ermöglichte die Einfügung des Armenwesens ins System der Staatsverwaltung. Die Frage bestand darin, ob die politische Garnitur nach dem Sieg der Revolution von dieser Möglichkeit Verwendung hätte nehmen können. Die verantwortliche ungarische Regierung hat von dieser Chance nicht Gebrauch gemacht. Die Regelung des Armenwesens behielt das Ministerium auch weiterhin im Zuständigkreis der exekutiven Macht, also in den Händen der kommunalen Verwaltungen. Nicht einmal das Anliegen war vorhanden. József Eötvös, Kultusminister in der Batthyány-Regierung[91] von 1848 schrieb in einem seinem Aufsatz von 1840, dass „[...] die Armengesetzte nur in den industriellen Ländern notwendig sind, in den Ländern der Ackermänner sind sie gerade schädlich."[92]

Die kurze Zeit, während die revolutionäre Regierung ihre Konzepte hätte realisieren können, reichte nicht, so haben die großen revolutionären Umwälzungen keine qualitativen Änderungen in diesem Gebiet mit sich gebracht. Das Innenministerium hatte die Aufgabe der Verwaltung erhalten, das die einzelnen Ressorts unter den Abteilungen verteilte. Die Bettlerfrage kam z. B. der Polizeisektion zu, genauso die Hungersnotangelegenheiten, die Zigeuner, Waisenkinder, Findlinge, Taubstummen, Blinden und Schwerseher.[93] Keine neuen Rechtsinstitutionen sind entstanden, sondern die alten, feudalistischen wurden mehr oder weniger umgestaltet.[94] Nachdem die Revolution und der Freiheitskrieg von 1849 von Österreich niedergeschlagen worden war, hat sich auch nicht viel verändert. Im Mittelpunkt der Armenfürsorge blieb immer noch die Kommune. Fortschritt erfolgte aber darin, dass das Gemeinderecht in Österreich in der neoabsolutistischen Zeit mehrmals neugeschaffen und erweitert wurde. In diesen Gesetzen lesen wir viel über die Pflichten der Gemeinden, denen das Armenwesen unverändert zugewiesen wurde.

Nach der Niederschlagung erfolgte die Vergeltung, eine teilweise Restauration des Absolutismus. Bevor aber die ungarische Revolution niedergekämpft wurde, machten der junge Kaiser, Franz Joseph und seine Berater einen verfassungsgeberischen Versuch, um das rechtliche und politische Struktur des

---

[91] **Batthyány**, Lajos von Némétújvár (1807–1849): ungarischer Magnat, Grundbesitzer, Mitglied des Herrenhauses, 1848 Ministerpräsident von Ungarn. 1849 hingerichtet.
[92] **Eötvös**, József von Vásárosnamény Freiherr (1813–1871): Politiker, Schriftsteller, Akademiker, Minister für Kultus und Bildung.
[93] **Csizmadia**, Andor: A szociális gondoskodás változásai [...]. S. 54.
[94] Ebenda.

Gesamtreicher reformieren zu können. In vollem Gange waren noch die Kriegsoperationen auf ungarischem Boden, als in der böhmischen Stadt, Olmütz, eine bürgerliche Verfassung für alle österreichischen Länder geschaffen wurde. Als Folgen der Verfassung von Olmütz erschienen noch dasselbe Jahr weitere Verordnungen, Erlässe und Patente über die künftig einzuführenden Reformen. So eine war das Provisorische Gemeindegesetz vom 17. März 1849.[95] Laut des Patentes stellt sich der Gemeindewirkungskreis aus zwei grundsätzlichen Momenten zusammen. Der natürliche Wirkungskreis umfasste „[…] alles, was der Gemeinde zunächst berührt, und innerhalb der Gränzen vollständig durchführbar is." – so der Text des Patenten. Der natürliche Wirkungskreis bezieht sich   vor allem auf das Gemeinwohl der Gemeindeglieder. Der zweite Moment war der übertragene Wirkungskreis, der die Besorgung bestimmter öffentliche Geschäfte umfasste, welche der Gemeinde vom Staate im Delegationswege[96] zugewiesen wurde. In den Paragraphen 6-21 des Patents erscheint ein neuer Begriff, der die soziale Verwaltung mehr als ein Jahrhundert lang bestimmte. Das War das „Zuständigkeitsrecht". Das Patent unterschied Gemeindebürger und Gemeindeangehörige. Erstere konnten alle werden, die irgendwelchen Besitz innerhalb der Gemeindegrenzen hatten oder irgendwelche Gewerbe trieben. Gemeindenaghörigen aber nur wenn sie durch Geburt oder Aufnahme in den Gemeindeverband der Gemeinde zuständig waren. Wie man in den Gemeindeverband eine Aufnahme hat erhalten können, war in vieler Form möglich, unter anderem konnten dieses Recht „Frauenpersonen durch Verehelichung mit einem Gemeindemitgliede" erwerben. Die Pflicht der Gemeinde, sich um ihre Armen zu kümmern, galt als ein „delegierter Wirkungskreis", dem gehorchen zu müssen unvermeidlich war. Dem Bürger, der sich verarmte, stand das Recht zu, dass ihm der Vorstand aus dem Gemeindebudget Hilfe leisten musste. Alles, was sich ganz bis zu den ersten Versicherungsgesetzten der Zeit des Dualismus im sozialpolitischen Feld ereignete, ist diesen Paragraphen zu verdanken. (Die Wohltätigkeitsvereine – wie wir es in den letzteren gesehen haben – waren nur Antworten der Gesellschaft auf die Herausforderungen der Armut.) Ob und inwiefern diese Rechte im Kaiserreiche in die Tat umgesetzt wurden, ist nicht eindeutig klar. In dem Gesetz war nämlich eine Bremse eingebaut, die dazu diente, dass das

---

[95] Kaiserliches Patent vom 17. März 1849 […] womit ein Provisorisches Gemeindegesetz erlassen wird. Jahrgang III.. Stück 170. In: http://alex.onb.ac.at/cgi-content/anno-plus?apm=0&aid=rgb&datum=18590004&seite=00000095&zoom=2.
[96] Verordnungswege.

Gemeindegut nicht überflüssig belastet oder vergeudet werde.[97] Diese die verschwenderische Gemeindewirtschaft zurückhaltenden Schlupflöcher im Text der Patente und Gesetze dienten auch dazu, dass die die Gemeinde leitenden Gremien in der Armenversorgung auch in den späteren Zeiten zu sparsam, sehr oft geizig waren. Die Texte enthielten nämlich keine Nachweisungen nach dem Maß der Unterstützung der Armen, welche dem Wohlwollen oder der Gleichgültigkeit der Gemeindeleitung und Gemeindeöffentlichkeit ausgeliefert waren.

Im Dezember 1859 regelte das kaiserliche Patent Nr. 58. vom 24. April 1859[98] das Verhältnis der Gemeinden mit den auf ihren Gebieten liegenden Grundbesitzen in dem ganzen Habsburgerreiche ausgenommen. Das Patent hat verordnet, Kommissionen aufzustellen, die „ [...] nach Maßgabe des Erfordernisses auf der Grundlage des gegenwärtigen Gesetzes[99] und mit Berücksichtigung der besonderen Landesverhältnisse Gemeindeordnungen zu entwerfen haben." Das Patent führte ein neues, bisher nicht gebräuchliches Element in die Reichsverwaltung ein: die *Gemeindeordnung*, die den Gemeinden eine nicht ganz hochgradige, aber gut verwendbare Selbstständigkeit sicherte. Der *Ortsgemeinde* war von dem Grundbesitz unabhängige politische Wohn- und Lebensgemeinschaft von Menschen. Wer und wie Menschen sich an diesen Gemeinden anschließen konnten, setzte das Provisorische Gemeindegesetz von 1849 fest. Die Gemeindezuständigkeit, die Quelle von vielen anderen Rechtstiteln war, wurde in dieses Gesetz eingenommen und sie blieb unter dem Oberbegriff „Heimatrecht" noch lange Zeit in Gültigkeit. Einen der Rechtstitel bedeutete das Recht der eingetragenen Gemeindemitglieder für Armenfürsorge (auf der Basis der Gemeindezuständigkeit).

Obwohl im Präambel drei Länder als Ausnahmen erwähnt wurden, die das Patent nicht ausführen mussten, wurde das Gesetz – aus anderen, eigentümlichen Gründen – auch in Ungarn nicht vollzogen. Ungarn befand sich

---

[97] „74 .§. Da das Gemeindevermögen und Gemeindegut Eigenthum der Gemeinde als moralische Person, und nicht der jeweiligen Gemeindeglieder ist, so ist jede Veräußerung des Gemeindevermögens und Gutes und jede Vertheilung desselben untersagt, und nur ausnahmsweise kann unter gehöriger Begründung die Bewilligung hiezu von dem Landtage ertheilt werden."

[98] Kaiserliches Patent vom 24. April 1859, wirksam für den ganzen Umfang des Reiches, mit Ausnahme des lombardisch-venetianischen Königreiches, Dalmatiens und des Militär-Gränzlandes. Reichs-Gesetz-Blatt für das Kaisertum Oesterreich. Jahrgang 1859. XIV. Stück. In: http://alex.onb.ac.at/cgi-content/anno-plus?apm=0&aid=rgb&datum=18590004&seite=00000095&zoom=2.

[99] Das Gesetz von 1851.

nämlich nach dem niedergeschlagenen Freiheitskrieg seelisch und politisch noch viele Jahre in einer ohnmächtigen Lage, und nachdem die maßgebende politische Elite von Ungarn den Weg des „passiven Widerstandes" gewählt hatte[100], wurde die Widerspenstigkeit gegenüber Wien ein adäquates Mittel sich der neoabsolutistischen Unterdrückung nicht vorzubeugen. Der Neoabsolutismus hat die Rechte der uralten Verwaltungseinheiten Ungarns, des seit dem Frühmittelalter bestehenden adeligen Komitats aufgehoben, und regierte das Land aus Wien mit zentralistischen Methoden. Trotzdem gelangten viele Punkte der in Österreich verabschiedeten mehreren Gemeindegesetzen in das ungarische Gewohnheitsrecht sowie kodifiziertes Recht hinein.[101] So wurde das Zuständigkeitsprinzip auf die königlichen Freistädte und die Stadtgemeinden – d. h. Städte mit geregeltem Magistrat – in einer Anordnung vom 18. August 1851 ausgeweitert.[102]

Nach 1859 verordnete das österreichische Recht über die Gemeinden bis zum grundsätzlichen Umbau der staatsrechtlichen Struktur der Monarchie noch zweimal. Einmal 1862, danach im Jahre 1863. In beiden Fällen stützte sich der Text der Gesetze auf die vorherigen, oben ausgelegten Gesetze. Im Gesetz 18 vom Jahre 1862 blieb das Armenwesen unverändert Gemeindeaufgabe und wurde wie früher in die polizeilichen Angelegenheiten eingereiht: Der Punkt 8 des Artikels V verfügt über das „Armenwesen und Gemeinde-Wohlthätigkeitsanstalten" in diesem Sinne.[103] Wichtigkeit aus sozialpolitischer Sicht können wir diesem Gesetz nur aus dem Anlass beilegen, dass es den früher festgesetzten Platz des Armenwesens im System der Staatsverwaltung für lange Jahrzehnte definitiv anstellte. Noch mehr hat das Gesetz vom 3. Dezember das Zuständigkeitsrecht der Gemeindeglieder in dem österreichischen Recht verankert, das in der Gesetzgebung des dualistischen Zeitalters nach 1867 auch in Ungarn maßgebend wurde.

---

[100] Nach der Niederlage spaltete sich die 1849 bewaffnete Opposition in mehrere, geographisch in zwei Gruppen. Eine war die Kossuth-Emigration in vielen Ländern der Welt, die andere die inländische politische Garnitur, wie Ferenc Deák, József Eötvös, Ágoston Trefort, Gyula Andrássy u. a.

[101] **Csizmadia**, Andor: A szociális gondoskodás változásai [...]. S. 56.

[102] Ebenda, S. 55.

[103] 18. Gesetz vom 5. März 1862 [...] womit die grundsätzlichen Bestimmungen zur Regelung des Gemeidewesens vorgezeichnet werden. Reichs-Gesetz-Blatt für das Kaisertum Oesterreich. Jahrgang 1862. XIV. Stück. http://alex.onb.ac.at/cgi-content/anno-plus?apm=0&aid=rgb&datum=18620004&seite=00000036&zoom=2.

3 DAS ZEITALTER DES DUALISMUS 1867–1914

3.1 SYSTEME

3.1.1 Der Einfluss des österreichisch–ungarischen Ausgleichs von 1867 auf die Entwicklung des ungarischen Wirtschaftslebens und auf die soziale Lage

Nachdem die Habsburgermonarchie zu einem Reich mit zwei politischen Zentren umgestaltet worden war, kam die Industrie in den Ländern der ungarischen Krone zur Entwicklung. Das ausländische Kapital zeigte unter dem Einfluss der tief greifenden politischen Wandlungen ein lebhafteres Interesse für Ungarn als zuvor. 1867 wurde die Ungarische Allgemeine Kreditbank als Mitglied in der Wiener Rotschild-Bankengruppe begründet.[104] Als Folge des „Gründungsfiebers" zwischen 1867 und 1873 sind im Lande nicht minder als 125 Aktiengesellschaften entstanden.[105] Die im Revolutionsjahr 1848 durchgeführte Leibeigenenbefreiung hat die Freiheit der Arbeitsnahme erschaffen. Ein aus dem Geisteskreis der Aufklärung hervorgegangenes, universales Glaubensprinzip, das sich in Europa in der Wirklichkeit als schwankender und voreiliger Gedanke erwies, es brachte verheerende Auswirkungen mit sich.[106]

In Ungarn anfangs weniger. In den Massenbewegungen von 1848 war die so genannte „Arbeiterklasse" noch kaum präsent. Die großen Industriezentren und Industriegebiete sind erst bis zur Jahrhundertwende angeschwollen, aber sie wurden auch dann mit Abstand nicht so groß, wie zum Beispiel die englischen Industriezentren am Anfang des 19. Jahrhunderts.[107] In den demographisch angeschwollenen Zentren – insbesondere in den Vorstädten von Pest, in Miskolc, Salgótarján und noch vielenorts – sind die den Kapitalismus kennzeichnenden soziale Probleme trotzdem erschienen.

---

[104] **Futó**, Mihály: A magyar gyáripar története. I. kötet. A gyáripar kialakulása az első állami iparfejlesztési törvényig (1881) [Die Geschichte der ungarischen Fabrikindustrie. Band I. Die Herausbildung der Fabrikindustrie bis zum ersten Gewerbeentwicklungsgesetz (1881)] Budapest, Magyar Gazdaságkutató Intézet, 1944. S. 326.

[105] **Sándor**,Vilmos: A nagyipari fejlődés Magyarországon 1867–1900 [*Die großindustrielle Entwicklung in Ungarn 1867–1900*]. Szikra, Budapest, 1954. S. 39–42.

[106] **Castel**, Robert: A szociális kérdés alakváltozásai A bérmunka krónikája. [*Die Metamorphosen der sozialen Frage. Die Chronik der Lohnarbeit*]. A Szociálpolitikai Értesítő könyvtára, Budapest, 1998. S. 144.

[107] Über die Auswirkungen der Urbanisierung siehe: **Berend T.**, Iván – **Ránki**, György: Gazdaság és társadalom. Tanulmányok hazánk és Kelet-Európa XIX–XX. századi történetéről [*Wirtschaft und Gesellschaft. Studien über die Geschichte Ungarns und Osteuropas im 19–20. Jahrhundert*]. Magvető Könyvkiadó, Budapest, 1974. S. 36-58.

Die Probleme wurden ab den 1880er Jahren global und allgemein.[108] Selbst wenn in den so reichen Handels- und Finanzzentren wie das der ungarischen Oberhoheit gehörigen Fiume[109] hat der Pauperismus, die massenhafte Armut das Haupt erhoben, gegen die sich immer wieder ausbrechenden Unruhen hatten der Gouverneur und das Magistrat der Hafenstadt kein Gegenmittel.[110]

Die Urbanisierung folgte aus den kapitalistischen Produktionsverhältnissen, sie bedeutete mit ihren unerträglichen Verhältnissen in den Elendsvierteln der Vorstädte etwas sehr Ähnliches, wie es ein paar Jahrzehnten zuvor in England der Fall war. Der Unterschied bestand nur darin, dass die massenhafte Verarmung *hier* in Osteuropa mit einer gewissen Verspätung ankam und auch ihr Ausmaß war wesentlich bescheidener. Aber die ungarischen Erscheinungen widersprachen ebenfalls dem Traum des Liberalismus, und zwar insofern, dass das Wirtschaftswachstum materielle und geistige Blütezeit ergibt. Die freie Marktwirtschaft hat in diesem Gebiet nichts gelöst, anstatt dessen vertieften sich die Unterschiede zwischen den einzelnen Gesellschaftsschichten[111], was mehrere soziale Gruppen ich die tiefe Kluft der dauerhaften und absoluten Armut abgestoßen hat.

Größer wurden die Schwierigkeiten der in den ständig anwachsenden „suburbs" Lebenden infolge der sich immer mehr beschleunigenden Migration. Die ihre Heimatdörfer zum Zweck der Arbeitnahme massenhaft verlassenen Bauern stoßen in den Städten auf ein eiskaltes Milieu, das die Fürsorge über die Einwohner nicht kannte. Diejenigen also, die die alte ländliche Lebensform hinter sich hatten, verloren mit diesem Akt die Solidarität ihrer Dorfgemeinschaften. Diese patriarchalischen, „primären" Gemeinschaften erwarteten von ihren Mitgliedern für die gemeinschaftliche Versorgung Entgelt, vor allem absolute Loyalität sowie Anpassung. Diese Erwartungen der primären Gemeinschaft schränkten ihre Angehörigen in der Regel in ihrer Handlungsfreiheit ein und richteten sie sie nicht selten zu Grunde. Trotzdem bedeutete dieser Schutz etwas, was ihnen die städtischen Industriezentren nicht anbieten konnten. In ihren originellen Wohnstätten waren sie zumindest den Qualen des Hungers auf Gnade und Ungnade nicht ausgeliefert.[112] In den

---

[108] **Pik,** Katalin: A szociális munka története Magyarországon, 1817-1990 [*Geschichte der Sozialarbeit in Ungarn 1817–1990*]. Budapest, Hilscher Szociálpolitikai Egyesület, 2004. S. 56.
[109] Heute Rijeka.
[110] Pesti Napló, 16. Juni 1873
[111] **Fekete,** Sándor: Szociálpolitka [*Sozialpolitik*]. Pécs, 2000. S. 13.
[112] **Castel,** Robert: A szociális kérdés [...]. S. 115.

Großstädten war das Individuum verhängnisvoll auf sich verlassen.[113] Die Klassengesellschaft, die auf der den sicheren Grund der primären Solidarität verlorenen, atomisierten Individuen basierte, hat dem Begriff der Armut einen neuen Sinn verschenkt. Aus der Armut wurde eine moralische Sache, wegen derer man sich schämen muss. Die Armut soll man als Folge eines Defizits auffassen, das irgendwie für das Individuum charakteristisch ist.[114] Und als ein Solcher kann der Arme auf die Solidarität der Gemeinschaft nicht rechnen.

Natürlicherweise hat das Jahr 1867 nur in der Politik eine Zeitgrenze gezogen, die Sozialpolitik ging in ganz anderen Spurlinien, beeinflusst von ganz anderen Wirkungsfaktoren weiter. Einfacher formuliert: in der Armenversorgung waren nach 1867 genau dieselben Formen im Gebrauch, wie davor. Die Sozialversorgung in Ungarn kann nämlich bis etwa zum Anfang der 1880er Jahre, als ein eklektisches, aus gemischten Elementen bestehendes System aufgefasst werden. Dieses System integrierte alles, was während zwei Jahrhunderte in diesem Gebiet im Gebrauch war, bzw. was zur Gewohnheit wurde.

Die Barmherzigkeit, die ihren Nahrungsstoff aus den Wurzeln der Religion sog, weiterhin das katholische Dogma, dass die für die Armen geleistete Hilfe den Weg zur Seligkeit anbahnt, aber wir finden in diesem System die Spuren der westeuropäischen Norm, die zwischen würdigen und unwürdigen Armen distanzierte. Damit man die manchmal mehr Hunderttausend Seelen zählenden Massen der größten Industriesiedlungen im Zügel hält, wurde auch die aus Westeuropa übernommene Art der Versorgung verwendet, die fachlich mit dem Ausdruck „Gemeinschaftsschutz auf rationalen Grundlagen" geheißen wird.[115] Ein System der Armenversorgung, das in den Städten sowohl den Hungerunruhen als auch den Massenepidemien zuvorzukommen versucht.

Es gab Diskussionen, ob die Unterstützung auf Grund der Bedürftigkeit, Zuständigkeit oder Würdigkeit verteilt werden sollte, es steht aber fest, dass die vielen Unterstützungsformen und -methoden in gleicher Zeit für gültig waren und sie existierten nebeneinander. Zweierlei Dilemmas wurden im Laufe der Zeit – in Deutschland etwa um die 1870er Jahren, in Ungarn ein bisschen später – für dringendes Problem, das die klassischen Armenversorgungsformen mit einem Fragezeichen versehen haben. Eines der beiden war, ob die früheren,

---

[113] **Fekete**, Sándor: Szociálpolitika [...]. S. 13.
[114] **Gyáni**, Gábor: A szociálpolitika útja Magyarországon [*Der Weg der Sozialpolitik in Ungarn*]. Budapest, 1994. S. 5.
[115] **Fekete**, Sándor: Szociálpolitika [...]. S. 13.

direkten „zerteilenden" Formen in den „suburbs", in denen sogar Hunderttausende kümmerlich ihr Leben hätten führen können, immer noch effizient wären.

Die funktionalistische Herangehensweise der Sozialpolitik setzt sich das Ziel der Aufrechterhaltung des sozialen Friedens und des Status quo. Dem ungestörten Funktionieren des Ungarischen Königreichs im Rahmen des Dualismus waren anfangs die oben behandelten traditionellen Formen ausreichend (primäre oder innige Armenversorgung[116], die polizeiliche Wahrnehmung der Armenfrage usw.). Später – an und für sich – nicht mehr. Der moderne Kapitalismus, dessen Grundlagen die Marktmechanismen waren, nahm großen Massen sogar ihre grundsätzlichen Lebensbedingungen. Die, die aus den kapitalistischen Marktverbindungen (d. h. Arbeitskräftemarkt) verdrängt worden waren – die Arbeitslosen, Kranken, Körperbehinderten, Kinder, alte Menschen – gerieten in unmögliche Lage.

Den Begriff Arbeitskräftemarkt hat der Kapitalismus ins Dasein gerufen, früher hat er nicht existiert. Die Wirtschaft in dem mittelalterlichen und neuzeitlichen Ungarischen Königreich fußte auf der lokalen Gebundenheit, wie gesagt an die Scholle gebunden. Infolge der Maßnahmen der französischen Revolution wurde diese Gebundenheit abgeschafft, und sie hat ihren Platz der Freiheit der Arbeitnahme überlassen. Hinter der Dynamik der industriellen Revolution stand dieses freie, verträgliche Rechtsverhältnis zwischen Arbeitgebern und Arbeitnehmern. Der Arbeitsvertrag, der den Kontakt von zwei, förmlich gleichrangigen Partnern bedeutete, wurde auch in den ungarischen Fabriken überall verbreitet. Der Widerspruch bestand auch in Ungarn darin, wie es beispielsweise in dem von Castel dargestellten Frankreich der Fall war: Das Verhältnis zwischen Arbeitgeber und Arbeitnehmer kennzeichnete lange nicht die Gleichrangigkeit. Die Industriellen genossen Positionsvorteil, und diesen Vorsprung konnten die Arbeiter in der Regel nicht einholen. In den durch die Arbeitsverträge hervorgerufenen Vernetzungen, die in der Form von komplizierten gesellschaftlichen Verflechtungen zum Vorschein kamen, sind riesige soziale Löcher entstanden – durch diese Löcher stürzten große Bevölkerungsmassen in die Vernichtung. Oder sie haben etwas für das

---

[116] „Sociabilité primaire", Begriff von dem französischen Soziologen Robert **Castel**. „ [...] La sociabilité primaire est celle que l'on observe dans les sociétés paysannes. La sociabilité secondaire est celle des sociétés où il existe »une spécialisation des activités« et »des médiations institutionnelles« (*idem*). Ces notions recouvrent les sociabilités que l'on trouve respectivement dans les sociétés »à solidarité mécanique« et »à solidarité organique« d'Emile Durkheim. In: http://www.cours-gratuit.org/lexique-sociologie-glossaire.

Besserwerden ihres Schicksals zu tun versucht, diese Bestrebungen gefährdeten aber den politischen Frieden.

Um die Lage zu lösen erschien in der sozialen Sphäre eine ganze Reihe der bisher unbekannten Elemente. In den demographisch angeschwollenen urbanen Gesellschaften waren alle fremd, sinnlos wurde also das herkömmliche Verteilungsprinzip, das in Westeuropa vom Anfang des 13. Jahrhundert an im Mittelpunkt der Armenversorgung stand, in dem zum Beispiel der Glauben und die Lebensform die Hauptrolle spielte (Die Katholiken haben Unterstützung bekommen, die anderen Konfessionen gehörigen nicht, die Gottesfürchtigen ja, die Rebellen und die Atheisten nicht, die Kranken und die hilflosen Alten ja, die Landstreicher nicht, u. s. w.)[117] In dem vorherrschenden System der kapitalistischen Massenproduktion bekam die oben erwähnte Formel „Gemeinschaftsschutz auf rationalen Grundlagen" die Oberhand, mit Abstand nicht wegen des Humanismus, sondern denn die Kontinuität der Produktion und dadurch die immer größere Gewinnrealisierung musste gesichert werden.

An diesen gleichen, das kapitalistische System aufrecht erhaltenden und bekräftigenden Gedanken kann man auch die Arbeiterschutzmaßnahmen der formalen Sozialpolitik anschließen, die sogenannten „Fabrikgesetze". (Die in Ungarn auch später, ab den 1880er Jahren verabschiedet worden waren.) Die Fabrikgesetze an und für sich waren keineswegs nur in England favorisierte Formen. In dem preußischen Arbeiterbereich begannen die ersten „Schutzdiskussionen" schon gleich nach den Napoleonischen Kriegen. Die staatliche Gesellschaftspolitik verhaftete genauso der liberalen Ideologie als überall in Westeuropa. Die Unternehmerfreiheit widersprach aller Nachgiebigkeit, nur der ungestörte Prozess der Produktion konnte als Leitprinzip zur Geltung kommen. Den entsprechenden englischen Regelungen ähnelten viele beispielsweise in Preußen gebrachte „Regulative", die wegen des ununterbrochenen Produktionsvorganges unerlässlich waren. Sie erschufen Vorbedingungen zur Sicherung der Kontinuität der Produktion, und zwar dadurch, dass der Arbeiter schreiben, lesen, rechnen kann, und dass er körperlich gesund wird. Das preußische Regulativ von 1839 – Jahrzehnte früher als in der Budapester Regierungspolitik – markierte den Anfang der Arbeiterschutzgesetzgebung in Deutschland, mit dem der Staat das erste Mal in

---

[117] **Fekete**, Sándor […]. S. 13.

die Regelung der Arbeiterverhältnisse *unmittelbar* eingriff.[118] Laut des 1. § „Vor zurückgelegtem neunten Lebensjahre darf niemand in einer Fabrik oder bei Berg-, Hütten und Pochwerken zu einer regelmäßigen Beschäftigung angenommen werden."[119]

Kinderschutz, Unterricht und Sozialpolitik gingen Hand in Hand. Die Beförderungsprogramme der schulischen Ausbildung sowie die Sozialpolitik, die sich auf den *Schutz des Körpers des Arbeiters* spezialisierte, entfalteten sich in Ungarn erst am Ende des dualistischen Zeitalters voll. Die Mangelhaftigkeit der Arbeiterschutzgesetze spitzten sich darin, dass sie nur die „hier und jetzt", also in dem gegebenen Moment im Dienste des Unternehmens stehenden Arbeitenden schützten, und wenn sie einmal auf die Straße gesetzt wurden, gerieten sie außer Kraft dieser Gesetze. Diese Arbeitslosen wurden meistens zu in Elend lebenden, unzufriedenen, Unruhen stiftenden Elementen, die die Instabilität der ungarischen Gesellschaft erhöhten. Bis zum Ende des Jahrhunderts stellte es sich eindeutig klar, dass die alten Normen für die Festigung des Status quo unzulänglich sind. Typisch ist für das Ende des Jahrhunderts, dass sich der Staat an der Abwehr der Gefahren in immer größerem Maße beteiligen musste. Zu dieser Zeit wurde es klar: Der Markt kann das Problem nicht lösen, die Versorgung auf traditioneller Art ist allzu wenig.

Der Staat wirkte – wie es den Textpassagen von oben zu entnehmen ist – seit lange her (in Westeuropa schon seit dem 13. Jahrhundert) in der Wahrnehmung der Angelegenheiten der Armen mit. Das 19. Jahrhundert scheint auch aus diesem Blickpunkt als eine ganz andere Welt zu sein. Teils sind die Produktionsverhältnisse grundlegend anders geworden, was mit Wandlungen in der Gesellschaftsstruktur verbunden war, teils hat sich auch das Verhältnis zwischen *dem Staat und seinen Staatsbürgern* verändert. Aber die Sozialpolitik – wie es wohl bekannt ist – bildet sich aus der Zusammenarbeit von diesen zwei Partnern heraus. Die These umgekehrt: ohne den Staat gibt es keine Sozialpolitik, eine Sozialpolitik gibt es nur da, wo der Staat, wenn auch in dem mindesten Maße, erscheint. Auch in Ungarn des Endes des Jahrhunderts ist so was vor sich gegangen, was europaweit, die quasi-sozialpolitischen Systeme reagierten auf die Grund stürzenden gesellschaftlichen Veränderungen, neue Formen werden zur Welt geboren, die ihre neuen Aufgaben mit neuen Methoden

[118] **Frerich**, Johannes – **Frey**, Martin: Handbuch der Geschichte der Sozialpolitik in Deutschland. Band I: Von der vorindustriellen Zeit bis zum Dritten Reich. Zweite Auflage. R. Oldenbourg Verlag, München Wien, 1996. S. 43.
[119] **Frerich**, Johannes – **Frey**, Martin: Handbuch der Geschichte [...]. S. 43.

zu erfüllen im Stande waren. „Eine wichtige Komponente dieser [...] Prozesse war die Bekräftigung der Rechtsmäßigkeit. Das Ziel in diesem Zusammenhang besteht darin, dass in der Sozialpolitik *der Charakter „der wohltätigen Gabe"* abgeschafft werden muss, und statt deren die Bedarfsdeckung auf Grund von Gesetzen erfolgen soll." – lesen wir bei der namhaften Soziologin Zsuzsa Ferge.[120]

Das Ende des Jahrhunderts und die bis zum Ersten Weltkrieg abgelaufenen etwa 30 Jahre können wir in diesem Sinne als der Anfang der sozialen Gesetzgebung ansehen, in denen der Anspruch des Staates, ihren Staatsbürgern Hilfe zu leisten, trotzdem erschien. Die Gesetzgebung diente als das beste und wirksamste Mittel dazu. Die Gesetzgebung musste das Verhältnis Arbeitgeber–Arbeitnehmer regulieren, was dermaßen neu war, dass manchmal den stärksten Widerstand gegenüber der neuen Regelung die Betroffenen leisteten. Den damals die Herrschaft ausübenden Regime, den letzten ungarischen Regierungen der Zeit des Dualismus[121] ist die nicht leichte Aufgabe zu Teil geworden, indem sie nicht nur die am meisten zweckdienlichen Versorgungsform finden mussten – die sie schon Sozialpolitik nannten –, sondern auch die Rechtfertigung des Daseins einer neuen Sache, die theoretischen Argumente für die *Legitimation* der Existenz der Sozialpolitik. Mit Rücksicht auf die erheblichen Kosten, die zu Lasten des Staatsbudgets aufgebracht werden mussten.

3.1.2 Die Legitimation der Sozialpolitik

Robert Castel betont, dass unter den neuen Gesellschaftsverhältnissen die Einmischung der Regierungen in den Ablauf der Prozesse nicht nur die materielle Notwendigkeit motiviert, sondern auch die Gefahr des moralischen Zerfalls der Gesellschaft.[122] Die von Liberalen – im Sinne von den Lehren von Adam Smith – prophezeite Veränderung, wonach die Gesellschaft das Aufhören der absoluten Armut durch den freien Wettbewerb erreichen könne, hat sich

---

[120] **Ferge,** Zsuzsa: A szociálpolitika értelmezése [*Sinndeutung der Sozialpolitik*]. In: Szociálpolitika és társadalom. Válogatás Ferge Zsuzsa tanulmányaiból [*Sozialpolitik und Gesellschaft. Auswahl aus den Studien von Zsuzsa Ferge*]. Budapest, 1994. (a) S. 94–95.
[121] Im Sinne des berühmten Gesetzesartikels 1867/XII. über den Ausgleich sind sowohl in den österreichischen als auch in der ungarischen Reichshälfte je eine Verantwortung tragende Regierung aufgestellt. Das System blieb bis zum Ende von 1918 in Kraft. Das Sozialwesen war keine „gemeinsame Angelegenheit, wie Verteidigung, Außenpolitik und Finanzwesen, sie fiel sie dem Zuständigkeitsbereich der Budapester ungarischen Regierung zu.
[122] **Gyáni,** Gábor: A szociálpolitika útjai [...]. S. 19.

nicht bewahrheitet. Dem freien Wettbewerb folgte eine Bereicherung nicht automatisch. An Stelle derer trat der Pauperismus. „Das Elend des Volkes zeigt der Gesellschaft ihr Gesicht vor, das keine historischen Präzedenzien hat. Das beschränkt sich nicht auf das materielle Elend, dazu trägt auch eine tiefe moralische Verlotterung bei."[123] – setzt Castel bezüglich der ehemals um sich greifenden moralischen Verkommenheit fest. Der „Gemeinschaftsschutz auf rationalen Grundlagen" (Maßnahmen gegen die Massenepidemien, Zurückdrängung der Kriminalität, Auflösung der politischen Spannungen) wären ja an und für sich triftige Gründe dafür gewesen, wenn man die Sozialpolitik hätte ins Leben rufen wollen. Auch ein triftiger Grund war außerdem die menschenrechtliche Annäherung, der Schutz der menschlichen Würde, die Chancengleichheit, die Sicherung für die Staatsbürgerrechte u. s. w.

Farkas Heller[124], die einzelnen Etappen der Sozialpolitikgeschichte untersuchend, spricht davon, dass die Sozialpolitik von der Quelle an keine Armenpolitik, sondern *Arbeiterpolitik* sei. Den Arbeitern musste man menschlichere Lebenschancen geben, wozu auch die Lebensmöglichkeiten betreffend die geistige Bedarfsdeckung sowie die Menschenrechte der Arbeiter gehörten. In den großen Industriestaaten Westeuropas aber ähnlicher Weise in dem historischen Großungarn ging es um wesentlich mehr, als man den Menschen einen Bissen Brot gibt. Das Ziel war mit der bloßen finanziellen Hilfe und Wohltätigkeit nicht mehr erreichbar.

Der englische Soziologe, Leonard Hobhouse hat den Kern der Frage im Nachstehenden umschrieben: „In der früheren Zeitetappe des Freihandels war noch zulässig, wenn man darauf hoffte, dass die Selbsthilfe der den Zweck entsprechenden Lösung gereiche [...]. Diese Hoffnungen wurden jedoch von den eingetretenen Vorgängen der Ereignisse in höchstem Grade durchkreuzt."[125]

Die Entfaltung des Kapitalismus auf dem Boden des freien Wettbewerbs schockierte nämlich die öffentliche Meinung. Wie wir mehrmals erwähnt haben, die zu enorm gewachsene Fabrikindustrie verdarb das menschliche Leben, schadete die Gesundheit der Menschen, wirkte zersetzend auf ihre Moralität.[126]

---

[123] **Castel**, Robert: A szociális kérdés [...]. S. 113.

[124] **Heller**, Farkas (1877–1955): Ökonom, Wirtschaftstheoretiker, Universitätsprofessor, Mitglied der Ungarischen Akademie zu Wissenschaften.

[125] **Hobhouse**, Leonhard (1864–1929): britischer liberaler Politiker und Soziologe.

[126] **Heller,** Farkas: A szociálpolitika alapja és lényege. In: Mozaikok a szociális gondoskodás történetéből (I.) [*Der Grund und das Wesen der Sozialpolitik. In: Mosaiken aus der Geschichte der sozialen Versorgung. Band I*] A Szociális Munka Alapítvány Kiadványai, Budapest, 1993. S. 9.

Die Massen und die intellektuelle Elite reagierten darauf anfangs instinktiv, später gingen sie zum Angriff gegenüber der bestehenden politischen Ordnung und dem Staat über. Die ideologische Grundlage zu dieser Attacke wurde die Idee des Sozialismus, beziehungsweise deren politische Praxis. Der „wissenschaftliche Sozialismus" propagierte den vollständigen Abbau des auf dem Privateigentum beruhenden Wirtschaftssystems. In Kürze musste man dann verstehen: Alle beide Varianten, so die soziale Version des Liberalismus wie der Sozialismus – zusammen und unabhängig voneinander –nicht mehr als eine große Illusion Sind.

Die Legitimation der Sozialpolitik erleichterte und ermöglichte gerade der günstige Umstand, dass sie als Dritte zwischen den zwei Richtungen Platz nahm. Sie sprach einerseits die Existenzberechtigung von allen beiden ab, zweitens bot sie eine brauchbare Alternative an. Sie plädierte anstatt des schwachen Staates für die Idee des aktiven Staates. Die Geburt des sozialpolitischen Denkens ist auch ihrer Toleranz zu verdanken, sie hat letzten Endes die marxistische Formel „Klassengegensätze" nicht abgewiesen. Diesen Begriff hat der Liberalkapitalismus nicht anerkannt und der Sozialismus hat ihn geradezu überdimensioniert. Die Sozialpolitik ließ alle beide gelten, und mit ihren eigenartigen Mitteln auf die Schaffung des Klassenfriedens fokussierte.[127] Die Sozialpolitik ging dahin, dass sie sich mit der Zeit zu einer authentischen, die Organisation der geistigen Kräfte befördernden Wissenschaft entfaltete, die die Funktionen des Instrumentariums zum politischen Handeln erfüllen konnte, und ihre Tätigkeit im Feld der Regelung der Arbeitsverhältnisse entfaltete.

Die Einfügung der Sozialpolitik in die staatliche große Politik hieß: In der Regierungsarbeit erschien der moralische Aspekt. Dieses Moment war es, das die Sozialpolitik auch in der Welt des Alltagsmenschen infolge ihrer Attraktivität einen hohen Grad der Popularität errang. Dieses Politisieren war – nach dem Anliegen der zeitgenössischen ungarischen Sozialpolitiker – nicht mit der Philanthropie, mit dem Humanismus identisch. In der Abfassung von Heller handelte es sich hier um etwas ganz anderes: Die Sozialpolitik, an Stelle dessen, dass jemand auf etwas einen moralischen Anspruch erhob, erschafft die *Möglichkeit für den durch das Gesetz untermauerten Anspruch.* Die Regierungen mussten gegenüber ihren Wählern den Beweis einholen, dass die Sozialpolitik – juristischer Sicht – eine *legale Obligation*[128], d. h. *„gesetzliche*

---

[127] **Heller**, Farkas: A szociálpolitika alapja […].. S. 10.
[128] Unter legaler Obligation versteht man in dem Versicherungswesen den „klagbaren Anspruch". Passendes Beispiel: In Versicherungsprozessen wird der Rechtsanspruch des

Haftung", diesen Gedanken weiterführend: die *gesetzlich untermauerte Moral* bedeutet. Das alles wurde nur dann möglich, als man die Sozialpolitik in die einzelnen Programmpunkte der gesetzgeberischen Tätigkeit aufnahmen, wodurch sie den Gewand von Gesetzen, Gesetzesverordnungen, Statuten, Empfehlungen u. s w. anziehen konnte. „Das Wandeln auf diesem Gebiet tritt erst dann ein, als man in den Begriff der materiellen Sozialpolitik auch die im Allgemeinen aufgefasste kollektive Haftung für die soziale Sicherheit der Arbeitnehmer (Sozialversicherung) mit inbegriffen wurde. Die Ausschließlichkeit der individuellen Verantwortung übergab den Platz dem Zugang zur formalen Gleichheit, die für viele (prinzipiell für alle) garantiert war, und bezog sich praktisch auf die Anerkennung einer staatlichen Haftung."[129]

Bei Heller erhalten wir ein sehr informatives Bild über die Sozialpolitik in Ungarn und in der Donaumonarchie vor 1920. In der Klassifizierung von Heller[130] können wir die Stufen, die uns durch die einzelnen Stationen der Ausformierung der Sozialpolitik führen, verfolgen. Diese Stufen gelangten erst dann ins Ziel, als die Politik am Ende des 19. Jahrhunderts die Existenz der Sozialpolitik im Sinne von den oben dargelegten Prinzipien legitimierte, anders gesagt für notwendig anerkannte. Mit diesem Akt nahm der Staat die Wahrnehmung der sozialen Angelegenheiten – wenn auch teilweise – in die Hand. Selbst Heller hat auch innerhalb der Arbeiterpolitik drei historisch gut abtrennbare Stufen festgesetzt, die für die früheren Zeiten typische Selbsthilfe, dann die liberale Arbeiterpolitik und zuletzt en gesetzlichen Arbeitsschutz.[131] Heller betrachtet die ungarische Armenversorgung und -unterstützung als Spezialfächer der Arbeiter-Sozialverwaltung, aber er hält die so genannte liberale Sozialpolitik historisch für etwas anderes, da sie baut weniger auf die unmittelbare Einmischung des Staates, sondern sie spornt die Selbstorganisation der Arbeiter an, damit die Arbeiter ihre Lage selbständig bessern. Umfassendere und hochwertigere Kategorie war in Ungarn der gesetzliche Arbeiterschutz, in dem Gesetze verabschiedet sind, die von der exekutiven Gewalt zur Vollziehung gebracht wird. Natürlich so, dass an den einzelnen Arbeitsphasen die für die

---

Klienten so erfüllt, dass im Falle eines gelegentlichen Fortfalles des Krankengeldes der Arbeitnehmer einen Prozess gegen den Arbeitgeber oder die Versicherungsgesellschaft anstrengen kann.
[129] **Gyáni**, Gábor: A szociálpolitika útjai [...] S. 12.
[130] **Heller**, Farkas: A szociálpolitika alapjai […]. S. 12-13.
[131] Ebenda, S. 12.

Sozialpolitik und die Armensache am höchsten engagierten Persönlichkeiten beteiligen.

3.1.3 Systeme, die auf die soziale Krise des klassischen Liberalismus Antwort zu geben versuchten

Das Elberfelder und das Straßburger System

In Ungarn lehnten sich sowohl die Armenversorgungssysteme als auch die Sozialpolitik mit Arbeiterschutzcharakter vor allem an westeuropäische Vorbilder an, deshalb kann man sie als Systemadaptation auffassen. Die Systemadaptation hat Vorteile und Nachteile. Der ursprüngliche Vorteil zeigt sich darin, dass man Erfahrungen verschafft, es ist leicht zu bemerken, was im Ausland nicht bewährt hat, die Einführung neuer Systeme benötigt weniger Aufwand. Nachteil, wenn die fremden Lösungen auf dem einheimischen Boden schwer Wurzeln fassen können. Das Werden des ungarischen Systems scheint eher ein Fall einer erfolgreichen Aufschließung zu sein.

Das britische und das französische System – wie es in den vorherigen Kapiteln steht – ist ein *geschlossenes* System, das der Staat finanziert. Das deutsche System fasste aber die Aufgabe als eine überwiegend nicht staatliche Aufgabe auf. Das System funktionierte so, dass der Staat nur mit seinen Regelungen hinter der Versorgung stand, die Ausführung wurde kleineren öffentlichen „Korporationen" zugeteilt.[132] In groben Zügen entsprach diese Form den vorherrschenden gesellschaftlichen und politischen Verhältnissen des Karpatenbeckens, und besonders des langsam zu Weltstadt gewordenen Budapest.

Das deutsche System verwarf das mittelalterliche Zuständigkeitsprinzip – die Unterstützung wird den Armen in dem Ort zugeteilt, wo sie geboren sind – und später, im Jahre 1870 man hat das „Aufenthaltsprinzip" und den Begriff „Unterstützungswohnsitz" eingeführt. Nach dem Verlust eines Unterstützungswohnsitzes erwarben die Hilfebedürftigen einen anderen Unterstützungswohnsitz. Das Gesetz vom 6. Juli 1870 verfügte auch über die wohnsitzlosen Armen, sie waren die sogenannten „Landarmen", die von den einzelnen Ländern und den Landeshauptstädten unterstützt worden waren.

---

[132] Vor allem die städtischen Kommunen, oder die von ihr verwalteten bürgerlichen Organisationen.

In einigen seinen Komponenten entstand etwas Ähnliches auch in der Österreichisch–Ungarischen Monarchie, dadurch kamen viele Elemente des im Jahre 1853 ins Leben gerufenen *Elberfelder Systems*[133] in die Praxis in dem Ungarischen Königreich herüber. Das System wurde von einer gesamtstädtischen Behörde unter der Leitung des Bürgermeisters, die es „Armendeputation" hieß, geleitet. Unterstellt dieser zentralen Behörde waren weitere Deputationen tätig, in deren Auftrag die „Armenpfleger"[134] arbeiteten. Sie waren Freiwillige ohne Bezahlung. In der untersten Stufe dieser Pyramide hielten sie Kontakt zu den Klienten, nach oben mit der Armendeputation. Die Armen beantragten die Hilfe bei den Armenpflegern, sie führten bei den Familien sorgfältige Untersuchung über die Umstände durch, leiteten die Gesuche nach oben weiter, die gesamtstädtische Deputation traf Entscheidungen, dann verteilten die Armenpfleger den Armen das zugesprochene Geld, und sie gaben im Bürgermeisteramt die Rechnungslegung ab. Das System funktionierte reibungslos, darin waren zahlreiche Elemente des Diszipliniertheit und der gegenseitigen Verantwortung eingebaut. Wenn jemand bei der Behörde um Gemeindehilfe ansuchte, so war der Armenpfleger verpflichtet, sich nach den Umständen des Gesuchsstellers [...] im Wege von Erkundigung nachzufragen." – lautet das Statut über die Armenfürsorge von Elberfeld.

Das Elberfelder System war ein im Liberalismus tief wurzelndes Konzept, es war immer noch ein moralischer Anspruch auf die Unterstützung. Es besaß jedoch schon Vorläufer im 18. Jahrhundert.135 Es war selber eine Systemadaptation: So entstand 1788 in Hamburg das "Hamburger Armensystem": Dort errichtete der Stadtsenat 60 Bezirke mit je drei ehrenamtlichen Armenpflegern, weil da der Anteil der Armen überproportional hoch war. Ein neues Element war es aber in Elberfeld, dass für die Armenpfleger nicht ausschließlich die einfache Hilfeausweisung als Aufgabe bestimmt wurde, sondern sie mussten auch die konkreten Ursachen der Armut erforschen, sie mussten die Armen nicht nur „in Behandlung nehmen", sondern sie mussten bis auf die Wurzeln der Probleme zurückgehen, in den meisten Fällen wehrten sie die Gefahren ab und kamen dem Unheil zuvor.

---

[133] Elberfeld: Industriestadt im Ruhrgebiet, ab 1929 Bezirk von Wuppertal.
[133] Über das Elberfelder Sytem siehe: **Klobuczynski**, Christian Bruno von: Das Elberfelder System der Armenfürsorge. Referat. Grin, Verlag für akademische Texte. Universität Kassel, 1994.
[134] Ungarisch: „szegénygyám".
[135] http://de.wikipedia.org/wiki/Elberfelder_System.

Es fand sich selbstverständlich auch Fehler im System, die auch die ungarische Praxis übernahm. Das ungarische Fürsorgesystem stellte ebenso freiwillige Armenpfleger an. Sie waren nicht immer genug animiert, und sie waren oft nicht liebevoll zu ihren Betreuten. Außerdem hatten die Armenpfleger einen festen Beruf, wegen dessen konnten sie sich mit ihren Klienten nicht genügend beschäftigen. Aber trotzdem waren die Elberfelder Deputationen im Stande, die Armenversorgung den sich im 19. Jahrhundert entfaltenden kapitalistischen Lohnarbeitsverhältnissen anzupassen. Viele Städte in Deutschland, wie Köln, Breslau, Bremen haben das Prinzip übernommen, so die kirchlichen Orden. Die Letzteren schufen eine Tradition dadurch, dass sie einen neuen Begriff, die „Individualisierung" eingeführt haben. Die Armen Franziskaner Schwester meinten zum Beispiel so, dass die bürokratische Form, eine finanzielle Unterstützung zu leisten, nicht den Armen zu Gunsten ist, sondern eher das, dass man ihnen näher kommt, man erkennt ihre schwere Lage, ihre Bedürfnisse, so kann man die Fürsorge dem Individuum zugeschnitten leisten.

Das Straßburger System können wir auch auf das Elberfelder System zurückführen. Eigentlich ist es eine Abzweigung des Letzteren, es ging nämlich einen Schritt weiter. Die Armenpfleger sind in jeder Hinsicht als Vorläufer des der Sozialarbeiter in modernem Sinne aufzufassen. Das Straßburger System verknüpft sich mit dem Namen des Straßburger Bürgermeisters Rudolf Schwander. Seine Neuerungen hat er im Jahre in einem Memorandum von 1905 veröffentlicht, in dem er die Anstellung von professionellen Armenpflegern vorgeschlagen hat. Die Idee wurde realisiert, die nicht dotierten Armenpfleger sind im Amt geblieben, aber sie haben die Arbeit mit den Profis geteilt. Die Verwaltung prüfte die Fälle von Bedürftigkeit und dann entschied sie über die Hilfeerbringung entschied. Dadurch, dass die Berufsarmenpfleger in die Armenfürsorge einbezogen wurden, wurde der Grundstein für die Soziale Arbeit gelegt, und die reine ehrenamtliche Arbeit abgelöst. Die Kompetenzen konzentrierten sich in den Händen der beruflichen Armenpfleger.„Das Straßburger System wies die ersten Konturen des Nebeneinanders bürokratischer Verwaltungstätigkeit und beratend-kontrollierender pädagogischer sozialer Arbeit auf."[136] Schwander wurde 1910 zu Bürgermeister gewählt, dann hat er seinen Erneuerungen noch weitere hinzugefügt, indem er seine armenpolitischen Maßnahmen ergänzend auch eine moderne Wohnungspolitik geschaffen hat.

---

[136] http://de.wikipedia.org/wiki/Stra%C3%9Fburger_System.

3.1.4 Die Bismarcksche Sozialpolitik

Das Modell der Bismarck'schen Sozialpolitik ist nicht allein deswegen geboren wurde, weil die zahlenmäßig sehr gewachsene deutsche Arbeiterklasse die deutsche gesellschaftliche Integration ernsthaft bedroht hätte. Die soziale Eröffnung musste der deutsche Kanzler nach 1871 teilweise aus anderen innenpolitischen Gründen durchführen. Er stand vor einer schweren Aufgabe, als er im Prozess der deutschen nationalen Einheitsbewegung in erster Linie den innerdeutschen Separatismus zu bekämpfen gezwungen war. Aber wenn er den Kampf gegen den hauptsächlich aus Süddeutschland drohenden nationalen Partikularismus durchfechten wollte, musste er seinen Rücken in den anderen Schichten der Gesellschaft sichern. Er musste eine andere Relation in Rücksicht nehmen, und zwar die unberechenbare Strömungen der Arbeiterbewegung, er musste den von seinen sozialdemokratischen Rivalen angefachten Klassenkampf entschärfen, das Proletariat mit dem Staat zu versöhnen.

Seit 1863 existierte die die deutschen Arbeiter auf sozialdemokratischem Ideengrund zusammenfassende Organisation, der Allgemeine Deutsch Arbeiterverein, dann seit 1875 die Sozialdemokratische Partei Deutschlands. 1871 plädierte der Reichstagsabgeordnete August Bebel[137], einer der Führer der deutschen Sozialdemokraten, für die Pariser Kommune. In dieser und anderen Äußerungen von den Sozialdemokraten fand Bismarck ein hohes staatspolitisches Risiko, Anlass zu revolutionären Wirren. Nach seinen Tagebucheintragungen sah er die Lösung darin, während die Regierung die Forderungen der Arbeiterklasse erfüllt, bremst sie parallel mit den Begünstigungsmaßnahmen die Bewegung der staatsgefährlichen Linken mit radikalen Strafgesetzen.[138]

In der Mitte der 1870er Jahre hat sich Bismarck den Liberalen und den Sozialdemokraten endgültig entrückt. Am 22. Februar 1878 verkündete er im Reichstag den politischen Kurswechsel: „Es ist nicht gut, wenn es eine andere Regierung gibt, die die Regierung regieren will." Nachdem die Linken gegen Wilhelm I. nacheinander zweimal Attentat verübten, wurde im Oktober von 1878 das sogenannte „Ausnahmegesetzt"[139] verabschiedet, das die sozialistische

---

[137] **Bebel**, Ferdinand August (1840–1913): deutscher Sozialdemokrat, später marxistischer Arbeiterführer, Reichstagsabgeordneter.

[138] „1.Entgegenkommen gegen die Wünsche der arbeitenden Klassen, 2.Hemmung der staatsgefährlichen Agitation durch Verbots- und Strafgesetze".

[139] Ausnahmegesetz, 13. Oktober 1878.: „Gesetz gegen die gemeingefährlichen Bestrebungen der Sozialdemokratie".

Agitation verbot, und als dessen Folge wurden linksradikale Persönlichkeiten, Journalisten, Arbeiteragitatoren verfolgt.

Bismarck hat die schwere Situation im Parlament brillant gelöst, die oppositionellen Parteien hat er zurückgedrängt, und neben dem sowieso sehr komplizierten außenpolitischen Spiel der 80er Jahre hat er eine Sozial- und Wirtschaftspolitik hohen Niveaus geschaffen. 1880 übernahm er den Posten des Handelsministers und er hat die wirtschaftliche gesetzgeberische Tätigkeit in Gang gesetzt. Er wählte die wirtschaftlichen Vereine und Interessengruppen als Zielgruppen aus. Sein Ziel war es: das Parlament umzugehen, im Kreise der in der Welt der Arbeit Tätigen eine starke staatliche Verbundenheit hervorzurufen, damit die politischen Parteien ihre Massenbasis verlieren. [...] Der Gesellschaft wegen des Aufbleibens von bestimmten hierarchischen Ungleichheiten Kompensationen zu erbieten[140], in die Maschine der Gesellschaft „soziale Öltropfen" einzuflößen. An Stelle des moralischen Anspruchs ist der von dem Gesetz gesicherte Anspruch getreten, es liegt der Wirklichkeit wahrscheinlich nicht fern, wenn wir sagen: das erste Mal in der Weltgeschichte.

Die Verfügungen von Bismarck konnte man schon mit Recht Sozialpolitik nennen, sie waren schon eine rechtlich klare Formel, und zwar die vom Staat garantierte legale Obligation. Es ist wahr, dass diese Verfügungen nur die Industriearbeiter betroffen haben, aber in ihren Auswirkungen waren sie internationaler Tragweite, unter anderem gelangten sie auch nach Mitteleuropa und nach Ungarn. Unfalls- (am Anfang war nur es), Kranken-, Invaliden-, später Altersversicherung sind die Stationen der Bismarckschen Sozialgesetzgebung. Da der Bismarcksche Mechanismus mit einer riesigen Geldsumme zu tun hatte, stand das System unter strenger staatlicher Kontrolle und es bildete ein Teil des berühmten/berüchtigten Staatssozialismus von Bismarck. Es galt als ein spezifisch deutsches, auf Grund der deutschen kameralistischen Traditionen[141] beruhendes Gefüge.

---

[140] **Gyáni**, Gábor – **Kövér**, László: Magyarország társadalomtörténete a reformkortól a második világháborúig. [*Ungarns Sozialgeschichte ab dem Vormärz bis zum Zweiten Weltkrieg*]. Osiris Kiadó, Budapest, 2006. S. 365.
141 Deutscher Kameralismus (Merkantilismus): Nach den Verwüstungen des Dreißigjährigen Krieges trat in der Reichspolitik der Wiederaufbau in den Vordergrund. Dazu sollte zunächst die Bevölkerung vermehrt werden („*Das Wachstum der Bevölkerung*"). Dann entwickelte die Reichsführung die Infrastruktur und das Gewerbe (Gründung von Manufakturen, teilweise direkt durch den Staat). Das Konzept bedingte die Mitwirkung von gebildeten Experten im Finanzwesen, in der Wirtschaftsleitung, im Rech und im Staatsverwaltung. In England und Frankreich, wo das liberale Kredo als Richtschnur diente, hat sich die kameralistische

Das vorrangige Ziel hat der deutsche Kanzler im *Hervorrufen der konservativen Gefühle in den Menschen* gesetzt, was aus einem „anderen", empirischen Gefühl, und zwar dem der *Pensionsberechtigtheit* hervorkommt. Das sind die berühmt gewordenen „sozialen Öltropfen", die ein „viertes" Gefühl erwecken, das des politischen Konformismus. Auf dessen Rücken eine erfolgreiche Außenpolitik gemacht werden kann.[142] Die Leitpunkte der *materiellen Sozialpolitik* setzten sich in dem Bismarckschen Konzept durch, die Prinzipien der kollektiven Verantwortlichkeit rückten nämlich in den Vordergrund. Es war schon eine willkommene Abwicklung, indem mindestens ein Teil der Arbeitnehmer sich an den Segnungen der Sozialversicherung beteiligen konnte. Von 1883 gab es in Deutschland Krankenversicherung, 1884 wurden regionale Krankenkassen aufgestellt, die obzwar in modifizierten Form, aber heute noch in Funktion sind.

Um das Bismarcksche Modell besser zu verstehen, steht uns ein Vergleich zwischen dem deutschen und dem heutigen skandinavisch-angelsächsischen Modell zur Verfügung. Die letzten zwei Modelle sind in der Staatsverwaltung integriert, organisatorisch sind sie von ihr nicht trennbar, während das Bismarcksche Modell die sozialen Dienstleistungen in den Zuständigkeitsbereich der Selbstverwaltung der Arbeiter verwies. (Private Krankenkassen, die staatlich kontrollierte Sachkundigen leiten.) Eine Grundlage für die Versorgung können die deutschen Arbeiter durch ihre Einzahlungen erwerben, in dem heutigen skandinavischen Modell ist es eine Frage der Staatsbürgerschaft, die Deckung der Auszahlungen erfolgt aus dem Staatsbudget. Das Bismarcksche Modell verkörpert das Äquivalenzprinzip, in dem skandinavischen kommt dagegen das Solidaritätsprinzip zum Vorschein. Das skandinavische System ist universal, niemand fällt aus, aber gleichzeitig individuell, es richtet sich nach den persönlichen Ansprüchen und Bedürfnissen.

Die Bismarcksche Gesetzgebung wurde sowohl in Österreich als auch in Ungarn (wenn auch mit gewisser Verspätung) nachgeeifert. Die Arbeiterkrankenkasse

---

Konzeption der Armenversorgung nicht eingebürgert, hier wurde die soziale Sache der liberalen Lehre der individuellen Freiheit untergeordnet.

[142] Deutschland führte unter Bismarck eine konservative Außenpolitik, die eine alte, dynastische Art von Zusammenwirkung der drei osteuropäischen Mächte, Deutschland, Russland und Österreich-Ungarn im Geist der konservativen Solidarität im Interesse der Bewahrung des europäischen Gleichgewichts bedeutete. 1878 wurde dieses dreiseitige Einverständnis aufgehoben, das deutsch-russische Verhältnis blieb eine lange Zeit kühl. Ab 1890, der Abdankung von Bismarck, unter der Herrschaft von Wilhelm II. nahm in Deutschland ein gemäßigt russenfeindliche Kurs einen Anfang, was eine überaus großes militärisches und außenpolitisches Risiko ergab.

als Allgemeinbegriff zählte in Ungarn seit lange her zu den wohl bekannten Begriffen, da die ungarischen Arbeiter diese Selbsthilfeorganisation schon seit Jahrzehnten bevorzugten. Die Allgemeine Arbeiter-, Kranken und Invalidenkasse existierte schon seit 1870. Die Mitglieder haben in die Kasse Beiträge einbezahlt, dagegen erhielten sie kostenlose Dienstleistungen wie medizinische Behandlung, Medikamente, im Falle von Pflege im Krankenhaus Krankengeld, Mutterschaftshilfe. Diese freiwilligen Krankenkassen waren in einigen Produktionsbetrieben bereits in den noch früheren Zeiten daheim, aber ihre Einführung hing von den konkreten Verabredungen zwischen den Industriellen und ihren Arbeitern ab. Die Bismarcksche Innovation stieß nicht allerorts auf volles Einverständnis: „Die Bedeutung der obligatorischen Sozialversicherung bestand überall darin, dass sie die erste staatliche Einmischung in die soziale Lage der Menschen war, die breite Volksmassen betroffen hat, und dass sie einen verpflichtenden, zentral gelenkten Redistributionsprozess bedingte. Die Einmischung schien vor den Betroffenen als ein echter, schwieriger Eingriff in das private Leben der Individuen zu sein: ein Grund stürzender Riss mit dem liberalen Arrangement (auf Grund eines individuellen Vertrags zwischen dem Arbeitgeber und Arbeitnehmer) dadurch, dass alle beide Partner dazu verpflichtet wurde, eine gewisse Summe in Form von Beitrag in eine Kasse einzuzahlen."[143] In den 1890er Jahren erschienen zwar mehrere diesbezügliche Gesetze, aber auch zu dieser Zeit gab es noch Widersetzlichkeit gegenüber diesen Gesetzen, und in gewisser Hinsicht verminderte dieser Widerstand der Bürger die gesetzgeberische Lust der Regierungen. Infolge dessen haben die Sozialgesetze von Bismarck die von ihm erhoffte Entfremdung der Arbeiter von den Sozialdemokraten nicht erreichen können. Die unteren sozialen Schichten haben diese Politik mehrmals als ein Ablenkungsmanöver angesehen.

3.1.5 Die Antwort der Kirche auf die Krise der liberalen Sozialpolitik

Der christlich-soziale Ideenkreis entstand im Laufe des 19. Jahrhunderts unter Mitwirkung von christlichen Philosophen und geistlichen Persönlichkeiten. Der Sinn gebende Faktor war der Kampf fürs menschenwürdige Leben der von der Industrialisierung in benachteiligte Lage gebrachten Gesellschaftsschichten. Die

---

[143] **Szikra,** Dorottya: Modernizáció és társadalombiztosítás a 20. század elején [*Modernisierung und Sozialversicherung am Anfang des 20. Jahrhunderts*]. In: http://www.kszemle.hu/kiadvany/Augusztinovics_-_Korkep_reform_utan/ch01.html.

Bewegung stand mit dem individuellen Liberalismus sowie mit dem den Klassenkampf verlautbarenden Sozialismus gegenüber. Parteien, bürgerliche Bewegungen, Gewerkschaften stehen und standen im Dienste dieser geistigen Strömung verkündend die Barmherzigkeit Jesu Christi. Die Bewegung ist ebenso weltlich wie konfessionell, demzufolge liegt eines ihrer geistigen Zentren im Vatikan.

Obwohl die Reaktion der Kirche auf die von den Lohnarbeitverhältnissen herbeigeführten Anomalien ein wenig verspätet war, wirkte das Vatikan mit seinen Reflektierungen auf die christlich-soziale und im weiten Sinne auf die gesamte Arbeiterbewegung in aller Welt immer intensiver. Die Enzyklika über die Arbeiterfrage Rerum Novarum von 1891 war von größter Bedeutung. Die vom Papst Leo XIII. erlassene Enzyklika wurde zur Magna Charta des Christlich-Sozialismus. Darin äußerte sich die übereinstimmte Meinung der Universalkirche und ihre Erscheinung eröffnete einen kritischen Angriff sowohl auf den Liberalkapitalismus als auch auf den Sozialismus. Die systematische Analyse der Kernprobleme der sozialen Frage fokussierte auf dem Pauperismus, auf die Existenzunsicherheit von Bauern, Arbeitern, Handwerkern. „Zur Heilung dieser Probleme, den Neid der Armen gegenüber den Reichen anfachend, halten die Sozialisten die Abschaffung des Privateigentums für nötig, das Eigentum der Einzelnen wollen sie zum gemeinsamen Eigentum von Allen machen und die Durchführung würden sie entweder den regionalen Behörden oder der Regierung anvertrauen. Sie glauben nämlich fest, dass sie das Übel beheben, wenn sie das Vermögen gemeinschaftlich machen, wodurch es samt seinen Vorteilen unter den Bürgern gleich verteilt werden wird. Aber ihr Vorhaben, die soziale Frage zu lösen ist dermaßen ungeeignet, dass es auch den Arbeitern zu Schaden kommen würde, außerdem wäre es auch sehr ungerecht, weil diese Lösung dem rechtmäßigen Eigentümer Gewalt antun würde – diese Lösung schwächt die Gesellschaft ab und wühlt sie bis zu ihren Gründen auf."[144]

Die Enzyklika versteht, während sie sich dem sozialistischen Klassenkampf widersetzt, unter der Formel „Gewalt auf den rechtmäßigen Eigentümer" nicht weniger, als dass es durch Säkularisierung dem Arbeiter sogar die Möglichkeit entnommen wird, dass er sein eventuell verdientes Geld in Mobilien oder Immobilien investieren kann. Es ist offensichtlich, dass die Arbeiterklasse gewinnt nichts, wenn nach dem etwaigen Sieg des Klassenkampfes die zentrale Redistribution eingeführt wird. Der Arbeiter wird in diesem Falle gerade so

---

[144] Szociálpolitika-történeti szöveggyűjtemény [*Textsammlung für Sozialpolitikgeschichte*]. Redigiert von Mihály **Nyilas**. Budapest, 2008. S. 128.

mittellos, wie auf dem freien Arbeitsmarkt, wo er wegen der Fluktuation mal Arbeit hat, mal nicht, und falls er eine hat, so kann er nur einen Bruchteil der nötigen Mittel verdienen, die zum Lebensunterhalt von ihm selbst und seiner Familie ausreichend sind. Obwohl die auf dem Privateigentum beruhende Marktwirtschaft keine Alternative hat, ist sie doch unrecht und Ausbeutung der Arbeitnehmer. Daher schlägt die Enzyklika von Leo XIII. vor: dass der Arbeitgeber und der Arbeitnehmer (das Kapital und die Arbeit) einen Bund schließen sollten, nachdem sie aufeinander verwiesen sind.

Warum ist dieser Bund der einzige Weg, der zur Lösung führt? Am klarsten ersieht man den Sinn und das Ziel der päpstlichen Äußerung aus einer ins Deutsche übersetzte Textpassage der Enzyklika: „In der Umwälzung des vorigen Jahrhunderts ,wurden die alten Genossenschaften der arbeitenden Klassen zerstört, keine neuen Einrichtungen traten zum Ersatz ein, das öffentliche und staatliche Leben entkleidete sich zudem mehr und mehr der christlichen Sitte und Anschauung, und so geschah es, dass die Arbeiter allmählich der Herzlosigkeit reicher Besitzer und der ungezügelten Habgier der Konkurrenz isoliert und schutzlos überantwortet wurden. Ein gieriger Wucher kam hinzu, um das Übel zu vergrößern, und wenn auch die Kirche zum öfteren dem Wucher das Urteil gesprochen, fährt dennoch Habgier und Gewinnsucht fort, denselben unter einer andern Maske auszuüben. Produktion und Handel sind fast zum Monopol von wenigen geworden, und so konnten wenige übermäßig Reiche einer Masse von Besitzlosen ein nahezu sklavisches Joch auflegen."[145]

In den weiteren Kapiteln übertritt die Enzyklika die einfache Wohltätigkeit, die bisher historisch standardisierten kirchlichen Empfehlungen sowie die Politik der sozialen Öltropfen. Es ist als eine besondere Geste, dass das Vatikan das Recht der Organisierung anerkannte: die Arbeiter dürfen ihren Widerstand gegenüber den Arbeitgebern selbst organisieren, was von der Kirche unterstützt wird. Das Allgemeinwohl, das *bonum commune* kann nur erreicht werden, wenn der Paternalismus abgewiesen wird, und die Arbeiter ihre korporativen Genossenschaften zum Leben erwecken, wodurch die sich nach beruflichen Branchen organisierten Körperschaften „den Egoismus der die Sonderinteressen artikulierenden Organisationen (Parteien, Vereine usw.) übertreffen".[146] Die Enzyklika – gebrochen mit der Staatsauffassung der des Liberalismus – betonte

---

[145] Enzyklika Rerum Novarum. Autor: Leo XIII. Die ungarische Übersetzung in: Szociálpolitika-történeti szöveggyűjtemény […]. S. 128.
[146] **Gergely**, Jenő: A pápaság története. Budapest, Kossuth Könyvkiadó, 1982. S. 86.

die Interventionspflicht des Staates, aufgefordert die Regierungen, dass sie ihren Zuständigkeitskreis auf die soziale Sphäre erstrecken. Nicht eher im Bezug auf die Eigentumsverhältnisse, sondern aber auf dem Gebiet der Redistributionspolitik.

3.2 INSTITUTIONEN

3.2.1 Restelemente der „historischen Armut"

Die Sozialarbeit, die Betreuung der Schwachen, Hinterbliebenen, der in Elend lebenden schuf ihre institutionellen Formen. Wie wir es in unserer Anleitung formulierten, war für diese Institutionen – unabhängig von den nationalhistorischen Änderungen von 1867 – größtenteils die Kontinuität typisch. Die überlieferten Formen lebten weiter, während die Neuen nach ausländischen Vorbildern und ideologischen Vorstellungen eingeführt wurden. Die überlieferten Institutionen aufrecht zu erhalten war notwendig, da sich ein näheres Verhältnis zwischen Arbeitgebern und Arbeitnehmern auch weiterhin illusorisch erwies. Deswegen hat man die institutionellen Rahmen der Armenfürsorge erweitert, sie zeigte eine immer größere förmliche Mannigfaltigkeit. Notwendigerweise formte die Behandlung der Armenfrage vor allem weniger die Praxis, die kontinuierlich gepflegten Beziehungen zwischen den in Elend Lebenden und den Reichen, sondern die jeweils gültigen Normen der gesellschaftlichen Mentalität.

Die Armenversorgung und der Arbeiterschutz braucht auch die Nächstenliebe, eine solche seelische Beschaffenheit, ohne die die soziale Fürsorge lediglich eine administrative Maßnahme wäre. Die Armenversorgung, als eine konventionelle Erscheinung aus der Zeit des späteren Feudalismus, blieb auch nach 1867 eine den Komitaten[147] und der kommunalen Administration zugewiesene Aufgabe. Neben der dörflichen Institution, dem *Armenhaus* war in der Ebene der Dorfgemeinschaften auch die traditionelle Solidarität unter den Dorfbewohnern unverändert ein wichtiger Faktor der Armenfürsorge. Die Unterbringung in den Armenhäusern musste man bei dem Vorstand beantragen, die durch die Gemeinden „aufgenommenen" Armen hat die Gemeinde aus ihrem Budget – wenn auch kärglich – mit den grundlegendsten

---

[147] Komitat, ungarisch „megye" – aus dem lateinischen Substantiv „comitatus", der ursprünglich „Begleiter" bedeutete. Frei übersetzt „Gespanschaft", der oft auf „Grafschaft" übersetzt wird. Auch heute vorhandene Verwaltungseinheiten (Bezirke) in Ungarn.

„Notwendigkeitsgütern" versorgt. Die Moral des Dorfes baute sich im Allgemeinen auf einer unzerbrechlichen, festen Hierarchie, aus der das Ausscheiden unmöglich war.[148] Parallel mit den die Armut der industriellen Großstädte lindernden Formen existierten auf dieser Weise die Formen der so genannten „historischen Armutsbehandlung", natürlich so, dass sich nicht einmal die seit langer Zeit gewöhnliche Methodologie dieser Tätigkeit verändert hätte.

Der Ausbruch aus der tiefen, historischen/dörflichen Armut wurde von einem eigenartigen, gemeinschaftlichen Schutznetz befördert.[149] In der auf der bäuerlichen und kleingewerblichen, ständisch gegliederten Welt hat das gegenseitige Verantwortungsgefühl – mit anderem Wort Nächstenliebe – jedes Mitglied der Gemeinde durchdrungen. „Die Verwandten, die engere Familie, die Nachbarschaft bildeten eine Art von moralischer Gemeinschaft, die ihre Mitglieder in Evidenz gehalten hat, sie hat sie in Notlagen geschützt, da sie der Meinung war, ein jeder hat Recht fürs Leben und für eine ehrwürdige Armut. Die nahe liegende Grundlage für diesen Standpunkt liegt darin, dass die mit den Änderungen der Lebenszyklen unvermeidlich aufgetretene Armut, gerade weil sie alle Dorfbewohner innerhalb einer Gemeinde nicht in gleicher Zeit heimsucht, benötigt die Hilfeleistung für den anderen Mitmenschen, außerdem lässt diese Geste – in gegenseitigem Fall –eine sich gut rentierende Reziprozität ergeben."[150]

3.2.2 Vereine

Die immer höher steigende Zahl der Vereine drückte ebenso wir in dem Reformzeitalter oder früher die gesellschaftliche Solidarität aus. Vereine und die Spenden für alle Zwecke der Armenversorgung symbolisierten das Hilfsbereitschaft der Menschen, die in besseren materiellen Verhältnissen leben konnten, als diejenigen, die in Armut und Elend versunken sind. Das war irgendeine Antwort auf die Herausforderungen der Verarmung[151], später der „Pauperisierung". Ebenfalls im Zeichen der Nächstenliebe hat sich in Ungarn die Tätigkeit der Vereine entfaltet. Zwischen 1867 und 1878 hat sich die Zahl

---

[148] **Losonczi**, Ágnes: Az életmód az időben, a tárgyakban és az értékekben [*Die Lebensart in der Zeit, in den Gegenständen und in der Wertordnung*]. Gondolat Kiadó, Budapest, 1977. S. 207.

[149] **Gyáni**, Gábor: A szociálpolitika útjai [...] S. 5.

[150] Ebenda.

[151] **Cser**, Erika: Fejezetek a magyarországi [...] S. 238.

der Vereine beinahe vervierfacht und in dem mit Siebenbürgen vereinigten Ungarn stieg diese Zahl bis auf die 1870er Jahre auf 2720. Einen Großteil dieser Vereine können wir als wohltätig, Hilfe leistend und unterstützend qualifizieren. Nach dem Statistiker Gyula Vargha haben insgesamt 3956 Vereine mit 672 783 Mitgliedern zusammengeschrieben. 9,4% aller Vereine beschäftigte sich ausschließlich mit Wohltätigkeit.

Die Sozialreformer der zeit bereisten ganz Europa, um effiziente Mittel zur Behandlung der ungarischen Probleme zu finden. Sie kannten einander, standen miteinander in Verbindung und sie veröffentlichten ihre ausländischen Erkenntnisse. Im Reformzeitalter haben die Reisenden die Reisenotizen oder Reisetagebücher fast als obligatorisch angesehen, selbst ja die Studienreise als die beste Form des Kenntniserwerbs. Sie waren danach bestrebt, sowohl aus den schlechten als auch aus den guten Beispielen die Schlussfolgerung zu ziehen und aus diesen Beispielen zu lernen. Als Musterländer für sie galten England und Frankreich. Das Reiseziel nahmen sie nach Paris, nach London und in die englischen Industriereviere. Merkwürdig aber wahr, dass – wie wir oben gesehen haben –, das Vereinsgründungsfieber, die Anfänge der heimischen Wohltätigkeit sind nicht mit diesen Ländern zu verbinden, sondern die Idee war aus dem deutschen Boden hervorgesprungen.[152]

Die zwei Frauenvereine, der Budaer und der Pester, wurden schon in den 1810er Jahren begründet, und das ganze 19. Jahrhundert hindurch blieben sie funktionsfähig. Der „Ofner[153] wohltätige Frauenverein" erklärte sich bereit, den verarmten Ehefrauen und Töchtern der Budaer Bürger Hilfe zu leisten.[154] Der Verein ließ zwei wichtige Institute betätigen, in dem ersten konnten arbeitslose Frauen Arbeit und dafür Belohnung bekommen, der andere war ein Kindergarten.

Im Kindergarten wurden die Kinder von werktätigen Frauen tagsüber untergebracht. Die Schwesteranstalt, der Pester wohltätige Frauenverein war insofern mehr, als sie die persönlichen Bedürfnisse der Einzelnen in Betracht zu ziehen versuchte. In dieser Hinsicht sind in diesem Konzept die anfänglichen Spuren der modernen Sozialarbeit zu entdecken. (Nach der Auffassung der Zeit wurde in ihrer Arbeit die Begriffe *würdige und unwürdige Arme* unterschieden.)

---

[152] **Cser**, Erika: Fejezetek a magyarországi […] S. 238.
[153] Bis 1873 waren Pest und Buda zwei selbstständige Städteverwaltungen. Der deutsche Name von Buda heißt „Ofen".
[154] **Pik**, Katalin: A szociális munka […]. S. 20.

„Man muss zwischen den wirklichen und den scheinbaren Armen Unterschied machen [...] – zitiert Katalin Pik das Grundstatut des Vereins von 1817.[155]

Die Mehrheit der Vereine machten diejenigen, die auf konfessioneller Basis organisiert wurden. Nach 1867 begann eine neue Phase in der Geschichte des Judentums in Ungarn, die bürgerliche Gleichberechtigung der Juden wirkte auch auf die Beförderung der jüdischen Wohltätigkeitsanstalten aus. Der von Frau Dávid Bischitz geleitete „Pester Israelitische Frauenverein" unterstützte die „für Unterstützung würdigen Armen", und die so genannten „schamhaften Armen", die wegen ihrer gesellschaftlichen Position (Frauen aus den verarmten Mittelschichten) um die Hilfe nicht ansuchen wollten. Sie begründeten ein Waisenhaus, in dem die Aufnahme der Kinder ohne Bezug auf ihre konfessionelle Zugehörigkeit geschah.

Ebenfalls auf konfessioneller Grundlage arbeitete die „Armenpflegeanstalt Elisabethum". In der Pester Erdősor[156] hat sie das königliche Ehepaar, Franz Joseph und seine Frau Elisabeth von Wittelsbach 1856 gegründet. Das Gebäude hat der namhafte Architekt der Zeit, József Hild entworfen. Das Gebäude konnte 300 alte, arme, arbeitsunfähige Leute beherbergen, die im Institut lebenslänglich Verpflegung erhielten. Die Organe der *geschlossenen* Armenfürsorge, die *Armenhäuser* standen teils unter der Verwaltung der Hauptstadt, teils wurden sie aus Wohltätigkeitsspenden finanziert. In Pest stand das größte Armenhaus auf dem Szegényház tér, in dem 1896 542 Bedürftigen gepflegt wurden.[157] Den „Verein für das Versorgungsheim der Obdachlosen" hat 1876 durchaus eine Tischgesellschaft gegründet: der berühmte Architekt Adolf Feszty und seine Freunde haben ein Kapital von 900 Forint für diesen Zweck zusammengelegt. Sie hatten mehrere Anstalten in Pest (Akácfa utca 24 und Stáhly utca 6). [...] Übernachtungsgebühr wurde eingenommen: 8 Kreuzer für die Unterkunft, dafür bekamen die „Besucher" Bett und Handtuch, außerdem „[...] wurde die Gepäckaufbewahrung gesichert". Als Errungenschaft von modernen Zeiten wurde auch ein Mindestniveau der Hygiene berücksichtigt: die Füße konnte man

---

[155] *A' Jóltévő Asszonyi Egyesület* keresetintézetének 1817-es alapszabálya [*Grundstatut des Arbeitsinstituts der wohltätigen Frauen vom Jahre 1817*]. In: **Pik**, Katalin: A szociális munka [...]. S. 25.
[156] Heute eine Straße im 7. Bezirk der Hauptstadt (Alsóerdősor utca).
[157] **Venczel**, Geyza – **Medrieczky**, Andor – **Liber**, Endre: Budapest székesfőváros szociálpolitikai, közjótékonysági és közművelődési közigazgatásának kézikönyve [*Handbuch für die sozialpolitische, karitative und kulturelle Verwaltung der Haupt- und Residenzstadt Budapest*]. In: Statisztikai Közlemények, Budapest, 1930. S. 38-42.

in einer Warmwasserbadewanne waschen, das Gesicht in einem Waschbecken.[158]

Unmittelbar vor der Wende des Jahrhunderts – als in den Arbeitervierteln der industriellen Großstädte das Elend durchaus irreversibel massenhaft geworden ist – erhielt der Kinderschutz (auf polizeilicher Initiative) institutionelle Rahmen. 1889 pferchten etwa 600 minderjährige Kinder im Schubhaus von Budapest, und nachdem dieses Problem in dem ganzen Karpatenbecken – insbesondere in den von nationalen Minderheiten bewohnten Regionen – ebenfalls, als eine die öffentliche Ordnung drohende Gefahr erschien, kamen staatlich veranlasste Maßnahmen zu Stande. Der Landesverein für Kinderschutz entstand im Frühjahr von 1889 mit dem Ziel, dass die Kinder der im Elend lebenden oder unmoralische Lebensart führenden Familien in Schutz genommen werden, um sie für die Gesellschaft wiederzugewinnen.[159]

Aus ähnlichen sozialen Überlegungen erblickte das Licht der Welt der „Verein für die Armen Kranken Kinder" (Vorgänger des späteren Weißes Kreuz Vereins) im Jahre 1886. Wegen der hohen Kindermortalität nach der Entbindung gründete Mór Szalárdi, Arzt im Sankt-Rochus-Krankenhaus, den Verein. Die allein stehenden, in tiefer Armut lebenden Mütter wurden ärztlich und materiell betreut, Pflegeanstalten und so genannten „Ammenzentren" errichtet. Die Gründung des Vereins diente zur Anregung einer gesellschaftlichen Bewegung. Prominente Ärzte, Schauspieler, Lehrer, Industrielle und der hohe Aristokratenstand fingen an sich an die Partei der Bewegung zu stellen. Schirmfrau des Vereins wurde Gräfin Károlyi Sándorné, und der damalige Ministerpräsident, Kálmán Tisza der Ehrenpräsident.[160]

Als Adaptation eines gut funktionierenden ausländischen Unternehmens haben bürgerliche Gruppen Fröbel-Frauenvereine im Lande. Julius Fröbel hielt unter Wirkung von Pestalozzi die Erziehung in der Familie und die gemeinschaftlich-gesellschaftliche Erziehung für Teile eines und denselben Prozesses. Das Grundstatut des Vereins von 1871 sprach aus, dass die pädagogischen Grundregeln von Fröbel muss in ganz Ungarn verbreitet werden. Die planmäßige Erziehung nimmt Anfang schon im Kindergarten, und steht im Dienste der Nation.[161] Die Kindergärtnerinnen müssen über gute schulische Ausbildung verfügen, die Kinder wie Blumen und Pflanzen im Garten gedeihen

---

[158] **Pik**, Katalin: A szociális munka […]. S. 46.
[159] Ebenda, S. 46-47.
[160] Ebenda, S. 48.
[161] Siehe: **Heiland**, Helmut: Die Schulpädagogik Friedrich Fröbel. Reinbek, 1993.

in Folge der sachgemäßen Beschäftigung. Die ersten ungarischen kristallisierten Punkte des zum Weltruf gelangten Systems von Fröbel wurden das „Budapester Kinderversorgungsheim" und der „Pester Kinderkrippenverein".

Das Jahr 1870 setzte Grenzstein im Kinderschutz: Graf István Károlyi und seine Frau, Gräfin Clarisse Kornis begründeten das erste Pester Kinderversorgungsheim. Der Kindergartencharakter setzte sich zwar bei dieser Anstalt nicht gänzlich durch, sie betätigte sich eher als Waisenhaus, aber der Gedanke von Fröbel, dass das Kind seit den frühesten Jahren seines Lebens Erziehung erhalten muss, gelangte immer mehr zur Geltung. Das Ehepaar Károlyi wendete auf die Unterhaltungskosten des Instituts hohe Beträge, selbst das Gebäude wurde 1888 auf dem Grundstück im Besitz der Familie Károlyi in dem Budapester Istvántelek erbaut (Rákospalota, Árpád út, Planung vom Architekt Miklós Ybl).[162]

Der Sache des Kinderschutzes leisteten mehrere fördernde Wirkungen Vorschub. So war es, dass der europäische Kongress für Kinderschutz 1899 in Budapest Veranstaltet wurde. Die Organisation vereinigte die in sozialen Fragen sensible, hohe gesellschaftliche und soziale Elite. Der Kongress behandelte die – nach dem in jener Zeit gebräuchlichen Ausdruck – „Findlingsfrage"[163] mit Vorsitz von István Rakovszky[164] in den juristischen, ärztlichen, pädagogischen und humanitären Sektionen. Hinter dem Kongress stand die Regierung und die Hauptstadt, die Schirmherrschaft übernahmen für die sozialen Frage engagierte Persönlichkeiten, wie Erzherzog Joseph, die sehr populären Schriftsteller der Zeit Mór Jókai und Jenő Rákosi. Der Kongress klärte zahlreiche Fragen und Prinzipien des Kinderschutzes, wie die Beschränkung der elterlichen Gewalt im Falle der Gefährdung, die Notwendigkeit der Kürzung des Strafprozesses in Straffällen von minderjährigen Kriminellen und die gesetzliche Gleichberechtigung von ehelichen und unehelichen Kindern.[165]

Die Entstehungszeit der hauptsächlich in Deutschland gut bewährter Form der Wohltätigkeit, des „Allgemeinen Wohltätigkeitsvereins" bestimmt das Jahr 1909. Die Schirmherrschaft haben der damalige Kultusminister, Albin Csáky und seine Ehefrau eine längere Zeit getragen. Die Zweigstellen und Institutionen des Vereins konnten sozusagen alle hilfebedürftigen Schichten wohltuend

---

[162] http://hu.wikipedia.org/wiki/Istvántelek.
[163] Der Ausdruck „lelencügy" hat im Ungarischen eine weit mehr segregierende Bedeutung.
[164] **Rakovszky**, István (1858–1931): Grundbesitzer, Politiker, Mitglied des Abgeordnetenhauses.
[165] **Pik**, Katalin: A szociális munka […]. S. 64-65.

umfassen. Beschäftigungswerkstätte, Volksküchen, Arbeiterheime, Wärmestuben standen zur Verfügung im Dienste der damals schon auch in modernem Sinne aufgefassten Sozialarbeit. Die komplexe Auffassung der Armut erübrigte die Schaffung von immer mehreren Arbeitsmöglichkeiten, so richteten sie Nähereien, Korbflechtestuben, und Teppichwebereien ein. In der nordöstlichen Vorstadt des heutigen Budapest, in Rákospalota (Familiensitz der Familie Károlyi, ehemals mit eigener Kommunalverwaltung) die erste Trinkerheilanstalt in Ungarn.[166] In den Räumlichkeiten des Vereins wurden Tee und Milch kostenlos verteilt.

3.2.3 Arbeitshäuser

Der Zeitgeist, die Aufrechterhaltung der Kohärenz der nationalen Gesellschaften brauchte eine ganz neue Denkungsart. Das war die Notwendigkeit der Sozialpolitik, die die Entstehung einer ganz neuen Wissenschaft bedingte. In der Formulierung von Lajos Esztergár: „ [Die Sozialpolitik ist der Hauptbereich der staatlichen Aktivität, durch die der Staat das geistige wirtschaftliche und körperliche Wohl der Gesamtheit zu hüten und zu befördern wünscht. Eine Wissenschaft, die im Dienste der wirtschaftlichen und geistigen Kräfte steht, und folgt den Zielen der Regelung der Arbeitsverhältnisse [...].[167]

Der Situation und den Ansprüchen konnten sich nicht einmal die Institutionen entziehen. Die bestehenden Formen waren größtenteils ungeeignet, um alle Probleme zu lösen, die in der Sache der massenhaften Arbeiterarmut emporkamen. Während die Theoretiker, die hilfsbereiten Bürger sowie die Politiker über die nach ausländischen Musterbeispielen ausgerichteten, modernen Lösungen Gedanken austauschten, konnte die Staatsverwaltung auf die administrativ-polizeiliche Wahrnehmung der Frage verzichten, was die Armut und *den Armen* irgendwie immer als eine Folge von einem moralischen Defizit angesehen hat. In der Wirklichkeit hat auch das Elisabethinum nur die Arbeitsunfähigen aufgenommen, das Arrangementrecht in den Angelegenheiten der Arbeitsfähigen wurde der lokalen Verwaltung zugewiesen. Das können wir von der Säkularisierung kaum unterscheiden. Wie sind Zeugen davon, wie zum

---

[166] Budapest Lexikon I. (A–K). Hrsg.: **Berza**, László. 2., erweiterte Auflage. Akadémiai Kiadó, Budapest, 1993. S. 28.
[167] **Esztergár,** Lajos: A szociálpolitika eredete és fejlődése. In: Mozaikok a szociális gondolkodás hazai történetéből (III.) [*Der Ursprung und Entwicklung der Sozialpolitik. In: Mosaiken aus der Geschichte des ungarischen sozialen Denkens*]. A Szociális Munka Alapítvány Kiadványai, Budapest, 1993. S. 15.

Beispiel die Bewegung der Frauenvereine nach 1867 stufenweise in die öffentliche Hand überging und aus ihren Institutionen wurden grundsätzlich „geschlossene Anstalten". Aus den finanziellen Fonds der Frauenvereine sind „städtischer Armenfonds" geworden und – „Aus den wohltätigen Damen [...] Armenpflegerinnen [...]."[168] (Solche embryonal schon für Sozialarbeiter/innen haltbare Administrator/innen, die im öffentlichen Dienst standen, und dafür einen Gehalt bezogen.) Die administrative Erledigung der Unterbringung der arbeitsfähigen Armen hielt die Institution „Arbeitshaus" länger im Leben, als hätte es gewesen sein sollen.

Das Arbeitshaus betrachtete man in Ungarn mal als Gefängnis, mal als Sozialheim. Prinzipiell war es der Armenfürsorge zugedacht. Wenn der Arme sich einen Platz im Arbeitshaus beantragte, wo er Unterbringung und Essen erhielt, musste er den ganzen Tag arbeiten und wie in dem Gefängnis die Disziplin einhalten. In Budapest, so wie in den meisten Städten in Europa, war von den Arbeitshäusern keine finanzielle Rentabilität verlangt. Obwohl fast alle Gewerbearbeiten und –berufe in den Instituten vertreten waren, und die Bewohner arbeiteten Tag und Nacht, spielte der geschäftliche Gewinn nur eine zweitrangige Rolle. Da die „kényszeröncök" (Zwangsarbeiter, „die Gezwungenen") kein Ziel und keinen Sinn der verrichteten Arbeit vor sich hatten, gab es Probleme mit der Wirtschaftlichkeit und der Produktivität. Daher ist es, dass die kapitalistischen Unternehmer in dieser kaum effizienten Häftlingsarbeit keine Phantasie sahen. So geriet die Arbeitshausproduktion außerhalb der gesellschaftlichen Verhältnisse und wurde von der sozialen Realität isoliert. Da die Armut sich aus einer moralischen Mangelhaftigkeit ernährt – so die zeitgenössische Schlussfolgerung –, erfüllt die Arbeit eine pädagogische Funktion, die Verbesserung der „Eingewiesenen". In Budapest funktionierten das ganze 19. Jahrhundert hindurch mehrere Arbeitshäuser. Das bekannteste stand im 8. Bezirk der Hauptstadt in der Dologház utca[169], aber auch in anderen Bezirken gab es mehrere aus diesen teils Strafanstalten teils pädagogischen Institutionen ähnelnden Konstruktionen.

---

[168] **Pik**, Katalin: A szociális munka [...]. S. 39. Nicht, bzw. nur worttreu übersetzbares Wortspiel im Ungarischen: „Aus den wohltätigen Armenmüttern sind Armenväter geworden."
[169] Arbeitshausstraße. Die neu Anstalt, „városi dologház" (städtisches Arbeitshaus) wurde 1873/1874 nach den Entwürfen von Puchner und Lohr, mit einem Kostenaufwand von 158 Tausend Forint erbaut. In: **Fabó**, Beáta: Épitkezés a reprezentáció szolgálatában: középületek és terek [*Bautätigkeit im Dienste der Repräsentation: öffentliche Gebäude und Plätze*]. In: Az egyesített főváros. Pest, Buda, Óbuda [*Die vereinte Hauptstadt: Pest, Ofen, Altofen*]. Hrsg.: **Gyáni**, Gábor. Városháza Kiadó, Budapest, 1998. S. 194.

Die Zeitgenossen konnten wohl gar nicht entscheiden, worum es bezüglich der Arbeitshäuser geht. Die Vergangenheit geht etwa 150 Jahre bis zum Auslaut des 18. Jahrhunderts zurück[170], und man erfährt in diesem langen Vorgang ständige funktionelle Änderungen. Daraus erklärt sich, dass im Deutschen diesem Begriff – *wie wir es am Anfang unserer Erörterungen betonten* – *mehrere Namen geschenkt wurden, wie Werkhaus, Zuchthaus, Besserungshaus* (sinnverwandtes lateinisches Wort in Österreich aus der Zeit von Maria Theresia: Domus Correctoria), aber immer blieb die Trennungsfrage Erziehungsanstalt–Gefängnis unentschieden, deswegen existierten alle zwei Formen miteinander parallel. Die Leitpunkte der Zusammenstellung der „Gäste" waren widersprüchlich, und die so zusammengebrachte Gesellschaft auch nicht homogen: In vielen Fällen wurden würdige Armen, Waisenkinder, Invaliden, arbeitsfähige Alten, aber vielmals auch unmoralisches Leben führende Landstreicher, Faule, Prostituierte, Festtrinker in die Armenhäuser eingesperrt haben.

Allerdings unterschied man immer zwei grundlegende Arten des Arbeitshauses, eine war der freiwillige Typ, der andere der zwangsmäßige. Im ersten Falle können wir über einfache Werkstätte sprechen, in denen Arbeiter aus eigenen Antrieb Arbeit nahmen, der andere Typ stand dem Gefängnis näher: Hier waren die Klienten eigentlich Häftlinge, die unter Überwachung von den Angestellten der Strafvollzugsorgane arbeiteten. Einheitliches und auf alles eingehendes Gesetz wurde erst 1913 (!) verabschiedet, in dem über die Landstreicher und die Arbeitsscheunen ausgesprochen wurde: Sie sind strafbar für 1 bis 5 Jahre Arbeitshaus, aber die Strafvollziehung bedeutet keine Straferhöhung, sondern lieber eine besondere Art der Erwachsenenpädagogie. Es ist erstaunlich – und unterstricht die oben von uns Erörterten – dass die Arbeitshäuser, also alt überlieferte Restformen aus dem Zeitalter der früheren Neuzeit politische und universalhistorische Zeitetappen in einem sehr langen Bogen übersprangen. In dem Ungarischen Königreich beging dieses Restelement einen sehr langen Weg. Erschien erst im Auslaut des 18. Jahrhunderts, aus 1844 ist ein Dokument bekannt, laut dessen ins Arbeitshaus auf der Ecke der Kerepesi út und Vas utca die Klienten die Polizisten aus allen Vierteln von Budapest einlieferten. Aber das Arbeitshaus verlor nur langsam an Bedeutung, obwohl ihre Zahl in der zweiten Hälfte des 19. Jahrhunderts rückgängig gemacht wurde. (Die Anstalt in

---

[170] **Ulicska**, László: A munka, mint büntetés. Dologház és társadalmi integráció. In: A szociálpolitika történetéből [*Die Arbeit als Strafe. Arbeitshaus/Zuchthaus und gesellschaftliche Integration. In: Aus der Geschichte der Sozialpolitik*]. Budapest, 1993. S. 88.

der Nyár utca wurde zum Beispiel 1874 gesetzlich aufgelöst.[171]) Viele Jahre erlebte noch der sich aufs Endes des 18. Jahrhundert datierende Spruch: „Von der Trägheit werden die Fundamente der Wohlfahrt aufgegraben." In Budapest gab es noch einige Arbeitshäuser in der Zwischenkriegszeit und das Gesetzesartikel Nr. XXI. vom Jahre 1913 wurde erst 1950 außer Kraft gesetzt.

3.2.4 Die Sektion IX des Hauptstadtrates

Alles, was in Armenpolitik, Wohltätigkeit, Kinderschutz oder Zwangsarbeitshaus passierte, wurde in letzter Instanz von dem Budapester Stadtrat koordiniert oder mindestens kontrolliert, nicht selten finanziert. Neben der karitativen Arbeit von vielen Vereinen, Gesellschaften, privaten Gemeinschaften wuchs die Rolle und Bedeutung der öffentlichen Teilnahme an der Armenpolitik. In ganz Altungarn, so in Siebenbürgen und Oberungarn, riefen die Städte – entsprechend den bestehenden, in unseren früheren Kapiteln dargelegten Gesetzen über die Gemeinden – selbstständige Arbeitsgruppen hervor. Aus diesen spezialen Arbeitsteams, d. h. Abteilungen oder *Sektionen* stellte sich das Magistrat, der behördliche Fachapparat, je nach der Art einzelner, die Bürger betreffenden Angelegenheiten zusammen. In unseren späteren Textstellen sehen wir noch: Der Gesetzartikel XXXVI vom Jahre 1872 stand auf der Basis des Zuständigkeitsprinzips, dem laut jede Gemeinde für ihre eigenen Armen Sorge selbst tragen sollte.[172] Hiermit muss anerkennt werden, dass obwohl jeder großer Ort Großungarns in dem Bereich Sozialverwaltung das Seine getan hat, muss man die Hauptstadt Budapest trotzdem auch in dieser Hinsicht als ein wirkliches Flaggschiff erachtet werden.

Zeitlich grenzten die Anfänge der Organisationsarbeit die Jahre 1872 (Gesetz XXXVI) und 1873 (Entstehung von Budapest) sehr genau ab. Infolge der Spezialisierung der einzelnen Verwaltungsbrachen entstanden in der frühesten Zeit (bald nach der Vereinigung von Pest, Buda und Óbuda im Jahre 1973) insgesamt 10 Sektionen. Damals war diese Aufteilung auf Grund von Teilbereichen stadtpolitisch ganz neu. Die Armenfürsorge hat der „34er-Ausschuss", der mit der Zusammenstellung des Hauptstädtischen Grundstatuts

---

[171] **Pik,** Katalin: A szociális munka […]. S. 42.
[172] **Polyák,** Andrea: A IX.ügyosztály. Szegénysorsok Budapesten [a] XIX. század végén [*Die Sektion IX. Schicksale von Armen in Budapest gegen Ende des 19. Jahrhunderts*]. In: A mesterség iskolája. Tanulmányok Bácskai Vera 70. születésnapjára [*Die Schule der Meisterschaft. Studien zum 70-jährigen Jubiläum von Vera Bácskai*]. Osiris Kiadó, Budapest, 2000. S. 391.

beauftragt war, in die Sektion Nr. IX eingereiht.[173] Mit diesem Akt nahm die Karriere der Sektion IX einen vielversprechenden Anfang. Im Späteren erlangte es wegen seiner organisatorischen Sorgfältigkeit, hohen beruflichen Kompetenz und Empathie durchschlagende Berühmtheit. Der vollständige Name der Sektion IX klang für unsere Ohren von heute vielleicht ein wenig grotesk: „IX. Sektion für Gewerbe, Öffentliche Ordnung und Armenwesen". Die Namensgeber, die Beamten, die den Namen konstruierten, konnten sich der alten Gebundenheit nicht entfesseln, indem sie das Armenwesen immer noch als eine *polizeiliche Frage* angesehen haben. Später wurde die Sektion umbenannt und erhielt sie den viel besser klingenden Namen „IX. Sektion für Humanitäts- und Armenwesen".[174]

In allen Zeiten fiel der Abteilung zwei Aufgaben zu, sie versorgte die allgemeine Administration betreffend der Wohltätigkeitsanstalten wie Altenheime, Waisenhäuser, zweitens befasste sich mit dem Armenwesen in allgemeiner Ebene, hielt die Kontakte mit den karitativen Stiftungen, verbuchte die eingegangenen Wohltätigkeitsgaben.[175] Ein konkretes Ziel war es für sie, die Bettelei und die Landstreicherei auf den öffentlichen Plätzen der Hauptstadt aufzuheben. Sie haben eine Registratur über die Bedürftigen, die sich an Kommunalhilfe beteiligten, geführt, unterbrachten die Findlinge und kümmerten sich um die Einschulung derer. Ihnen gehörte teilweise die Krankenpflege, sie hatten das Recht Medikamentengutscheine auszufüllen und Mittellosigkeitszeugnis zu erlassen.[176] Die Geschäftsbereiche und die Aufgaben vermischten sich ineinander. Nachdem die einzelnen Stadtbezirke zur Selbständigkeit gelangt und – unter anderem –die Angelegenheiten der auf der Straße aufgefundenen Kinder prinzipiell ihnen zugestanden worden waren, behielt die Sektion diesen Aufgabenkreis trotzdem für sich.[177] Bei alledem ging die Zusammenarbeit mit den Bezirksvorständen reibungslos. Die Bezirksräte, außerdem hautsächlich die Wohltätigkeitsausschüsse in den Bezirken stellten Listen über die Bedürftigen zusammen, mit deren Verwendung die Sektion IX

---

[173] **Wildner**, Ödön: A főváros közigazgatásának története a kiegyezéstől a Millenniumig [*Geschichte der Verwaltung der Hauptstadt vom Ausgleich bis zum Millennium*]. In: Statisztikai Közlemények. Hrsg.: **Ilyefalvi**, Lajos. Budapest Székesfőváros Házinyomdája, 1939. S. 74.
[174] Hof- und Staats-Handbuch der Österreichisch–Ungarischen Monarchie für das Jahr 1900. Wien, 1901. S. 861.
[175] **Venczel**, Geyza – **Medrieczky**, Andor – **Liber**, Endre: Budapest székesfőváros [...]. S. 38-42.
[176] Ebenda.
[177] **Polyák**, Andrea: A IX.ügyosztály […]. S. 393.

sich der Armenverpflegung anschießen konnte.[178] Das System, wie in Deutschland, funktionierte als offenes System und obwohl es mit ein paar Jahren Verzögerung eingeführt wurde, stand es in Qualität dem Straßburger System nicht nach.

Die Zahl der Sektionen blieb bis 1911 unverändert, dann musste aber das System eine großangelegte Ausdehnung durchmachen. Seit diesem Jahr arbeitete der Hauptstadtrat mit 16 Sektionen, die in zwei Präsidialgruppen eingeteilt worden waren. Die Spezialisierung dehnte sich weit mehr aus und der Personalstand der im engeren Sinne aufgefassten Gemeindeverwaltungsämter verdreifachte sich seit 1873.[179] Die Wohltätigkeitsanstalten (Waisenhäuser, Armenhäuser, Arbeitshaus u s. w.) beschäftigten 1911 mehr als 150 Fachmitarbeiter (1896 insgesamt 121).[180] Für die Aufgaben sorgten der Hauptstadtrat als Sektionsleiter, ein Notar, zwei Schriftführer, außerdem ein Praktikant. Die Sektion verfertigte zuweilen Berichte für die Mitglieder des Hautstadtrates.[181] Dem Jahr 1906 müssen wir große Bedeutung beimessen. Das Munizipalstatut 944/905 legte das Armenwesen in der Hauptstadt auf eine völlig neue Grundlage. Dem Hauptstadtrat ist die ganze Armenverwaltung hingekommen. Sie haben, wie in Straßburg, professionelle Armenpfleger angestellt, die ihre Zuständigkeitsgebiete gut kannten, mit den Menschen Kontakt hielten, stellten das Ausmaß der finanziellen Unterstützung fest und zuletzt verübten sie Kontrolle über die Aufwendung der Gelder.[182] Mit diesem gesetzgeberischen Akt übertritt Budapest die Schwelle zwischen der alten, humanitären, karitativen Richtung und der modernen Sozialpolitik.[183]

Es ist sicherlich nicht ohne Belang, die bisher fast unbekannten Namen der Sektionsmitarbeiter aufzuzählen: Sektionsleiter *János Horváth* mit dem Sektionsnotar *József Szily* betreuten die Armenfürsorge bei der Hauptstadt lange Jahre um die Jahrhundertwende. Seit 1906 sehen wir Magistratsrat *Géza Almády*

---

[178] Die Verordnung des Innenministers 51.000/1899 führte die Armenwesenregistratur ein. Die Verordnung verlieh der Volksküchenaktion einen großen Schwung. Seit Dezember bis Februar wurden täglich 3000 Portion warmes Essen ausgeteilt. Früher, als die Registratur nicht vorhanden war, konnte man mit dem Geld zu karitativen Zwecken Missbrauch treiben (Man konnte mehrmals finanzielle Hilfe aufnehmen.). In: **Venczel**, Geyza – **Medrieczky**, Andor – **Liber**, Endre: Budapest székesfőváros [...]. S. 38-42. und **Wildner**, Ödön: A főváros közigazgatásának története [...]. S. 123.

[179] **Wildner**, Ödön: A főváros közigazgatásának története [...]. S. 77.

[180] Ebenda.

[181] **Venczel**, Geyza – **Medrieczky**, Andor – **Liber**, Endre: Budapest székesfőváros [...]. S. 38-42.

[182] Ebenda.

[183] **Wildner**, Ödön: A főváros közigazgatásának története [...]. S. 123.

---

an der Leitung der Sektion. Die Fluktuation am Lenkrad war während des Krieges – aus verständlichen Gründen – schon sehr groß. 1916 kam *József Szaszovszky*, ihm folgte ein Jahr später *Bator Piperkovics*. Ihre Methoden erschöpften das ganze Arsenal der bis dahin gut bewährten Mittel der Wohltätigkeit. Sie kannten schon den modernen Begriff der „Sozialpolitik", aber sie waren in ihrer Zeit nicht in der Lage, die Grenzen der Wohltätigkeit mit gemeindlichen Management zu überschreiten. In ihrer Schriftlichkeit kommt nur die mit der traditionellen Armenfürsorge betraute Terminologie zur Oberfläche. Ganz interessant, dass die Sektion im Jahre 1918, in dem letzten Kriegsjahr (!), wieder umbenannt wurde. Sie ist keine IX. Sektion mehr, sondern die XVIII., und trägt den klangvollen Titel: „Zentrale für Volkswohlfahrt". Die Zentrale leitete Hugó Csergő[184], der die Zentrale schon 1914 ins Leben gerufen hatte. Das Auftauchen der Terminologie „Volkswohlfahrt" ließ die Annäherung der ungarischen Gesellschaft an die Revolution und die Ankündigung einer neuen Zeit vermuten.

3.2.5 1900-1914. Ist die gesellschaftlich-politische Desintegration eine wirkliche Gefahr?

Ausbau der großen sozialen Versorgungssysteme. Blütezeit der Institutsgründung

Aber so sehr die Methoden zur Bekämpfung der Armut zwischen 1900 und 1910 entwickelt wurden, waren für die massenhaft (und in einem Block) lebenden Armen die Formen der traditionellen, dörflichen, nach dem Ausdruck von Castel „innigen" Wohltätigkeit in dieser neuen Lage nicht mehr gültig und die Welt der Vereine und Versorgungsheime konnten nur die Löcher im System einstopfen. Es tauchte in Ungar der Jahrhundertwende die kardinale Fragenstellung auf, ob in den Vorstädten, wo (dann schon) gleichzeitig sogar mehr als 200 000 Menschen in Armut leben durfte, die früheren verteilungsorientierten Normen der sozialen Tätigkeit ausreichend und effizient sein konnten. Oben erwähnten wir, dass die Risikofaktoren in Form der *gesellschaftlich-politischen Desintegration* erschienen. Historisch wohl bekannte Tatsache ist es, dass der Begriff „Soziales" – und überhaupt die Frage, ob dieses Wort existiert – in Westeuropa in der Staatspolitik erst in den 1830er Jahren zum Vorschein kam. Entsprechen der in der Wirtschaft in ganz Europa um sich grefeinden Lehre

---

[184] **Csergő**, Hugó (1877–?): Journalist, Dichter, Dramatiker, organisierte die Freimaurerbewegung in Budapest.

über die Disfunktion des Staates (der Staat bewirtschftet schlecht, er geht mit den Ressourcen verschwenderisch um[185]) verzichteten die Regierungen auf die aktive staatliche Intervention in die wirtschaftliche Performance. In der Österreichisch-Ungarischen Monarchie mit gewisser Verspätung. Aber weil die Lage *trotzdem* nicht so schlecht war, wie in England 30-40 Jahre zuvor, oder in Frankreich in gleicher Zeit, so überlastete die gesellschaftliche Kohäsion die vom Pauperismus herrührende Spannung mit weniger Intensität als in Westeuropa.

In unsrer Zeitperiode, ab den 1890er Jahren bis zum Ausbruch des Ersten Weltkrieges, fiel die Frage der von der Massenarmut angefachten sozialen Spannung mir Abstand nicht so sehr ins Gewicht, was das Problem in der Wirklichkeit hätte bedeuteten müssen. Jene Gefahr, dass die Gesellschaft mindestens bei vier nationalen Minderheiten – aus den dreizehn Nationalitäten der Monarchie – wegen der sozialen Spannung zerreißt, wurde von den regierenden Politikern dahingestellt. Die Zahl der Sich-Selbst-Segregierenden, nach dem Ausdruck von Robert Castel die „Ausgeschiedenen" war in vier Großregionen der Monarchie sehr hoch: in ganz Deutsch-Österreich, in den industrialisierten Landkreisen der tschechischen Krone (Böhmen, Mähren, Schlesien) und (aus spezifischen Gründen) in kleinem Maße in Galizien. Hier war die Armut aus strukturellen Gründen groß: die rasche Wirtschaftsentwicklung, die ständigen Änderungen in der Produktionsstruktur vermehrten von Monat zu Monat die Menge der Arbeitslosen, die, nachdem sie arbeitslos worden waren, gerieten in den tiefsten Pauperismus. Diese Elemente konnten mit Recht glauben, sie sind die Überflüssigen, die Überzähligen, die Parier. Diese Menschen zählten sich zu den Außenstehern, die außerhalb der deutschen, tschechischen, polnischen, ungarischen u. s w. Nation ein ganz anderes Leben führen müssen, als die „Wohlsituierten". In der Monarchie zogen zweierlei Trennlinien. Viele vertikale, die die Gesellschaft der ganzen Monarchie in ethnische Gruppen (ethnische Minderheit, Nationalität, Nation) spalteten, und viele horizontale, die die Gesellschaft je nach der sozialen Lage trennten. Die in der Tiefarmut existierenden Hunderttausende haben aber von den anderen eine grellrote und sehr breite, in der Allgemeinheit unüberstreitbare Linie getrennt.

Da aber diese tiefe Armut mit Abstand nicht so massenhaft war wie in vielen westeuropäischen Ländern, wirkte das Problem auf die Tagespolitik der inneren

---

[185] **Jenei**, György: Bevezetés a társadalompolitikába [*Einführung in die Sozialpolitik*]. Bologna Tankönyvsorozat. Aula Kiadó, Budapest, 2008. S. 149.

Angelegenheiten weniger aus. In den oben erwähnten Ländern fesselten die Politiker andere Probleme, und nur in zweiter Linie die sozialen. In erster Linie die nationalen Gegensätze, wie das Sprachproblem zwischen den Tschechen und Deutschen in Böhmen. Wegen der Rivalisierung der beiden Volksstämme wurde der österreichische Teil der Monarchie – Cisleithanien[186] – ab den 1880er Jahren zeitweilig unregierbar. Dieses unregierbare Österreich musste sich den von der sozialen Frage geschlagenen Wellen entgegensteuern. In Ungarn eröffnete sich im Parlament die so genannte Wehrpflichtdebatte, die praktisch den ungarischen Separatismus, eine Bestrebung nach einem selbstständigen Ungarn bedeutete. Die politische Elite war kaum im Stande, die so herbeigeführte Spaltung zu beseitigen. In der Ebene der europäischen großen Politik verzehrte die militärische und diplomatische Gegenüberstellung mit Russland alle Energien des Reiches, und deren anachronistische Projektion, die Balkanfrage.

Der Großteil der politischen Elite konnte trotz aller Nebenumstände nicht ganz gleichgültig den spannenden Widersprüchen der sozialen Sphäre vorbeigehen. Vor allem ging es darum, dass sie genug umsichtig waren, dass sie die ihnen lauernden Gefahren der Desintegration zu bemerken. Es ist kein Zufall, wenn wir schon in den 1870er Jahren unter den Gründern der sozialen Anstalten die Besten der hohen Magnatenfamilien finden. Nicht nur wegen dessen, dass sie den philanthropischen Ideen verpflichten gewesen wären, sondern meistens aus nüchternen politischen Überlegungen. Der Gedanke stammt von István Tisza, dem späteren ungarischen Ministerpräsidenten aus dem Jahre 1894: „ Ich mag nicht den Not leidenden Arbeiter. Gut ist der, der zufrieden ist, nur so kann er dem Vaterland nutzen." Die hier nicht worttreu zitierten Worte des Politikers waren auch dazu bestimmt, seine aristokratischen Klassengenossen zur Sympathie und zur aktiveren Arbeiterpolitik anzuspornen. Die Besten der geistigen Elite folgten auch diesmal wie immer ausländischen Modellen, da sie zufriedene Staatbürger hinter sich sehen wollten. Sie haben die Lösung der Frage nicht völlig diesen unabhängigen Organisationen der Arbeiter anvertraut, dagegen haben sie die Strategien, um die Gefahren von zu beseitigen, von „oben", aufgrund ihrer intellektuell-bürgerlichen Werteordnung ausgearbeitet.

---

[186] Cisleithanien: politischer Begriff aus Wiener Blickwinkel aus dem Lateinischen: „diesseits des Flusses Leitha". Leitha war der Grenzfluss zwischen Österreich und Ungarn.

Das Volkshaus im V. Bezirk

Um 1900 gab es schon einen „Markt" unter den sich mit Wohltätigkeit beschäftigenden Institutionen, um die Unterstützungen ging nämlich ein scharfer Wettbewerb, und jene konnten in günstigere Lage geraten, die bessere Dienstleistungen anzubieten im Stande waren. Allerdings entstanden viele Institutionen, die wesentlich mehr als nur die Wohltätigkeit geben konnten. Sie haben im Gebiet des Sozialen besseres und moderneres angeboten. Von den Institutionen beschäftigen wir uns ausführlicher nur mit unserem Erachten den besten. So war das in dem Budapester Lipótváros[187] erbaute Volkshaus. An der Gründung hat auch die öffentliche Hand, in diesem konkreten Fall der Vorstand der Hauptstadt mit materieller Hilfe mitgewirkt. Die beispielgebende Initiative entwuchs der Wohltätigkeitsbewegung, die eng mit dem Namen des Kultusministers Albin Csáky[188] verbunden war. In der Vertretung des Allgemeinen Wohltätigkeitsvereins im V. Bezirk verhandelte der Bezirksvorstand Pál Sándor mit dem Oberbürgermeister István Bárczy[189], und schlug ihm vor, dass die Hauptstadt den Aufbau ein Institut, eines *Volkshauses[190]*, finanziert, die dem „offiziellen" sozialpolitischen Versorgungssystem der Hauptstadt gut hinzugefügt werden kann. Die Generalversammlung der Hauptstadt hatte schon in dieser Zeit eine Armenversorgungsverordnung, die kurz zuvor verabschiedet wurde. Die Entscheidung fiel auf das Grundstück Vág utca 12-14. Die Investition betrug eine damals horrible Geldsumme von 500 tausend Kronen, und sie war mit der mondernsten Technik der Zeit ausgerüstet.

Die architektonische Idee war an und für sich ein Volltreffer: Sie hat nämlich die Küche und das Restaurant in die mittlere Front des Gebäudes hineingelegt. Die andere gute Idee war die Auswahl das Baugrundstück selbst. Angyalföld, als prominentes Zentrum der Maschinenbaugroßindustrie war die Region in Budapest, in der vielleicht die meisten Opfer der Lohnarbeitsverhältnisse lebten. Sie waren die legendären „kültelki szegények" (vorstädtische Armen"). Die dritte Idee schien nicht ganz original zu sein, sie war nämlich auch eine Überlieferung aus dem Ausland. Man hat den Klienten Arbeit angeboten, wofür sie eine annähernd realistisch Bezahlung bezogen (nicht so wie in den

---

[187] Leopoldstadt.
[188] **Csáky**, Albin (1842–1912): kaiserlich-königlicher Truchsess, Schatzmeister, später Minister für Unterrichtswesen, Vizepräsident des Ungarischen Herrenhauses
[189] **Bárczy**, István (1866–1943): Jurist, Bürgermeister, später Oberbürgermeister von Budapest.
[190] Name des Instituts im Ungarischen „V. Kerületi Népház".

Arbeitswerkstätten der früheren Frauenvereine oder in den Arbeitshäusern). Und es war auch ein Novum in der Organisationssatzung des Instituts, dass das „népház" organisatorisch nach der sozialwissenschaftlichen Typologie der Besucher in drei Teile geteilt war. Die Differenzierung geschah den modernen Maßregeln der Sozialarbeit entsprechend. Die drei Gruppen ließen sich einerseits aus den „teilweise überjährten Arbeitern", andererseits aus den Arbeitslosen aus ihrer eigenen Schuld, und zuletzt aus objektiven Gründen Hilfebedürftigen bewerben. In den Beschäftigungen war die erste Gruppe am nützlichsten: hohes fachliches Niveau, lange Jahre hindurch konsolidierte Lebensführung. Alkoholiker beziehungsweise Krakeeler bildeten die mittlere Gruppe, weiterhin gehörten der dritten Gruppe beispielsweise die alleinstehenden, armen, schwangeren Frauen.[191] Die Arbeitsaufgaben selber waren differenziert, es gab komplizierte Facharbeiten, aber auch einfachere, die sogar die Linkshänder leisten konnten. Sándor Hanvai[192], der noch in seinem Leben zum Klassiker der sozialen Arbeit gewordene, erste Direktor des Instituts verbannte dem Wortgebrauch seines Instituts den Ausdruck „Sozialhilfe" mit der Parole: Die Sozialhilfe zerstört das Selbstvertrauen und ist an den Haaren herangezogen bürokratisch.

In der verfremdeten Welt der Großstädte führte die Menschen der Hunger in größtem Maße zu Grunde, die Unterernährtheit hat viele Volkskrankheiten, wie Tuberkulose, herbeigeführt. Sie haben erkannt, wie großer Bedeutung sein soll, wenn die Versorgung mit Speisen für die unterschiedlichen Schichten differenziert geschieht. Im Zentrum, um die Küche gebaut, nahmen die Restaurants Platz, ein öffentliche, ein für die Kuponbesitzer[193], und ein dritter für die vollkommen Mittellosen, die das Essen gar nicht bezahlen konnten. Nicht einmal das öffentliche Restaurant war teuer, eine Suppe kostete 6, ein „főzelék"[194] 8, ein komplettes Mittagessen 16 Fillér[195]. Im Volkshaus betätigte sich Kinderhort mit Gewichtung auf dem Schutz der minderjährigen Kinder unter 14 Jahren, während die Eltern arbeiteten, betreuten die Kinder die

---

[191] Eine komplette Beschreibung siehe: **Pik**, Katalin: A szociális munka [...]. S. 107.

[192] **Hanvai**, Sándor (1857 – 1925): Sozialpolitiker, Abteilungsleiter beim Hauptstadtrat von Budapest, der „Wohltäter der Armen".

[193] Die Anweisungsscheine haben die Interessanten von den sozialpolitischen Behörden bekommen.

[194] Das Wort ist sehr schwer in fremde Sprachen zu übersetzen: aus verschiedenen, zerhackte Gemüsearten gekochtes, in der Regel mit saurer Sahne und mit Mehl angereichertes Hauptgericht.

[195] Die ungarische Währungseinheit wurde in dieser Zeit „Pengő" geheißen, dessen Wechselgeld der „Fillér" war.

Sektionen Kinderkrippe, Kindergarten, Schule, wo die Kinder den ganzen Tag untergebracht waren. Typisches Beispiel war, dass die jungen Mütter[196] die Nacht mit ihren Säuglingen zusammen verbringen durften. Beratungsservice, Rechtshilfedienst, öffentliche Bibliothek, viele Kurse, die Restaurants wurden am Abend zu Klubräumen umgeräumt. Wichtig war es, dass das „népház" demokratisch allen Besuchern zugelassen war, offen vor jedem, der die Dienstleistungen in Anspruch nehmen wollte. Zum Schluss eine Bemerkung bezüglich der Nachteile der ausländischen Systemadaptationen, der aber die höchste Bedeutung beigemessen werden muss: Die Arbeiterschaft mit links orientierter Denkungsart scheute sich das Institut zu benutzen, eher ignorierte sie es, da sie in dem „népház" eine Manipulation der offiziellen staatlichen Politik vermutete.

Die Soziale Siedlung von Újpest und die Settlment-Bewegung

Die Soziale Siedlung im Rahmen des Hochschulunterrichts fing an in Kolozsvár zu arbeiten, ein paar Jahre später wurde sie nach Újpest[197] umgesiedelt. „[...] in der Hauptstadt waren die Arbeiter proportional am zahlreichsten, hier arbeiteten die meisten wissenschaftlichen Köpfe und hier studierten an den Universitäten die meisten Jugendlichen, die sich [sozial] interessiert waren." –argumentierten die aus Kolozsvár nach Budapest umziehenden jungen und begeisterten Sozialtheoretiker, die nach dem Umzug in der Újpester Siedlung den Dienst angetreten haben.[198] Der erste, der die Leitung der Siedlung in der Hand hatte, hieß Béla Erődi-Harrach, aber die Siedlung verdankt Rezső Hilscher[199] ihren wirklichen Anlauf. Unter seiner Leitung wurde die Siedlung zum ersten richtigen Settlement-Institut in Ungarn. Auf einem fremden Fruchtboden entfaltete sich die von den Wurzeln an britische Erfindung und kam als adaptive Form der Sozialversorgung in einem Budapester Vorort in Blüte, wo die Betreuung die Gesellschaft seit langem für notwendig erachtete. Hilscher griff zum Experiment des Pfarrers von Whitchapel Samuel Barnett zurück. Barnett verlautbarte von seiner Kanzel die Solidarität der einzelnen sozialen Schichten, wie es er sagte: „die gegenseitige Durchdringung der Kulturen". Später wirkte er

---

[196] Ungarisch: „foglalkoztatós anyák" – Mütter, die in den Beschäftigungsbestand aufgenommen waren.

[197] Das heutige IV. Bezirk von Budapest, damals unter selbstständiger Verwaltung.

[198] **Pik**, Katalin: A szociális munka [...]. S. 112.

[199] **Hilscher**, Rezső (1890 – 1957): Jurist, Sozialpolitiker, Vizenotar beim Vorstand von Újpest, a. o. Professor für Sozialpolitik, einer der Begründer der Sozialpolitik in Ungarn.

auf Einladung der Londoner Universität in den östlichen Vororten von London. Barnett ließ sich zwischen die Arbeiter von Toynbee Hall Universitätsstudenten ansiedeln, damit sie zu ihren Studien das Leben der Armen in den Außenbezirken „unmittelbar" studieren können.[200]

Barnett und seine Mitarbeiter wollten gar nicht anders, als „[...] in der Wüste der Gleichgültigkeit die Oasen der gesellschaftlichen Solidarität zu schaffen, mit der Berufung, dass später aus diesen Oasen die Bestrebungen auslaufen, die das Leben der Gesellschaft entsprechend ihren wahrhaftigen Zielen umformen können." Das Settlement war – nach dem Begriff des modernen Kulturmanagements – ein „komplexes Institut" zu nennen. Es vereinigte in einer einheitlich geleiteten Organisation viele, unterschiedliche Aktivitäten, die Sozialarbeit mit ihren anschließenden Institutionen, schuf eine Arbeitsgemeinschaft für die sozialen Institute, verwirklichte fast alle, die dem Menschenschutz angehörenden Formen, wie Gesundheitswesen, Kultur, soziale Sphäre). Die Bewegung drängte sich darauf, dass sie die wirklichen Bedürfnissen der Menschen immer vor Auge hält.[201]

Hilscher musste eine den ungarischen Verhältnissen entsprechende Form finden. Aus dem Újpester Settlement wurde ein dem englischen Muster ähnliches Programm des Arbeitsschutzes, das aber sich nicht voll entfalten konnte. Die Ursache ist dafür das gegenseitige Nichtbegreifen und die beiderseitige Argwohn. Die Gruppe von Hilscher konnte die Systemadaptation nicht gänzlich verwirklichen, obwohl sie sie das Barnettsche System wirklich einführen wollten. In England war die Kompromisslösung zwischen den gesellschaftlichen Schichten eine sehr alte Tradition, in Ungarn nicht. Das Vertrauen der ungarischen Arbeiter hat die Tatsache nur geschwächt, das das Grundstück, auf dem die Siedlung erbaut wurde, eine Schenkung des Grafen *László Károlyi* war. 400 000 Kronen für die Baukosten hat das Ministerium auf sich genommen, außerdem kamen die Organisatoren ebenfalls aus der Aristokratie und den wohlhabenden bürgerlichen Kreisen heraus: Staatssekretär *Jenő Balogh*, Bischof *Béla Glattfelder*, Professoren wie *Béla Földes*, *Ernő Jendrassik*, *Frigyes Medvecky*, *Ákos Mihályfy*, Referent der außerschulischen Bildung im

---

[200] http://en.wikipedia.org/wiki/Samuel_Augustus_Barnett.
[201] **Schiffer,** Rita: Az újpesti Főiskolai Szociális Telep. Szakdolgozat. Bárczi Gusztáv Gyógypedagógiai Tanárképző Főiskola [*Die Hochschulische Soziale Siedlung von Újpest. Diplomarbeit an der Heilpädagogischen Hochschule Gusztáv Bárczi*]. Budapest, 1995. S. 4.

Ministerium *Benedek Jancsó* und noch mehrere Prominenten von der „Gegenseite".[202]

In der Beschreibung der Tätigkeit der Siedlung sind auch Elemente der damals schon an die bildungspolitische Ebene gestiegene soziale Arbeit zu entdecken. Die praktische Arbeit, die Befriedigung der Bedürfnisse der Arbeiter im Bereich Gesundheitswesen, Wirtschaft und Kultur rückte in den Vordergrund, in zweiter Stelle stand der Universitätsunterricht, damit die Studenten Erfahrungen erwerben und gute Sozialarbeiter werden. Wichtig war nämlich, wie das Zusammenhalten in der ungarischen Gesellschaft ist – gesellschaftspolitisch, ja sogar in- und außenpolitisch konnte die Frage der Kohärenz unter den gegebenen Verhältnissen der Monarchie nicht für nebensächlich gehalten werden. Die Organisatoren haben der Settlement-Bewegung die Berufung gewidmet, dass infolge ihrer Erziehungstätigkeit auch die öffentliche Auffassung gestaltet wird: Die Menschen in den höheren Sphären der Gesellschaft sollten in der Arbeiterklasse, in den „Arbeitskräften" einen Faktor sehen, der im Wirtschaftsleben der Nation eine entscheidende Rolle spielt, und mit dem Fall der Schranken zwischen den – nach marxistischem Wortgebrauch „antagonistischen" – Klassen eine einheitliche nationale Gesellschaft geboren wird.

3.3 GESETZE

Nach dem Klassifizierungsmodell von *Farkas Heller* können wir über Sozialpolitik sprechen, wenn sie in die staatliche große Politik eingebaut ist, und dadurch ein Teil der Regierungspolitik bildet. Laut der oben erörterten Thesen bedeutet die Sozialpolitik – in rechtlicher Hinsicht – eine *legale Obligation*, gesetzlich bekräftigte Moral. Sie beinhaltet in dieser Auffassung konkrete Gesetze, Verordnungen, hinter ihr stehen gesetzgeberische Aktionen. Am Anfang unserer behandelten Zeitperiode, sogar in der 1848er Gesetzgebung, kamen gewisse, die sozialen Umstände betroffene rechtliche Normen an den Tag, aber ihre Rechtskraft hat sich nicht auf die Allgemeinheit, auf die ganze Gesellschaft bezogen. Sie haben nur einige Teilbereiche des Wirtschaftslebens im Geist der formalen (d. h. gesetzlichen) Sozialpolitik geregelt. Wegen des knappen Ausmaßes vorliegender Studie können wir keinen tiefer eingehenden Überblick über diese Maßregeln gestatten, nur einige wissen wir im Folgenden

---

[202] Ebenda, S. 9.

aus den Produkten der sozialen Rechtssetzung nach 1848 und der dualistische Zeit hervorzuheben.

Eines von den vielen war das Berggesetz vom 23-stem Mai 1854, das wie vieles anderes der Zeit ebenfalls eine adaptive Verwendung des österreichischen Berggesetzes in den Ländern der Stephanskrone eingeführt wurde. (Nach Österreich kam die Berggesetzgebung aus Deutschland herein, wo im Bergbau die ersten sozialpolitischen Regelungen schon 1851 geboren wurden[203].) In seinen Paragraphen erschien der dritte Typ nach der Hellerschen Typologie, also der Geist des gesetzlich geregelten Arbeiterschutzes. Einige Punkte aus dem Gesetz: Man begeht Amtsdelikt, der die beim Bergbau die Sicherheitsmaßnahmen unterlässt, wenn der Bergbaudirektor in Bergbauarbeiten minderjährige Kinder anstellt, wenn er mit seinen Angestellten mindestens vierteljährlich einmal nicht abrechnet oder wenn er Bergleute ohne Vorzeigung des Kündigungsschreibens von vorherigem Arbeitsplatz aufnimmt, u. s. w. Das Gesetz verfügte auch über die so genannten Bruderladen[204] der Bergleute, eine Art von Knappschaftskasse, welche für vollberechtigte Mitglieder, falls sie krank wurden, Krankenlohn, d. h. kostenlose Kur und Verpflegung ermöglichten. Aus den Bruderladen finanzierte die Bergmannsbruderschaft die bedauerlicherweise oft vorgekommenen Begräbnisse, andererseits die Invaliden- sowie Witwen- und Waisenpension. Aus den Mangelhaftigkeiten dieser Fürsorgeform erwähnen wir hiermit nur eine, und zwar den Mangel an Kontinuität: Nur die Bruderschaftsmitglieder erhielten Hilfe, weil die Bruderschaft sich nur auf eine gewisse Bergbauregion erstreckte. (So kam es vor, dass die Einzahlungen in die Knappschaftskasse von der Körmöcbányaer Bruderschaft in den benachbarten Bergbaugemeinde Selmecbánya nicht gültig waren.[205])

Die bürgerliche Umgestaltung der im Jahre 1867 begründeten gemeinsamen Monarchie, der Ausbau des parlamentarisch-pluralistischen Systems war noch keine Zeit für die Rechtsschaffung in dem sozialen Bereich. Viel mehr Mühe wurde anfangs für die grundlegendsten strukturellen Reformen gegeben. Die zwei Regierungen und die zwei Reichstage der Monarchie, die österreichische und die ungarische waren mit der Befestigung des neuen Staatengebildes, mit der Neuschaffung des politischen Systems, der Wirtschaft, des Verkehrs, des

[203] **Frerich**, Johannes – **Frey**, Martin: Handbuch der Geschichte [...]. S. 64. „Preußische Novellengesetzgebung zum Bergrecht", später S. 65 „Knappschaftsgesetz von 1854"
[204] Ungarisch: „bánya-társládák", in Österreich auch „Gnadengroschenkassen".
[205] Zwei berühmte Bergstädte in dem ehemaligen Nordungarn: Kremnitz und Schemnitz. Heute in der Slowakei: „Kremnica" und „Baňská Štiavnica".

Bankensystems und der Gerichtsbarkeit beschäftigt. In de ersten anderthalb Jahrzehnten gebrachten Gesetze übergingen die in den 1850er Jahren gebrachten Gesetze nur in weniger Hinsicht, auch zahlenmäßig waren sie gering, noch dazu haben sie das soziale Thema inhaltlich nur per tangentem berührt. Alle vom König sanktionierten und von dem ungarischen Reichsrat inartikulierten Gesetze sind als Rechtssätze mit höherer Ordnung in die ungarische Rechtspraxis übergegangen, aber sie haben nur Teilbereiche geregelt, so konnten sie die Grenzen des Arbeitsschutzes nicht überschreiten.

3.3.1 Arbeiterschutz

Etwas mehr gewinnt der Arbeiterschutz im Gesetzartikel VIII vom Jahre 1872 an Bedeutung. Das war das vielmals zitierte *erste Industriegesetz*.[206] Die Zielsetzung des Gesetzes war es, die Reste der Zunftwirtschaft im Geist der Industriefreiheit abzuschaffen. Alle Paragraphen im Artikel spiegeln diese Bestrebung wieder; die Befreiung der Gewerbetätigkeit erforderte, dass die ungarische Wirtschaft die Fesseln des Zunftwesens abwirft. Die Recht schaffenden Verfasser haben zwar die in den Fabriken vorherrschenden Verhältnisse angeschnitten, vor allem die Versicherungsfrage, aber sie haben den Kreis der zu Begünstigenden zu karg bemessen. Der Arbeitszeit wurden keine Schranken gesetzt, nur die Arbeitszeit der Kinder unter 14 Jahren hat man limitiert, belassen aber die aus der Zeit der Zunftwirtschaft hinterbliebene Praxis, dass die körperliche Züchtigung der Lehrburschen erlaubt ist.[207]

Die Novellierung des Gesetzes – Artikel XVII vom Jahre 1884 – brachte mehrere günstige Elemente in den Arbeiterschutz hineingebracht, wie die Verordnung darüber, dass die Kinder unter 14 Jahren in den Arbeitsplätzen gefährlicher Betriebsart nicht arbeiten durften, außerdem wurde für sie das Arbeitszeitlimit in 8 Stunden pro Tag gezogen. Es wurde ausgesprochen, dass von nun an die drei täglichen Arbeitpausen in der ganzen gewerblichen Sphäre obligatorisch ist (mittags eine volle Stunde, vormittags und nachmittags eine

---

[206] **Beér**, János–**Csizmadia,** Andor: Történelmünk a jogalkotás tükrében. Sarkalatos honi törvényeinkből 1001–1949. [*Unsere Geschichte im Spiegel der Rechtsschaffung. Aus unseren entscheidenden Grundgesetzen 1001–1949*]. Gondolat Kiadó, Budapest, 1966.
[207] Das 5. Kapitel stellte entweder eine Strafe von 300 Forint oder einen Monat Haft in Aussicht.

halbe Stunde).[208] Die nächste Regelung erfolgte fast zehn Jahre später, als das Gesetzartikel XIII vom Jahre 1891 das Verbot der Sonntagsarbeit festlegte.[209]

Die in historischer Tragweite bahnbrechende Wende hat der Gesetzartikel XIV vom Jahr 1891 über die Krankenpflichtversicherung.[210] Das bismarcksche sozialpolitische Modell und die gesetzgeberische Äquivalenz ist – obwohl mit einer Verspätung von zwanzig Jahren –, in Ungarn eingetroffen. In ihm kamen schon die Leitpunkte der Prävention zur Geltung, also dass sie die Existenzsicherheit der Arbeiter die Allgemeinheit umfassend verwirklichen und damit sie dem sozialen Abrutschen vieler Personen und Familien zuvorkommen. Das erste Mal hat die materielle Sozialpolitik die formale Sozialpolitik überholt, nachdem sich fast alle in den industriellen Branchen an den Segnungen der durch die Gesetze gesicherten Vorteile beteiligen konnten. Das Gesetz bezog sich nämlich auf alle, die von den industriellen Betrieben im Kompetenzbereich des XVII. Industriegesetzes vom Jahre 1884 beschäftigten. Ohne Rücksicht auf Lebensalter, Geschlecht und Staatsbürgerschaft. Hüttewesen, Bergbau, Baumaterialindustrie, Eisenbahn- und Schiffsgesellschaften gehörten den Hauptbranchen, in denen das Gesetz von bindender Kraft eingeführt wurde.[211]

Im Falle von Krankheit erhielten die Mitglieder freie medizinische Behandlung bis 20 Wochen, nötigenfalls mit Badekur oder Sanatorienbehandlung. Die Kassen bezahlten auch die Medikamente und die therapeutischen Mittel. Es stand auch Krankengeld, Mutterschaftshilfe, im Todesfall Sterbehilfe. Die Zahlung der Beiträge erfolgte aus unterschiedlichen Ressourcen. Ein Drittel bezahlten die Arbeitgeber, ein Drittel die Arbeitnehmer und das dritte Drittel der Staat. In dieser Hinsicht wog das Gesetz von 1891 mehr, als die parallele Version von Bismarck. Die einzubezahlenden Summen hat die Buchhaltung auf der Basis des Tages-, b. z. w. des Jahresdurchschnittslohnes festgesetzt. Genauso wurden im Gesetz Kassen vorgeschrieben, wie in Deutschland; man unterschied nationale, private, Bezirks-, Betriebs-, Innungskrankenkassen und Krankenkassen für die Bauangestellten. Ein bisschen archaisch klang der Punkt im Gesetz, dem laut die Einzahlungen in die Bruderlade auch nachhinein

---

[208] **Magyarország hatályos törvényei kiegészítve a törvényeket módosító jogszabályokkal.** Föszerk.: **Vladár** Sándor. [*Geltende Gesetze Ungarns ergänzt mit den das Gesetz modifizierenden Rechtsnormen. Hrsg.: Sándor Vladár*]. Budapest, 1943. S. 688-714.
[209] **Magyar Törvénytár 1884-1886. évi törvényczikkek.** Szerk.: **Márkus**, Dezsö. [*Ungarisches Reichsgesetzarchiv. Gesetzartikel von den Jahren 1884-1886. Hrsg.: Dezsö Márkus*]. Budapest, 1897. S. 392-410.
[210] **Magyar Törvénytár 1884-1886.** S. 392-410.
[211] Ebenda.

möglich sind. Die staatliche Kontrolle ging auch weiterhin mit großer Strenge und Sorgfalt vor sich, es bestand die Anmeldepflicht der Arbeitnehmer, wer die Anmeldung versäumte, beging Vergehen, und bezahlte 20 Forint per Person Strafe.[212]

Der Voluntarismus der Bismarckschen Politik hatte in Ungarn wie in Deutschland keinen durchschlagenden Erfolg. Seit der französischen Revolution von 1789, der Entstehung der vertraglichen Beziehung zwischen Kapital und Arbeit, wurde dieses vertragsmäßiges Verhältnis allgemein gewöhnlich zwischen Arbeitgeber und Arbeitnehmer. Aus den drei Faktoren der Ökonomie – Bodenbesitz, Kapital und Arbeit – verfügten die Arbeitnehmer nur noch über den dritten Faktor. Sie hatten nämlich nur ihre nackten Arbeitskräfte, die sie in den Handel brachten. Sie verließen die traditionellen Ackerbaugemeinden, wo sie und ihre Vorfahren seit Jahrhunderten daheim waren, und strömten in die Industriezentren hinein. Prinzipiell sollte das vertragliche Verhältnis die Gleichberechtigung von zwei vertragsschließenden Partnern, in der Wirklichkeit war es aber nicht der Fall. Die Arbeiter – in der Tat den Industriellen unterworfen – haben hundert Jahre lang den Kürzeren gezogen. Für das erlittene Unrecht verlangten die Arbeiter eine Kompensation. In der Tiefe des Bismarckschen Konzepts zogen sich Überlegungen zurück, die die Gewährung dieser Kompensation erzielten. Und – so in Deutschland wie in Ungarn – war die Sicherung dieser Wiedergutmachung nur dann möglich, wenn die Arbeiter (und die Kapitalisten) dafür Bezahlungen leisten mussten.

Dem wichtigsten Grundsatz des seit mehr als hundert Jahren existierenden Liberalkapitalismus widerfuhr Unrecht. Sowohl im wirtschaftlichen als auch philosophischen Sinne. Die Steuerzahlung haben sich die Untertanen des Ungarischen Königreichs während der Jahrhunderte des Feudalismus als etwas Unangenehmes angewöhnt, und die Leute sahen in der Steuerentrichtung nichts Außergewöhnliches. Vollkommen anders war aber die Situation mit der 1891er Gesetz. Es hat sich nämlich in die Privatsphäre der Arbeitergesellschaft hineingemischt, zwang beide Partien dazu, in die Tasche zu greifen und im Interesse der zukünftigen Sicherheit einen (obwohl geringen) Teil ihren Einkommens in die Kassen einzuzahlen.

---

[212] **Magyar Törvénytár 1889-1891**. S. 399.

3.3.2 Schutz der Ackerbauarbeiter

Die die Landarbeiter schützenden Dokumente der ungarischen Gesetzgebung beinhalten Widersprüche und Unebenmäßigkeiten. Als ein solches gilt der Gesetzartikel XIII vom Jahre 1876 über die Regelung des Verhältnisses zwischen den Dienern und Landwirten. Das Gesetz traf Anordnungen über die Landarbeiter, Gutsarbeiter und Tagelöhner. Aus dem Text des Artikels ist es eindeutig ersichtlich, dass der Schutz der Angestelltenseite nur marginal zum Vorschein kommt, sogar beeinträchtigt wird. Trotz der sehr explosiven industriellen Entwicklung in Ungarn galt das Königreich etwa um 1900 immer noch als Agrarland, mit einer stark geschichteten Ackerbaugesellschaft, in deren untersten Ebene die so genannten „Gesinde" oder „Gutsarbeiter", eine spezifische Schicht der Ackerknechte, gelegen waren. Samt ihren Familien arbeiteten sie in den Gutsherrschaften, die Skala ihrer Aufgabe war sehr breit. Es gab einige, die nur ums Haus des Landwirtes arbeiten mussten, andere nur auf den Feldern und es kam oft vor, dass überall in der Gutswirtschaft, beim Holzhacken, Weinbauarbeiten oder sie mussten an der Ernte teilnehmen. [213]„Jedes Moment ihres Lebens bestimmte ihr Brotgeber, was teils positiv sein konnte, teils nicht selten zum Missbrauch führte."[214] Kein Wunder, dass sie die in der letzten Dekade des 19. Jahrhunderts aufgetretenen agrarsozialistischen Bewegungen immer wieder zum Durchbruch drängten. Diese Analogie ist gar nicht zu weit hergeholt, ihnen waren die niedrigsten Arbeitslöhne bezahlt, sie lebten am Rand der Gesellschaft, in Transdanubien[215] meistens in den von der Zivilisation entfernten Wohnsiedlungen der „Gutsherrschaftspußten".[216] Die Unzufriedenheit aller unteren Ackerarbeiterschichten wegen der tödlichen Umklammerung des Großgrundbesitzes drohte in den 1890er Jahren ständig mit einer Explosion. Es gab besonders gefährliche Spannungsherde im Lande. Das

---

[213] Man unterschied zwischen *Haus-* und *Hofgesinde*, je nachdem ob sie *häusliche* oder *landwirtschaftliche* Dienste geleistet haben. Die Hofgesinde waren härteren Lebensumständen ausgesetzt, ihre soziale Lage war schlimmer als die der Hausgesinde.

[214] http://hu.wikipedia.org/wiki/agrárszocialista mozgalmak.

[215] Ungarisch „Dunántúl", der westliche Teil Ungarns von der Donau bis auf die Voralpen.

[216] Ungarisch: „uradalmi puszták". „Pußta" hat in Ungarn dreierlei Bedeutungen. Grundbedeutung: Öde, eintöniges, leeres Flachland, verlassene Ebene. Nebenbedeutungen: östlich der Donau einsames Einödgehöft in der Mitte der Steppe oder des offenen Ackerfeldes. Westlich der Donau Teil einer Gutswirtschaft, eigentlich Landwirtschaftsbetrieb mit Ställen, Scheunen, Maschinenwerkstätten und nicht zuletzt Reihenhauswohnungen der Gutsarbeiter. In einigen Gutsherrschaften, abhängig von der Gesinnung oder dem seelischen Charakter des Landwirten b. z. w. Gutsherrn nicht selten Schule, Kapelle, es kam auch vor, dass unmittelbar vor dem Zweiten Weltkrieg einige Grundbesitzer Sportanlagen (Fußballplatz) oder einen kleinen medizinischen Behandlungsraum er- und einrichteten.

berühmteste wurde das Komitat Békés, der in den oberen Kreisen der Gesellschaft anrüchig gewordene „Sturmwinkel", ungarisch „Viharsarok". Die Gendarmen schossen am 1. Mai 1891 in Orosháza, am 2. und 3. in Békéscsaba, im Juni in Battonya die Masse an. Ähnliche Ereignisse minderer Bedeutung wiederholten sich auch in den kommenden Jahren. Keineswegs dürfen wir den Zusammenhang zwischen diesen Massakern und der gesetzgeberischen Lust der Regierung ignorieren.

Der Gesetzartikel II vom Jahre 1898 über die Regelung des Verhältnisses zwischen den Ackerbauarbeitern und ihren Arbeitgebern legt die Regeln der Abschließung und Auflösung der Arbeitsverträge. Im 5.§ kommen solche Formulierungen wie „Der angestellte Arbeiter ist für die Auflösung des Vertrags berechtigt: [...] wenn nach dem Abschließen des Vertrags der Arbeitgeber, sein Familienmitglied oder Gutsverwalter die Moral des Arbeiters gefährdet, den Arbeiter tätlich misshandelt oder gegen seine körperliche Unversehrtheit, sein Leben oder Vermögen mit Strafe bedrohende Handlung verübt oder diese Handlung versucht, [...] ."[217], und weitere, den Arbeiter wirklich schützende Textpassagen. Noch dazu weitete sich der Kreis der Begünstigten noch mehr aus: Der Artikel XXVIII vom Jahre 1900 hat fast dieselben Anordnungen an die Forstarbeiter angewendet.

3.3.3 Kinderschutz

Vor 1867 gab es keine staatlichen-gesetzlichen Grundlagen für den Kinderpflege und Kinderschutz. Obwohl das traurige Schicksal der elternlosen Kinder die sich an der Pozsonyer „diéta" (ungarischer Reichstag) teilnehmenden Abgeordneten, wie unter anderem Lajos Kossuth[218], sehr intensiv beschäftigte, verabschiedeten die seit 1825 regelmäßig tagenden Reformreichstage keine Kinderschutzregelungen. Wie überall auf dem alten Kontinent, haben die Politiker der sozialen Gesetzgebung keine besondere Bedeutung beigemessen. Das Misshandeln der hungernden, unglücklichen Kinder veranlasste sie nur zum persönlichen Mitleid in unterschiedlichen Festreden, Zeitungsartikeln[219], aber

---

[217] **Magyar Törvénytár.** In.: www.1000ev.hu/index.php?a=3&param=6698.

[218] **Kossuth**, Lajos von Kossuth und Udvard (1802–1894): Advokat, Politiker, 1848 Finanzminister, Leiter des ungarischen Freiheitskrieges,1849 zum ungarischen Reichsverweser gewählt.

[219] **Veckó**, József: A gyermekvédelem pszichológiai és pedagógiai alapjai [*Psychologische und pädagogische Grundlagen des Kinderschutzes*]. Tankönyvkiadó, Budapest, 1990. S. 49. Der Autor zitiert einen Zeitungsartikel von Lajos **Kossuth** mit dem Titel „Halottas házak"

diese Äußerungen übertraten nur selten die Grenzen der menschlichen Sympathiekundgebung. Der Kinderschutz wurde – entsprechend der Landesöffentlichkeit – den allgemeinen, öffentlichen Organisationen von wohltätigen Bürgern zugewiesen. Die in großer Zahl in der Hauptstadt und in den Städten des Königreiches der Erde entsprossen (Waisenhausfonds in Szeged, 1841).[220] Die Aufnahme der Sache der auf die Straße geschmissenen Waisenkinder geschah mit den anderen unglücklichen, bedauernswerten Geschöpfen wie Behinderten, Kranken, Bettlern zusammen.[221]

Der Fall des ungarischen Freiheitskrieges von 1849 hat das Kinderschutzwesen mit Jahrzehnten zurückgeworfen, aber es erblühte– vornehmlich durch Tätigkeit von József Eötvös[222] nach 1867 – wieder. Eötvös beauftragte seinen Mitarbeiter, Aladár Molnár in die Schweiz zu fahren und dort die Arbeit des Patalozzi-Währli-Waisenhäuser zu studieren. Molnár kehrte mit einem der Studenten von Pestalozzi, Eduard Weber nach Ungarn zurück, wo sie in Gründung von vielen sozialen Institutionen gemeinsam wirkten. Musterbeispiel: Armenhaus in Balatonfüred, in dem sie ständig 50-60 Findlinge auf Grund der Pestalozzi-Methode erzogen.[223] Die Findlinge teilten sie in vier so genannten „Familien" auf, sie mussten unter der Leitung von „Waisenvätern" und „Waisenmüttern" Obstanbau lernen. Das gute Familienleben, die Herrschaft der Liebe, das freie Individuum, selbstständiger Charakter – das waren die Parolen des Instituts.[224] Es war von Eötvös sicherlich eine gute Wahl, Ministerialrat Molnár im Ministerium für Kultus zu beschäftigen. 1870 gründete er der erste Kinderasylverein, dem im Lande in den kommenden Jahren noch mehrere folgten. Außerdem entstanden Waisenhäuser überall: Selmecbánya, Kézdivásárhely, Kolozsvár, Zólyomlipcse.[225] Aus den Gipfeln dieses Prozesses gibt es zwei: 1885, Gründung des Weißkreuzvereins und 1889 Gründung des das ganze Land umfassenden „Gyermekvédő Egyesület", d. h. „Vereins für

---

[„ *Trauerhäuser* "], in dem er beklagt, dass aus 100 bei Berufspflegeeltern deponierten Kindern 80 während der „Pflegezeit" sterben und die übrigen 20 Straßenkinder werden. In: Pesti Hírlap, 1841, Nr. 18.
[220] **Veckó**, József: A gyermekvédelem [...]. S. 49.
[221] **Kálmán**, Zsófia – **Könczei**, György: A Taigetosztól az esélyegyenlőségig [*Vom Taigethos bis zur Chancengleichheit*]. Osiris Kiadó Budapest, 2002. S. 236.
[222] **Eötvös**, József von Vásárosnamény Freiherr (1813–1871): Politiker, Schriftsteller, Akademiker, Minister für Kultus und Bildung
[223] **Veckó**, József: A gyermekvédelem [...]. S. 50.
[224] Ebenda.
[225] Die aufgezählten Ortschaften liegen heute außerhalb der Staatsgrenze in Rumänien und in der Slowakei.

Kinderschutz". Aber in dieser Zeit kamen schon die ersten staatlich garantierten Gesetze nacheinander heraus.

Die in den Gemeinden gebrachten Gemeindeordnungen und Statuten – inbegriffen die Städte und sogar die Hauptstadt – regelten den Kinderschutz und das Armenwesen unter einem Hut. In der Rechtschaffung des dualistischen Zeitalters ist noch ein erwähnenswerter, innovativer Trend betreffend des Armenwesens und des Kinderschutzes zu beobachten. Der Gesetzartikel XXXVI vom Jahre 1884 hat den mit der Schweiz im Gegenstand der gegenseitigen Sicherung des sozialen Rechts abgeschlossenen Staatsvertrag beinhaltet. Mit der Ratifizierung erkannten die beiden Staaten ihr Armenrecht, inbegriffen auch das Kinderschutzrecht gegenseitig an. Im Sinne der Anordnung mussten die Armen zu ihrer Versorgung den durch die „Behörde nach ihrem ordentlichen Wohnsitz" ausgestellten Ausweis beiheften.[226] Das Gesetzartikel X vom Jahre 1887 wiederholte genau dasselbe Abkommen mit dem Deutschen Kaiserreich.

Die Sache der ungarischen Kindergärten hatte in den zwei Jahrzehnten des Dualismus weit und breit in der Welt einen guten Ruf (Kindergarten von *Teréz Brunswik* in Martonvásár). Daher ist es, dass die Gesetzgebung im ungarischen Reichstag auf Vorschlag des Ministeriums im Gesetzartikel XV vom Jahre 1891 der Bewegung institutionelle Rahmenbedingungen vorgeschrieben hat. Das Kindergartengesetz schrieb das befriedigende Niveau der Kinderpflege- und Erziehung vor: Anstellung der Aufgabe moralisch und intellektuell gewachsener Kindergärtnerinnen und Ammen", über 40 Kinder muss man die Gruppen teilen und eine zweite Amme hinstellen, man muss Kinderhorte (d. h. provisorische Kindergärten) in Sommerferien aufstellen, weil die Eltern in Sommerzeit mit der Arbeit überbeschäftigt sind.[227]

Die Gesetzgebung mit sozialpolitischem Inhalt der spätdualistischen Zeit erstreckte sich außerdem auf mehrere Bereiche, die im Zusammenhang mit dem Kinderschutz standen. Der Gesetzartikel XXI vom Jahre 1901 verordnete, dass auf Gemeindehilfe angewiesene Kinder über 7 Jahre in einem staatlichen oder privaten Waisenhaus untergebracht werden müssen: Sie würden bis zu ihrem Lebensjahr 15 da bleiben. Während sie sich in den Waisenhäusern aufhalten, müssen sie geschult werden und ihre Fähigkeiten ständig entwickeln, mit besonderer Rücksicht auf die talentierten Kinder. Die Begabtesten erhielten auch

---

[226] **Magyar Törvénytár 1884-1886.** S. 154.
[227] **Magyarország hatályos törvényei. Band III.** S. 448-449.

in den späteren Jahren Stipendien: „Die staatlichen Kinderversorgungsheime können in den Angelegenheiten der ihrem Verband gehörenden, außerordentlich begabten Kinder als Fürsprecher auftreten, damit sie in unterschiedlichen staatlichen Lehranstalten gratis weitergeschult werden können."[228]

3.3.4 Gesellschaftliche Kohäsion – Arbeitshäuser

Der Gesetzartikel XVI vom Jahre 1900 kam auch zu Stande, um die Kohäsion der Gesellschaft auf dem Lande aufrecht zu erhalten. Inhaltlich ähnelte es dem vorhin behandelten Gesetz für die Versicherungskassen vom Jahre 1891. Medizinische Verpflegung, Versorgung mit Medikamenten, Verbandmaterialien, im Fall von Krankheit sechzig Tage lang Ausweisung von 1 Forint pro Tag, beim Todesfall Hinterbliebenenrente von 400 Forint.[229] Die Einzahlungssystem war von mehreren „Pfeilern" untergehalten. Der Staat gewährte hier jährlich einen Betrag von 400 000 Kronen, die Firmeninhaber waren verpflichtet, jährlich 120 Fillér je nach Angestellten im Vorschuss zu bezahlen (Was allerdings in den Lohn des Arbeiters mit einzurechnen, beziehungsweise vom Arbeitslohn des Arbeiters abzuziehen untersagt war.). Ein Großteil der Ressourcen ging aus den Spenden ein.[230]

Genauso können wir der Kohäsionspolitik der jeweiligen Regierung – diesmal der Tisza-István-Regierung[231] – zuschreiben, dass die Staatspolitik sich von Zeit zu Zeit zur Frage der Zwangsarbeit und hierdurch zu den Zwangsarbeitshäusern zurückkehrte. 1913 wurde ein Gesetz in diesem Thema verabschiedet. Der Gesetzartikel XXI vom Jahre 1913 über die gemeingefährlichen Arbeitsscheuen belegte diejenigen arbeitsfähigen Personen, die arbeitsscheuen Lebenswandel führten, wegen Landstreicherei mit der Rechtsgrundlage *Übertretung* mit Arbeitshausstrafe von 8 Tagen bis 8 Monaten.[232]

Wie es wir oben stehen erwähnten, gab es einen wesentlichen Unterschied zwischen den freiwilligen und den zwangsmäßigen Arbeitshäusern. Letztere fungierten in der Tat als Zuchthäuser oder Gefängnisse. Keines beweist es besser, als die Rechtsgewohnheit, dass der Gerichtshof die Entscheidung hatte,

---

[228] www.1000ev.hu/index.php?a=3&param=6835.
[229] **Magyar Törvénytár 1901.** S. 71.
[230] **Magyar Törvénytár 1901.** S. 71.
[231] Tisza, István Graf (1861–1918): Großgrundbesitzer, ungarischer Ministerpräsident 1903–1905 und 1913–1917.
[232] **Magyar Törvénytár 1913.** S. 337.

ob er die Angeklagten ins Gefängnis oder ins Arbeitshaus schickt. Das 5. § des Artikels unterstreicht mit besonderer Sorgfalt, dass jeder Fall unterscheidet sich von dem anderen, und das Gericht muss die zwei Gesichtspunkte der *Erziehung auf Arbeit* und die *Angewöhnung der Arbeit* vor Auge halten. Natürlich hätte der Richter selbst beurteilen müssen, ob mit der Arbeitshausstrafe im Falle von konkreten Landstreichern das erwünschte Ziel erreicht werden kann. Die Geburt des Artikels erwies sich notwendig. Nach den Daten des Ministerialrates *Gyula Térfi*, der den Text des Gesetzes mit Notizen und Anmerkungen versah, stellt auf Grund von polizeilichen Berichten fest, dass in Budapest 500 Arbeitslose leben, die sich aus strafbaren Handlungen unterhalten. Nach dem Gesetz verbesserten sich diese Zahlen.[233]

3.3.5 Die Gemeinden und die Armenfürsorge

Wie es in den vorherigen Kapiteln klar dargelegt wurde, war die untrennbare Einheit des Armeenwesens und der Kommunen historisch bedingt. Im Mittelalter und in der früheren Neuzeit, obwohl gesetzlich der Staat bestimmte, was mit den Armen, Bettlern, Kranken, verlassenen Kindern, Heruntergekommenen passieren soll, wurde das Wie der Erledigung auf öffentliche und private Sektoren oktroyiert (Vereine, Kirche, Stiftungen, reiche Spender) und die territoriale Verantwortung für das Armenwesen musste die Gemeinde tragen. Nicht anders ging es weiter in der modernen Zeit: Armenfürsorge blieb kommunale Aufgabe.

Das unmittelbar nach der politischen Wende von 1867 verabschiedete Gesetz über die Gemeinden, das Gesetzartikel XVIII vom Jahre 1871, hat nur Pflichten der Gemeindeverwaltung festgesetzt, über die Versorgungspflicht kam es aber nichts zur Sprache.[234] Auch nicht in einem zweiten Gesetz aus dem Jahre 1876[235] über dasselbe Thema. Diese zwei Gesetze über die Gemeinden, die nach 1867 geboren wurden, formulierten die Rolle des mehrere Jahrhunderte alten Instituts der innigen Barmherzigkeit neu, aber so, dass diese Gesetze im nötigen Fall den Armenversorgungsanstalten staatliche Hilfe in Aussicht stellte. Das erste Mal stößt man also 1871diesbezüglich auf zwingende Bestimmungen, die

---

[233] **Magyar Törvénytár**. 1913. évi törvényczikkek. Jegyzetekkel ellátta Dr. **Térfi** Gyula m. kir. Igazságügyi miniszteri tanácsos. [*Ungarisches Reichsarchiv. Gesetzartikel vom Jahre 1913. Mit Notizen versehen von Dr. Gyula Térfi, Ministerialrat im Ungarischen Königlichen Justizministerium*] Budapest, Franklin-Társulat, 1914. I. kötet. S. 325.
[234] **Csizmadia**, Andor: A szociális gondoskodás változásai [...]. S. 57.
[235] Gesetzartikel XIV vom Jahre 1876.

1876 modifiziert wurden, dann kam es zu dem 1886er Gesetz (Gesetzartikel XXII vom Jahre 1886 über die Gemeinden). Das 145.§ wiederholte die Punkte der vorherigen zwei Gesetze und ordnete an: „Insofern die Hilfe der Wohltätigkeitsanstalten und die Gnadengeschenke der Einzelnen für die Versorgung der Gemeindearmen nicht ausreichen würden, trachtet die Gemeinde – abhängig von den örtlichen Gegebenheiten – für die Versorgung der dem Wohnsitz nach zuständigen Armen die Sorge zu tragen, die sich selbst ohne Gemeindehilfe zu unterhalten überhaupt nicht im Stande wären. Aber wenn ihre Unterhaltung bloß zu Wege der außergewöhnlich schweren Überbelastung der Gemeindeanlieger durchführbar wäre, so kann die Gemeinde ausnahmsweise die Hilfe des Munizipiums[236], und wenn diese Hilfe auch über ihre Kräfte ginge, die des Staates in Anspruch nehmen."[237]

Das Gesetz erlaubte den Gemeinden die Zusammenarbeit. Mehrere Gemeinden konnten einen einheitlichen (gemeinsamen) Armenfonds gründen, der die finanzielle Liquidität kontinuierlich ermöglichen konnte. Der 146. § fasste die Anstalten der Volksbildung und die Institutionen der Wohltätigkeit als verwandte Subsysteme, und verwaltete sie gemeinsam.[238] In den Städten natürlicherweise nicht, aber in den kleineren Dörfern die Armenfürsorge in patriarchalischer Weise ging, wo die rustikalen Traditionen die Oberhand hatten. Insbesondere in den von donauschwäbischem Volkstum bevölkerten Dörfern Transdanubiens blieb der alte, aus der alten Heimat hereingebrachte Gebrauch, dass die einzelnen Familien die Bewohner des Armenhauses mit dem täglichen Essen in Form von Rotation selbst versorgt haben (Jeden Tag belieferte eine andere Familie das Armenhaus mit Mittagessen und Abendbrot.). Allerdings war es ein Zusammenhalten zwischen dem Gemeindevorstand und der Bevölkerung, die Kosten der Armenfürsorge standen der Gemeinde zu, aber die einzelnen haben dazu beigetragen.

Die Zuständigkeit der Gemeinden im Armenwesen blieb weiterhin bis zum Zusammenbruch der Doppelmonarchie am Leben, sogar noch weiter mehr bis in die Dreißiger Jahre. Diese gemeindliche Zuständigkeit wurde auch im Gesetzartikel XXI vom Jahre 1898 erneut verankert. Alle Kosten der

---

[236] Komitat oder Stadt mit Munizipialrecht.
[237] **Magyar Törvénytár 1884-1886** [...] S. 154.
[238] Ungarisch „népművelés". Zusammenfassende Benennung von mehreren Teilbereichen der humanen Dienstleistungssphäre in Ungarn. Kulturelle Veranstaltungen, Vorstellungen von professionelle Künstlern, Tätigkeitsformen von kleineren menschlichen Gemeinschaften, Laienkunst u. s. w. gehören dazu. Nach bestimmten kulturtheoretischen Schulen auch das Settlement und die Sozialarbeit.

Armenfürsorge fielen unverändert den Kommunen zu. Die höchsten Kosten rührten allerdings nicht von der Unterstützung der Hungernden oder der polizeilichen Zurückdrängung der Bettler und Hausierer her, sondern der Kosten der Krankenpflege der Mittellosen. Die Schultern der kommunalen Verwaltungen drückte diese Last am meisten. Sogar die Betreuung der aus den Krankenhäusern entlassenen, unheilbaren Kranken, für die Öffentlichkeit nicht gefährlichen Geisteskranken gehörte den Gemeinden. Der ungarische Reichstag war empfindlich für dieses Problem und nach lange dauernden Debatten haben sie den Punkt über die Gründung des *Landesfonds für Krankenpflege* ins Gesetz von 1898 aufgenommen. Das Vorbild dazu lieferte das 1893 geschaffene französische Gesetz, das *„Loi sur l'assistance medical gratuit"*, das die kostenlose Krankenpflege der Armen verordnete.[239] Diesmal erfolgte der Durchbruch: Die Auffüllung des Fonds mit Geld löste die Regierung mit Steuererhöhung so, dass sie die Direktsteuern mit einer Zusatzsteuer – „Landesersatzsteuer für Krankenpflege" – erhöhte. Der Staat übernahm die Garantie, er verpflichtete sich zum Ausgleich des eventuellen Defizits aus dem Staatsbudget.

3.3.6 Kriegsrechtliche Maßnahmen – Kriegsfürsorge

Mit dem 1913er Gesetz der Tisza-Regierung ging der essenzielle Rechtsschaffungsprozess im sozialen Bereich aus. Es markierte die Abschlussgrenze einer langen Reihe unterschiedlicher Versuche, aus dem halb feudalen Ungarn einen modernen europäischen Staat zu schaffen. In ihnen äußerte sich aber kein entschlossener Wille des Staates, das ganze soziale Feld zu belegen. Es gelang ihm nur Teilbereiche zu reformieren, ohne Einbeziehen der *Allgemeinheit*, deshalb können wir in diesem Zeitalter nicht über Sozialpolitik sprechen. Die Förderung der sozialen Sphäre hat der Weltkrieg von der Bühne herabgefegt.

Nach den Ereignissen in Sarajevo im Juni 1914 hat sich die Sozialpolitik in Kriegsfürsorge umgestellt. Sie war eine Vielfalt von zusätzlichen Aufgaben, zu deren wichtigsten die „Unterstützung der Kriegerfamilien". Die Fürsorge sollte den Einkommensausfall der Familie kompensieren, während der Familienernährer seiner Wehrdienstpflicht nachgehen musste. Die gesetzlichen Maßnahmen waren schon lange fertig (militärische Vorplanung für einen

---

[239] **Csizmadia**, Andor: A szociális gondoskodás […]. S. 60.

eventuellen Kriegsfall), und mit den Alliierten übereinstimmt. Die ähnliche, entsprechende Rechtsverordnung wurde auch in Deutschland ausgearbeitet („Gesetz betreffend die Unterstützung von Familien in den Dienst eingetretenen Mannschaften" vom 28. Februar 1888), und am 4. August 1914 erneuert.[240] In Österreich–Ungarn wurden fast buchstabentreu die gleichen Maßnahmen getroffen. Der Grund der Hilfeleistung war die Bedürftigkeit. Unterstützungsberechtigt waren ausschließlich bedürftige Familien, deren Angehörige Militärdienst leisteten. Unter dem Vorsitz des Grafen Pál Teleki[241] konstituierte sich das *Amt für Kriegsfürsorge*[242].

Die *Landeshilfskommission für die Familien der Krieger* leisteten Hilfe der Familienmitglieder der eingerückten Soldaten, gewährte den Familien Anleihen, machte Beratungen. Die Kommission hat sich auch der Sache des Kinderschutzes angenommen. Die *Vereinigung für Armenfürsorge* organisierte in zwei Bezirken von Budapest Beschäftigungswerkstätte, wo die allein stehenden Frauen zur Arbeit gelangten und Geld verdienen konnten. Der Verein ließ außerdem zwei Nähereien einrichten (Auguszta-Wohnsiedlung und Gizella-Platz), in der Csokonai utca betätigte sich auch eine Näherei in der Organisation der Israelitischen Wohltätigen Frauen, wo die Aufsicht der Kinder gelöst war. In ganz Budapest stellte die Soziale Abteilung des Rates der Hauptstadt „Kriegsküchen", in deren täglich enorme Mengen des Essens gekocht wurde (im Jahre 1918 pro Tag 90 Hektoliter Suppe). An der Kriegsfürsorge nahmen alle frühere, vor dem Krieg schon aktive Vereine, Gesellschaften, kirchliche Organisationen, Stefánia Verband, „Gyermekbarát"[243] Verein, Landesliga für Kinderschutz.[244] Die Sorge für die Kriegsbeschädigten wurde jedenfalls nach dem Kriegsende weiter getragen. In allen bedeutenden Orten im Lande und in den benachbarten Nachfolgestaaten der einstigen Monarchie (Debrecen, Kassa[245], Pozsony, Kolozsvár, Vác, Szeged u. s w.) erhielten die sich anmeldenden Kriegsinvaliden die nötige Hilfe.[246]Vielleicht eine Arbeit höchsten Volumens hat Amt für Kriegsfürsorge geleistet. Ihm gehörte die Rehabilitation

---

[240] http://www.suite101.de/content/kriegsfuersorge-im-ersten-weltkrieg-a61240
[241] **Teleki**, Pál Graf (1979–1941): Grundbesitzer, Geograph, Universitätsprofessor, später zweimal ungarischer Ministerpräsident.
[242] Ungarisch: „Hadigondozó Hivatal".
[243] Deutsch: „Kinderfreund"
[244] Über die Kriegsfürsorge ausführlich siehe: **Pik**, Katalin: A szociális munka […]. S. 154-169.
[245] Kassa/Kaschau, heute Košice in der Slowakei.
[246] **Kálmán**, Zsófia – **Könczei**, György: A Taigetosztól az esélyegyenlőségig [...]. S. 236-237.

der Kriegsinvaliden. Ein ganzes Heer der Sozialarbeiter waren in dieser Arbeit eingesetzt, viele Fachberater, die alles getan haben, das die Frauen der Gefallenen Arbeitsplatz bekommen können. Die heimgekehrten Invaliden konnten in den von dem Amt errichteten Beschäftigungswerkstätten Arbeit nehmen. Das Amt erreichte, dass Staatsverwaltung und Gesellschaft während des Weltkriegs opferbereit zusammenwirken konnte. Der für Ungarn negative Ausfall des Krieges hat alles verändert und nach 1920 stellte die Nation vor unlösbare sozialpolitische Aufgaben.

4 SOZIALPOLITISCHE UMWANDLUNGEN IN UNGARN ZWISCHEN DEN ZWEI WELTKRIEGEN

Die Zeit zwischen den zwei Weltkriegen wurde in der ungarischen Historiographie nach dem ungarischen Reichsverweser Miklós Horthy „Horthy-Ära" genannt. Diese Zeit kann man als einheitliche Epoche auffassen, weil das sich in den 1920 Jahren ausgebildete politische System mit den traditionellen parlamentarischen Formen bis 1944 bestanden hat. Bis der ehemalige Vizeadmiral und kaiserlich-königlicher Flügeladjutant im November 1920 das Land unter seine Macht brachte, musste die ungarische Gesellschaft eine linksradikale Diktatur, die so genannte „Räterepublik" erleben. Das von Béla Kun[247] geführte, mit Lenin und mit der bolschewistischen Revolution eng zusammenwirkende Regime hat mit Hilfe von Gewalt die Bevölkerung terrorisiert. Die Machtausübung der 133 Tage dauernde Terrorherrschaft charakterisierte zugleich gewisse Ambivalenz. Außer der terroristischen Aktionen gegen die Gesellschaft haben „der Rat der Volksbeauftragten" und der „Revolutionäre Regierungsrat" soziale Maßnahmen getroffen. Das Ziel war eher propagandistisch als humanitär: immer breitere Basis für die Machtkonsolidierung zu gewinnen. Die Räterepublik hat in seiner Verordnung vom 17. April 1919 die Arbeitslöhne festgesetzt, was zugleich eine erhebliche Lohnerhöhung bedeutete. Sie versuchten die Lebensverhältnisse der Gesinde und Landarbeiter zu verbessern, den Kreis der Versicherungsberechtigten zu erweitern. Mit diesen Beschlüssen haben sie – wohl oder übel – der modernen Sozialpolitik sie eine Frucht bringende Wendung gegeben. Beachtenswert erschienen ihre Kinderschutzmaßnahmen, Altersversorgungspolitik, ihr Kampf gegen den Alkoholismus.[248] Der Kreis der Begünstigten beschränkte sich auf die „Arbeiterklasse" und das „Agrarproletariat", andere Schichten hat das kommunistische Regime ignoriert, b. z. w. beeinträchtigt. (Es war nur die Frage der Zeit, dass sie die mittleren Schichten teilweise und die Aristokraten völlig ausrotten. Was in der Sowjetunion ein paar Jahre später der Fall war.) Die Mehrheit der Nation lehnte die Bewegung aus den vorliegenden Gründen als bolschewistischer Putsch ab, was zum Fall der Diktatur wesentlich beitrug.[249]

Die kurzen 133 Tage vergingen, ohne dass sie in der Struktur der Gesellschaft große Veränderungen verursacht hätten. Die aus der dualistischen Zeit vererbten Strukturen blieben unversehrt. Nur gewisse kleinere Umlagerungen konnte man beobachten. Die Tendenzen und leitenden Persönlichkeiten in dem geistigen und

---

[247] **Kun**, Béla (1886–1938/39?): Journalist, linksradikaler Politiker, effektiver Leiter der Räterepublik von 1919, emigriert in die Sowjetunion, 1938 oder 1939 auf Befehl von Stalin hingerichtet.
[248] **Csizmadia**, Andor: A szociális gondoskodás változásai [...]. S. 73-75.
[249] Im August 1919 haben das territorial verkleinerte Land Entente-Truppen besetzt.

literarischen Leben, sowie das Unterrichtswesen haben sich kaum verändert, man kann in diesen Bereichen Kontinuität bemerken, und sehen, wie sich die einzelnen Gesellschaftssphären aufeinander bauen. Die Horthy-Ära kann man in zwei größere Epochen teilen. Die Weltwirtschaftskrise war der Meilenstein: die erste Epoche dauerte bis zu den 1930er Jahren, in der die Ministerpräsidenten – Graf Pál Teleki und Graf István Bethlen – die aus dem Kreis der in der dualistischen Epoche wichtige, führende Rolle sielenden konservativen und konservativ-liberalen Großgrundbesitzer herausgekommen sind und die in den 20er Jahren in der Innen- und Außenpolitik von Ungarn maßgebende Persönlichkeiten wurden. Die zweite Epoche wurde von dem herannahenden Krieg überschattet. In dieser Zeit erfolgte eine Wende in der politischen Elite und in der Ideologie, nachdem in führende Positionen unterschiedliche Gruppen von für die rechtsradikalen Ideologien verpflichteten Jugendlichen geraten waren. Hiermit kann zwei für diese Zeit typische Namen erwähnen: Gyula Gömbös[250] und Béla Imrédy[251].

4.1 MERKMALE DES WIRTSCHAFTLICHEN LEBENS IN DEN JAHREN NACH DEM ERSTEN WELTKRIEG

4.1.1 Die Folgen der Friedensverträge von Versailles für Ungarn

Vor dem Ersten Weltkrieg gehörte Ungarn – wie wir es oben mehrmals feststellten – zur Österreichisch–Ungarischen Monarchie. In diesem politischen Staatsgefüge bildete Ungarn den Teil eines riesengroßen Binnenmarkts und beteiligte es sich an einer einheitlichen Rohstoffindustrie. Das Ungarische Königreich genoss die Vorteile einer sich selbst versorgenden Marktwirtschaft. Der Binnenhandel fand im Rahmen eines einheitlichen Zollsystems und auf der Basis der gemeinsamen Geld- und Preisverhältnisse.

Mit der Auflösung der Monarchie und mit Trianon[252] verlor das geschichtliche Ungarn ein 189 907 km² großes Gebiet und blieb nur 92 963 km²; außerdem hat

---

[250] **Gömbös**, Gyula vitéz jákfai (1886–1936): General der Infanterie, Politiker, Abgeordneter, 1932–1936 Ministerpräsident.
[251] **Imrédy**, Béla vitéz ómoraviczai (1891–1946): Ökonom, Präsident der Ungarischen Nationalbank, Finanzminister, Außenminister, Ministerpräsident 1838–1939. 1946 hingerichtet.
[252] Schloss nicht weit vom der Residenz des Königs von Frankreich in Versailles. Das Große Schloss Trianon, wo in der „La galerie des Cotelles" der ungarische Friedensvertrag am 4. Juni 1920 unterschrieben wurde.

es 10649 Tausend Einwohner verloren und blieb innerhalb seiner Staatsgrenzen nur 7 615 Tausend Bürger. Dem historischen Ungarn entriss der Vertrag von Versailles das ganze Siebenbürgen, das „Felvidék" (das „Oberland"), nördlich der Donau bis auf die polnische Grenze, einen Großteil der Batschkaer und Banater Gebiete. Diese in großer Zahl von Nationalitäten bewohnten Landesteile fielen in die Herrschaft der benachbarten, neu entstandenen Länder der so genannten „Kleinentente" Tschechoslowakei, Rumänien, und dem Königreich der Serben, Kroaten und Slowenen. Es hat auch alle Salz-, Gold-, Kupfer-, Silber-, Zink-, Manganbergwerke, die die größte merkantile Einnahme für das Land seit 1000 Jahren sicherten. Die Mehrheit der Ölbrunnen ist ebenfalls in den Besitz anderer Staaten hinübergelangt. Außerdem 15% von den Wäldern wurde von Ungarn weggenommen, obwohl das Land früher Holzexporteur war.[253] Diese Situation wurde drauf noch damit erbittert, dass der ungarische Fertigungssektor sich in Budapest konzentrierte und sein Leistungsvolumen hing vor 1918 von der jeweils geltenden Wirtschaftspotenz des ehemaligen Gesamtreiches[254]. Dessen Folge war, dass in dem verstümmelten, kleinen Ungarn ein Rohstoffmangel herausgebildet wurde. (Eine andere Sache, dass die Nachfolgestaaten der Monarchie mit denselben Schwierigkeiten konfrontieren mussten.[255]) Die ungarische Wirtschaft fiel auf 35-40% von der vorigen industriellen Produktion, auf 50-60% von der vorigen wirtschaftlichen Produktion zurück. Der einst gut funktionierende einheitliche Wirtschaftraum der Monarchie wurde durch die Friedensschlüsse zu einem großen Trümmerhaufen umgewandelt.[256]

Die Republik wurde ausgerufen[257]. Die Lage war sehr ernst. Könnte diese hoffnungslose Situation etwas anderes besser wieder spiegeln, als die verzweifelten Zirkulardepeschen des das Land regierenden Károlyi-Kabinetts an seine diplomatischen Vertretungen? Es gibt keine Kohle, viele tschechische Lieferantenfirmen sträuben sich ihren Transportverpflichtungen rechtzeitig entgegenzukommen. Aus den polnischen Kohlenbecken von Ostrau und

---

[253] **Romsics**, Ignác: Magyarország története a XX. században [*Geschichte Ungarns im 20. Jahrhundert*]. Osiris Kiadó, Budapest, 1999. S.152-172.

[254] „Gesamtreich" ist aus der Sicht des zeitgenössischen ungarischen Staatsrechts ein Begriff ohne Belang. Die ungarische Auffassung akzeptierte nur den Verband von zwei realpolitisch unabhängigen Staaten. Wirtschaftlich gesehen ist jedenfalls das *Gesamtreich* ein auslegbarer Begriff.

[255] Über die Zerstückelung der Monarchie und Verteilung ihres materiellen Erbes detailliert siehe: **Szávai**, Ferenc: A kettős Monarchia öröksége [*Das Erbe der Doppelmonarchie*]. IPF-Könyvek 6. Szekszárd, 2000.

[256] Ebenda, S. 19.

[257] Die Staatsform wurde später nach den alten historischen Traditionen wieder „Königreich".

Dąbrowa kommen die Kohlentransporte nur stockend an.[258] Mihály Károlyi, ab 16. November Ministerpräsident, Sohn einer ungarischen Magnatenfamilie, der „republikanische Royalist"[259], tat alles Mögliche für die Sanierung der Lage, er musste aber nur Verluste einbüßen. Die Eisenbahn verkehrte nicht, Schulen, Krankenhäuser mussten geschlossen werden.[260] Die junge republikanische Regierung war genötigt, an den Verhandlungen von Belgrad mit der siegreichen Entente eine Reihe von politischen Kompromissen eingehen.[261] Die Republik war beinahe nirgends auf der Welt anerkannt, also politisch als der treueste Verbündete Deutschlands verachtet, verpönt und isoliert.[262]

Wegen des Weltkrieges und der darauf folgenden zwei Revolutionen[263], dann des ungerechten Friedens[264] geriet der ungarische Staathaushalt in eine missliche Lage. Leider hatten die zwei Versuche zwischen 1920 und 1922 um Ungarn neu zu organisieren keinen Erfolg. Durch die unermüdlichen Vermittlungsaktionen der sich ausformierenden neuen ungarischen Diplomatie, außerdem dank der Beihilfe der englischen und italienischen Regierungen[265] gelang es Ungarn einen

---

[258] Mihály **Károlyi** an Róza **Bédy-Schwimmer**, 21. November 1918. Ungarisches Staatsarchiv. Archiv des Außenministeriums. Die Botschaft in Bern. Karton 84. KüM. L. B. K. Faszikel 20. In: **Tefner**, Zoltán: Bomlás és újjászületés. A berni Magyar Királyi Követség alapításának előzményei. (1918–1921) [*Auflösung und Wiedergeburt. Vorgeschehnisse der Gründung der Königlich Ungarischen Botschaft in Bern*]. In: Valóság, Jahrgang VII, 2009/1. S. 31.
[259] **Molnár**, Miklós: Geschichte Ungarns […]. „Károlyi war der letzte Staasmann, der seinen Eid auf den sich in einer auswegslosen Lage befindenden König [Karl IV.] leistete."
[260] **Tefner**, Zoltán: Bomlás és újjászületés […]. S. 31.
[261] **Molnár**, Miklós: Geschichte Ungarns […]. S. 353.
[262] **Tefner**, Zoltán: Bomlás és újjászületés […]. „Für das neutrale Ausland existierte nur die österreichisch–ungarische gemeinsame Regierung (die in der Tat als Rechtspersönlichkeit niemals existierte) sowie die kaiserlich und königlichen diplomatischen Vertretungen und Konsulate. […] Obwohl einige Regierungen (Der Heilige Stuhl, die skandinavischen Staaten und die Niedelanden) schorn kurz nach Mitte November die Ungarische Volksrepublik anerkannt haben." S. 26.
[263] Die bürgerliche Revolution datiert auf die Monate vom November 1918 bis 21. März 1919, als Károlyi die Macht den Bolschewiki übergab. Die von Béla **Kun** geleitete linksradikale Bewegung, die Räterepublik, stand in unmittelbarer Beziehung mit den russischen Revolutionären, auch persönlich mit Lenin, und erfüllte ähnliche linksextremistischen Funktion wie die Rätrepubliken in Berlin, Bremen, Braunschweig und Bayern). In: Deutsche Geschichte in Schlaglichtern. Hrsg.: Helmut **Müller**. Zweite, aktualisierte und erweiterte Auflage. Meyers Lexikonverlag Mannheim/Wien/Zürich, 1990. S. 230.
[264] **Molnár**, Miklós: Geschichte Ungarns […]. S. 363-365.
[265] Diesbezügliche Verhandlungen hat die Károlyi-Regierung schon Ende 1918 angeregt. Die diplomatische Mission von Róza Bédy-Schwimmer in der Schweiz, die am Kriegsende das wichtigste Treffpunkt der internationalen Politik war, konnte diesen Auftrag aus persönlichen und politischen Gründen nicht zur Vollendung bringen. Bédy-Schwimmers Sendung

Wiederaufbaukredit aufzunehmen, auch wenn die Kreditgeber die Hälfte der verlangten Summe nur unter ungünstigen Bedingungen zu gewähren wusste. So konnte man die wirtschaftliche und finanzielle Sanierung beginnen. Die Gründung von der Ungarischen Nationalbank im Jahre 1924 bedeutete nicht nur die Einleitung von einer neuen Nationalwährung – die Korona wurde von dem Pengő abgewechselt –, sondern man konnte dadurch die Inflation stoppen und das Wirtschaftswachstum erheben. Die ungarische Regierung verwendete ein Drittel des Krediten zur Sanierung des Staatshaushaltsgleichgewichts, der Rest wurde für Investitionszwecke verbraucht. Die Erfolge regten die ausländischen Investoren zur Aktivität an, dessen Folge war, dass die ausländischen finanziellen Kreise und Privatkreditinvestoren in Ungarn auftauchten. Die Einwohner gelangten aber wegen den hohen Steuerbelastungen an die Grenze ihrer Leistungsfähigkeit, das Land musste nämlich ständig investieren, gleichzeitig die aufgenommenen Kredite tilgen, andererseits war der ungarische Staat auch zur Bezahlung von Wiedergutmachung verbindlich.

Der Aufschwung war bei der ungarischen Industrie auffällig und sie produziert eine ansehnliche Entwicklung bis auf die Wirtschaftkrise von 1929. Die Krise kam unerwartet. Sie drängte die ungarische Wirtschaft zu einem radikalen Rückfall, und nur im Jahre 1935 konnte Ungarn wirtschaftlich das gleiche Niveau wie 1929 ergreifen. Es muss hiermit hinzugefügt werden. Im Nachhinein können wir über ein massives Wirtschaftswachstum, über einen bestimmten Aufschwung sprechen, ohne zu verschweigen, dass es schon im Zeichen der Vorbereitungen zum Krieg ausgefallen war.

4.1.2 Demographische Indikatoren der ungarischen Gesellschaft

Nach dem Ersten Weltkrieg bildeten sich die Kennzahlen günstig: Bis 1940 vermehrte sich die Gesellschaft von 7,6 auf 9,3 Millionen (In dieser Zeit kam aber sehr viele Vertriebenen von den abgetretenen Gebieten des historischen Ungarn, von Siebenbürgen, Oberland, Batschka, Banat ins Land.). Die Sterblichkeit versenkte sich aber auch von 0, 0020 auf 0, 0014, im größten Maße die Säuglings-, und Kindersterblichkeit. Gegendessen wuchs die zu erwartende durchschnittliche Lebensdauer von 40 auf 57 Jahre. Zur selben Zeit blieb der die

---

verknüpfte sich in Vorstellungen von Károlyi damit, dass sie früher nähere Kontakte zu manchen Entente-Politikern (Woodrow Wilson) errichtet hatte. Die Aktion musste wegen dem Strukturwandel in der leitenden Garnitur der Siegerländer scheitern. Siehe: **Tefner**, Zoltán: Bomlás és újjászületés […]. S.

---

europäische Modernisierung begleitende demographische Übergang auch in Ungarn stehen. Diese Stagnierung brachte mit sich, dass das Fertilitätsrate sich langsam zu versenken begann. Vielleicht stehen wir nicht zu weit der Wahrheit mit unserer Vermutung, dass dieser Prozess auf die heutige demographische Lage immer noch auswirkt.

Auf Grund von einigen Berechnungen könnte man sagen, dass die Zahl von den am Leben gebliebenen Kindern in den 30er Jahren nur schwer den Stand der einfachen Reproduktion erreichen konnte.[266] (Aber gerade in diesen Schichten blieb die Sterblichkeitsrate sehr hoch.) Bedauerlicher Weise entfaltete sich das so genannte „egykézés", das Einkindsystem (eine Familie hat nur ein Kind) fast landesweit aus, eine Erscheinung, die früher nur in Süd- Transdanubien typisch war.

In dieser Zeit wurde die Geburtenbeschränkung allgemein – sie erschien in der Regel in Form von der Abtreibung – insbesondere in den Mittelschichten dem. Nach bestimmten Messergebnissen könnte man sagen, dass in den ungarischen Familien die durchschnittliche Zahl der am Leben gebliebenen Kinder um 1920 2,33 war, diese Zahl verringerte sich im Jahr 1940 bis zum 2. Die Fruchtbarkeit zeigte große, regionale Unterschiede in dem Kreis der Bauern: in Ost- und Nordungarn blieb die Zahl der Kinder hoch, aber in den Komitaten von Transdanubien sehr niedrig.)[267] Dazu kam auch die Verwüstung des zweiten Weltkrieges: Die Zahl der ungarischen Opfern belief sich auf etwa 900 000, wovon die Hälfte die jüdischen und zigeunerischen Opfern des Holocaust ausmachten, weiterhin die die hohe Zahl von den Soldaten (400 000), die auf dem Kriegsschauplatz oder als Kriegsgefangene ums Leben gekommen sind und die 100 000 zivile Opfern.

Das dualistische Ungarn bevölkerten viele Nationalitäten, und nachdem die Pariser Frieden das Staatsgebiet mit zwei Dritteln des verkürzt hatten, entstand ein sprachlich und teilweise konfessionell viel homogeneres Rumpfungarn. Die Zahl von den Nationalitäten zusammen konnte 9% der Gesellschaft nicht erreichen. Diese Situation veränderten die zwischen 1939 und 1943 zurückgegebenen Gebiete. Laut des zweiten Beschlusses von Wien ließ sich die Ausdehnung des Trianoner Staatsgebietes verdoppeln. Nach dem verlorenen Zweiten Weltkrieg hat sich der Ring geschlossen: Der Friede von 1946 hat die

---

[266] **Spéder**, Zsolt: Család és népesség itthon és Európában. [*Familie und die Bevölkerung hierzulande und in Europa*]. Budapest, 2003. S. 116-119.
[267] **Andorka**, Rudolf: Gyermekszám a fejlett országokban. [*Kinderzahl in den entwickelten Ländern*]. Budapest, 1987. S. 274-279.

Grenzen von Trianon wieder hergestellt und Ungarn – bis auf heute – existiert als fast homogener Nationalstaat.

4.1.3 Die industrielle Entwicklung zwischen den zwei Weltkriegen in Ungarn

Wenn ein Staat ein Gebiet erwirbt, so erwirbt er im Falle der Staatssukzession in der Regel gleichzeitig das Staatseigentum, welches auf diesem Gebiete gelegen ist. Die in Rumpfungarn ehemals als staatliche Betriebe funktionierenden Firmen konnten von dem in die Schuldenfalle geratenen Staatshaushalt keine Sanierungsgelder erhalten.[268] Die Aktienmehrheit des Staates in diesen Betrieben wurde leere Formalität. Private Investoren eilten diesen Firmen zur Hilfe. Besonders groß war die Investitionslust nach der Klärung der Währungsfrage, nach der Emission des neuen nationalen Zahlungsmittels, des Pengő. Die attraktivste Entwicklung erlebte die Textilindustrie, was gleichzeitig die rasche Zunahme der in dieser Branche beschäftigten Frauen resultierte. In der Zeit der Monarchie florierte der Maschinenbau, aber nur einige seiner Zweige konnte Wurzeln fassen. Diese Zweige konnten durchkommen und blieben bis heute auf. Sie sind so weit gekommen, dass die gegenwärtige Regierung viele von ihnen für Wachstumsbranche erklären will. Zu diesen gehören die nach ungarischem Patent hergestellten Diesel-Lokomotive (Ganz Werke), die von den Csepel Werken erzeugten Motorräder, Fahrräder. Dann die ungarischen Erfindungen, die auch weltbekannt wurden: Glühbirnen mit Wolframfasern und die mit Kryptongas gefüllten Lampen (alle beide als Produkte der „Egyesült Izzólámpagyárak"[269] von Újpest). Auch als hoch bedeutende Erfindungen galten noch die Elektronenröhre und Radioröhre sowie Rundfunkgeräte. (Viele ungarische Erfindungen konnten keine finanzielle Unterstützung zur Herstellung bekommen. Mangels finanzieller Hilfe konnten exzellente Innovationen wie der Hubschrauber von Oszkár Asbóth und der Düsenantrieb von Albert Fonó eine blendende Karriere nur im Ausland machen.)

Längerfristig haben zur Weiterentwicklung der ungarischen Industrie die neu geöffneten Bergwerke beigetragen. Aus ihnen wurde das in der Nähe von Veszprém eröffnete Bauxitbergwerk hoch bedeutend. Dieses Berggebiet im

---

[268] **Szávai**, Ferenc: Die Folgen des Zerfalls der Österreichisch-Ungarischen Monarchie. Sripta Mercaturae Verlag, Sankt Katharinen, 2003. S. 21.
[269] Vereinigte Glühbirnenwerke.

Bakonyer Wald[270] erschuf die Grundlagen der ungarischen Aluminiumindustrie. das später der Gründer von den Aluminiumindustrie. Hervorragendes Gewicht erlangten noch die Steinkohle hoher Qualität anbietenden Kohlenbergwerke um Pécs. Wertvolle Erdgas- und Erdölwiesen wurden 1937-38 erschlossen, die den Grundstein der chemischen Schwerindustrie in Ungarn gelegt haben. 1938 wurde das Győr-Programm von dem Parlament angenommen, in dem man in einer Frist von 5 Jahren 1 Milliarde Pengő für die Entwicklung des Infrastruktur des Landes und für die Rüstungsindustrie veranschlagt wurde.

Die Elektrifikation des Landes schritt mit hoher Geschwindigkeit voran, bis 1930 wurde die Produktion verzehnfacht. Das wichtigste Verkehrsmittel blieb der Eisenbahn auch zwischen den zwei Weltkriegen, ungeachtet dessen, dass die neu entstandenen Länder bei der Grenzziehung in Trianon sich darauf sorgfältig achteten, dass sie immer längere Eisenbahnlinien durch die Friedensverträge erwerben können. Auch der Motorrad, der in Ungarn produziert wurde, spielte in dieser Zeit eine bedeutende Rolle im Verkehr. Der Massenverkehr der Hauptstadt, und das Nachrichtenwesen gelangten bis der Mitte der 1930er Jahre auf westeuropäisches Niveau. Die Innenstadt wurde mit den Bezirken am Rande der Hauptstadt durch Vorortbahnen verbunden. Für die Struktur der ungarischen Wirtschaft war charakteristisch, dass das Handwerk, das die billige Arbeitskraft verwenden konnte, bis zum Ende der Epoche von ausschlaggebender Bedeutung wurde. In diesem Segment des Arbeitsmarktes war die Hälfte der Arbeitnehmer angestellt. 34-35% der ungarischen Gesellschaft lebte von der industriellen Produktion, von dem Bergbau und von den Dienstleistungen.

Infolge der Modernisierung der Wirtschaft verringerte sich die Zahl der Leute, die aus dem Ackerbau lebten, bis 1940 etwa auf 48%. Schlimm Die Grundbesitzstruktur veränderten die nach 1920 vorgenommenen Bodenverteilungen nicht wesentlich: der Großgrundbesitz – der zirka 35 % der gesamten, bebauten Bodenfläche im Lande ausmachten – und außer ihm der Kleinbesitz zwischen ein und fünf Morgen gestalteten das landwirtschaftliche Betätigungsfeld der Epoche aus. Nicht einmal die Bebauungsstruktur änderte sich radikal: Weiter dominierte der extensive Getreidebau. Die intensiven Kulturen verbreiteten sich nicht in größerem Maße, wie der Weinbau und die Obstproduktion. Deswegen verbesserte sich die Ertragsfähigkeit. Am schnellsten schritt die Mechanisierung der Landwirtschaft vorwärts.

---

[270] Mittelgebirge nördlich des Balaton.

Hinsichtlich des Standes der wirtschaftlichen Entwicklung und der Leistungsfähigkeit war Ungarn mit Spanien, Italien und Polen vergleichbar. Obwohl das Land seinen Rückstand des im Verhältnis zu Österreich aufholen konnte[271], kam das sich dynamisch entwickelnde Frankreich und Deutschland zu dem Vorteil. „Berücksichtigt die sehr schwere Lage, in der die ungarische Wirtschaft 1920 startete, können wir diesen Fortschritt im durchschnittlichen Tempo als eine ganz ansehnliche Leistung verzeichnen." – lesen wir in der diese Zeiten darstellenden Monographie.[272]

4.1.4 Die ungarische Siedlungsstruktur

Die ungarische Siedlungsstruktur wurde durch die neuen Staatsgrenzen sehr verändert. Wegen Trianon hat das Ungarn viele seiner Großstädte – die in einem beliebigen Land die Rolle eines regionalen Zentrums zu spielen pflegen – verloren. funktionieren. Die anderen Städte hatten aber nicht so weit ausgedehnte Agglomerationen, mit deren sie das Übergewicht von Budapest hätten ausgleichen können, aus diesem Anlass wurde Budapest das einzige Zentrum des Landes. Den Menschen, die sich in der Hauptstadt ansiedeln wollten, erschien Budapest als ein unerreichbares Ziel, so haben sie die der Hauptstadt zuhörenden Vororte riesengroß angeschwollen: Die 10 wichtigsten Vororte von Budapest hatten um die Jahrhundertwende 100 000 Einwohner, diese haben sich zu Orten von 3-400 000 Einwohnern weiterentwickelt. So lebte 18% der Ungarn auf den Siedlungen, die man mit einem Sammelnamen „Groß-Budapest" nennt. Bis zu den ersten Jahren nach der Jahrhundertwende häufte sich hier schon mehr als 1,6 Millionen Einwohner.

Die Eigenschaft der ungarischen Urbanisierung besteht darin, dass die Städte der Tiefebene und des Transdanubiens in ihrem Urbanisierungsgrad einen großen Unterschied zeigen. Für die Siedlungsstruktur von Transdanubien waren die besser urbanisierten, den westeuropäischen Vorbildern näher stehenden Siedlungen mit geringerer Einwohnerzahl kennzeichnend. Hier konzentrierte sich der größere Teil der außerhalb von Budapest geführte industriellen Produktion. 60% der ungarischen Gesellschaft lebte in der Großen Tiefebene –

---

[271] Dem Aufholen stand die Verschuldung Ungarns innerhalb der Doppelmonarchie im Wege. 1913 betrugen die ungarischen Staatsschulden 8,007.361.242 Kronen, dazu kamen die Kosten des Weltkrieges, die den Betrag von 80 Millionen überstiegen. In. **Szávai**, Ferenc A kettős Monarchia [...]. S. 75.
[272] **Romsics**, Ignác: Magyarország története [...]. S. 172.

und zufolge dessen selbstverständlich in Pest –; in dieser Megaregion bildeten sich Städte aus, die weniger urbanisiert waren. Als äußerst typisch für die Tiefebene konnte es gelten, dass hier die so genannten „tanyás városok", also „Städte mit auf ihrem Ballungsgebiet liegenden Einzelhöfen in der Puszta" die Siedlungsstruktur und das Gesicht der Landschaft sehr stark einprägten. Sie waren ursprünglich alte „Marktflecken"[273], deren Einwohner eine seltsame zweihäusige Lebensform hatten, sie hatten Wohnhaus oder Wohnhäuser in den Städten, außerdem auch Einzelhöfe, also „Einödhöfe" außerhalb der Stadt in der Pussta. Diese Familien verbrachten einen Teil von ihrer Zeit in der Stadt, meistens die kalten Monate, und den anderen Teil des Jahres auf dem Lande mit wirtschaftlicher Arbeit, die ihnen die finanzielle Sicherheit gab.

4.1.5 Die Organisierung des Volksunterrichts

Auf die Gestaltung der gesellschaftlichen Beziehungen übte die Organisierung des Volksunterrichts zwischen den zwei Weltkriegen eine Wirkung in bedeutendem Maße aus. Man kann sagen, dass Ungarn in dieser Zeit große, bedeutende, auch bis auf heute geltende Erfolge erntete. An der Spitze der Reformpolitik standen zwei hervorragende Minister für Kultus und Bildung: zwischen 1922 und 1931 der in den Rechtswissenschaften geschulte Kuno Klebelsberg, anschließend 1932–1942 der Historiker und Universitätsprofessor Bálint Hóman. Alle beiden betrachteten den Unterricht als ein strategischer Bestandteil der Nationalpolitik, dem entsprechend haben sie 10–13% des Nationaleinkommens für diesen Zweck erkämpft. 1926 startete das Reformprogramm, dessen Ziele die Abschaffung des Analphabetismus und die Erhöhung des Niveaus des Volksunterrichts waren. Wegen Trianon gerieten 67% von den Volksschulen auf die andere Seite der Grenze, daher sollte man zuerst Schulen und Wohnungen für die Lehrkräfte bauen. Alle von den

---

[273] Ungarisch: „mezőváros", nicht ganz korrekte worttreue Übersetzung: „Stadt inmitten der Ackerfelder". Der Ausdruck stimmt nicht mit seiner deutschen Bedeutung überein: „Größere Dörfer mit Marktgerechtigkeit und oft Sitz eines landesherrlichen Verwaltungsamtes, jedoch ohne Kommunalautonomie und besondere städtische Privilegien. Später hat sich die Bedeutung des Ausdrucks umgewandelt, in unserer Zeitperiode: weniger urbanisierte Siedlung, die aber gewisse munizipale Funktionen erfüllt. " Siehe Marktrecht, in: Meyers Kleiner Lexikon. Geschichte. Herausgegeben von Meyers Lexikonredaktion mit einer Einleitung von Golo **Mann**. Meyers Lexikonverlag Mannheim/Wien/Zürich, 1987. S. 273. Die ungarische Eigentümlichkeit dieser Orttypen führt man auf das Verbot die Stadt mit Schutzmauern zu umgeben zurück. Der Grundbesitzer besaß das Recht, seiner Stadt gewisse Privilegien zu leihen (unter anderem Marktrecht). Die ungarischen Marktflecken fielen nicht der politischen Zuständigkeit der von den Adeligen geführten Komitatsverwaltung zu.

geplanten 3500 neuen Klassenzimmern und den 1750 neuen Wohnungn wurden bis zum Ausbruch der Weltwirtschaftskrise errichtet. Die schlechten Zeiten hatten den Schwung der Entwicklung hintergetrieben, aber trotzdem erhöhte sich die Zahl der Lehrer um ein Viertel und der Analphabetismus im Kreise der Bevölkerung über 6 Jahre ging von 15 % auf 7% zurück. 1938 lernten in den 6-klassigen Volksschulen mehr als eine Million Schüler.

Das andere wichtige Element der Volksunterrichtssystems wurde die Volkshochschule, ein Schultyp, der zur Veranstaltung von kurzfristigen Abend- und Winterkursen – eigentlich Erwachsenenbildung – hauptsächlich für junge Bauern berufen war. Mit größerer Inbrunst die katholische und die reformierte Kirche unterstützten diese Reformen und gründeten Jugendsektionen, deren Ziel war es, die jungen Bauern einzuschulen. Für die armen, aber begabten Kinder wurden Stiftungen organisiert: Cseresznyés-Kollegium, Győrffy-Kollegium, das Miklós-Horthy-Stipendium. Wegen der Krisen und im Schatten des Zweiten Weltkriegs konnten die zwei begeisterten Minister ihre Pläne nicht gänzlich durchführen. Der Krieg ist ihren Bestrebungen zuvorgekommen: Die Pläne für die Einführung der 8-klassigen Volksschule und für die Umstrukturierung des Mittelschulenunterrichts hat der Krieg fortgerissen.

4.2 DIE ENTWICKLUNG DER SOZIALEN VERHÄLTNISSE IN UNGARN ZWISCHEN DEN ZWEI WELTKRIEGEN

Die hierarchische Struktur der ungarischen Gesellschaft hat ihre Charakterzüge in der Epoche des Dualismus grundsätzlich erhalten: In den verschiedenen Schichten der Gesellschaft lebten die früheren Vermögensunterschiede, die eigenartige Lebensweise weiter, die früheren Unterschiede in den sozialen Beziehungen, Kommunikationsformen: Eine Fortbewegung war meistens nur zum Status eines Privatangestellten, Beamten niedrigen Ranges oder sachverständigen Intellektuellen möglich. Die Zahl der Aristokraten ist infolge der Grenzregulierungen in Trianon ist auf die Hälfte gesunken, aber an politischen Einfluss haben sie keine Einbüsse verzeichnet. Neben ihnen verstärkte sich – trotzdem, dass der Antisemitismus groß im Kommen war - die Auswirkung des Großbürgertums auf die Regierungspolitik. Die dritte Schicht der Machtelite erwarb sich aus den Reihen der mittleren Grundbesitzer, von denen die führenden Beamten des Staatsapparates stammten und sie füllten die Schlüsselpositionen des Heeres und der Polizei ein. Die etwa 52 Tausend

Adeligen und Bürger aus den „vornehmen" Klassen lebten auf einem bequemen, komfortablen Lebensniveau, auch in den kritischen Jahren.

Die professionellen Intellektuellen und Angestellten aus der Mittelschicht zählten etwa 300-400 Tausend Bürger, in ihrem Fall könnte man noch mit doppelt so vielen „Familienzulagen" rechnen. Ihr Lebensstandard zeigte ein abwechslungsreiches Bild von der oberen Mittelschicht, die eine gute Entlohnung und eine eigene Wohnung hatte, bis zu den Familien, die kaum ihren Lebensunterhalt verdienen konnten und die mit einer Zweizimmerwohnung zufrieden sein mussten. Der „úri osztály", der „Herrenstand" – wie man in dieser Zeit die Elite und die Mittelschicht nannte – betrug 12-15% der Gesellschaft, und es gab fast keine wirkliche Verbindung mit der aus 85% oder mehr bestehenden Arbeiterklasse und mit der landwirtschaftlichen Bevölkerung.[274]

In der Zwischenkriegsära entwickelten sich die Sozialwissenschaften schnell. Um das Leben der sozialen Schichten zu beobachten wurden soziographische Schulen gegründet, nach deren Muster den europäischen Normen entsprechende, methodologisch begründete Arbeiten geboren wurden, die uns – um das alltägliche Leben jener Zeit besser kennen zu lernen –auch heute noch unersetzliche Hilfsmittel darbieten.[275]

Die Sozialpolitik oder Gesellschaftspolitik – wie dieser Begriff auf ungarischem Boden nach deutschem Muster Fuß fasste – bedeuteten staatliche Unterstützung der Leute, die von den zeitgenössischen ökonomischen Bedingungen abhingen, die diesen Umständen ausgeliefert waren. Diese Hilfe diente der sozialen Integration der gefährdeten Bereiche. Auch die Armenpflege blieb in diesem Begriff eingeschlossen, aber ihre Funktion erfüllten – ausgenommen die Jahre seit dem Ausbruch der Weltwirtschaftskrise – in überwiegender Mehrheit nur zivile und konfessionelle philanthropische Organisierten, Vereinigungen, der Staat beteiligte sich an dieser Tätigkeit nicht mit großem Elan.

Zwischen den zwei Weltkriegen war das größte Segment der ungarischen Gesellschaft das Bauerntum. Ihre Zahl schätzten die Statistiker zwischen 1920 und 1944 von 4,4 bis 4,5 Millionen. Von diesen hatten 30% fünf Morgen große Eigentümer. Das Lebensniveau der ärmsten Kleinbauern, die fünf Morgen große

---

[274] **Romsics**, Ignác: Magyarország története [...]. S. 192.; **Szekfű**, Gyula: Három nemzedék [*Drei Generationen*] Budapest, 1938. S. 409–410.
[275] Rézler Gyula válogatott tanulmányai 1938–1944 [*Ausgewählte Studien von Gyula Rézler 1938-1944*]. Hrsg.: Pál Péter **Tóth**. Budapest, 2005.

Felder hatten – die ihnen den Lebensunterhalt noch sicherte – stagnierte in dieser Epoche. Sie lebten in Armut, und in der Zeit der Krise gerieten sie eigentlich in die Not. Sie ernährten sich schlecht, manchmal mussten eines oder mehrere von ihren Familienmitgliedern als Tagelöhner arbeiten. Die Inhaber von über 30 Morgen Landbesitz gerieten in der Zwischenkriegszeit in bessere Situation: Sie konnten ihre Kinder lehren lassen, sie mechanisierten ihre Grundbesitze und sie produzierten für den Markt, sie beschäftigten wirtschaftliche Diener oder zumindest Saisonarbeiter. In den Dörfern haben sie neue Steinhäuser gebaut und ihre Lebensbedingungen haben sich erheblich verbessert, aus ihnen bestand in der Regel das Dorfgremium. Die vier und eine halbe Millionen bäuerliche Bevölkerung gehörten zu den am meisten gefährdeten: die völlig landlosen oder unter einem Morgen, bis auf einen kleinen Küchengarten habende landwirtschaftliche Tagelöhner, Knechte.

Die Zahl der Landarbeiter vom Jahre 1930 war fast 201 Tausend Personen mit etwa doppelt so vielen Familiengehörig en. Ein Jahr lang arbeiteten die Diener und Mitarbeiter, und ihr Arbeitsverhältnis wurde jährlich erneuert. (Der obligatorische Termin des „szegődés", also des „Dingens", der den offizielle Akt bedeutete, als die Landarbeiter in den Dienst aufgenommen wurden, wurde durch das Gesetz vom 1935 im 31. März ermittelt.) Der Arbeitsvertrag oder „kommenció"[276] (Lohnabkommen) war zu Beginn der Ära das Thema der Tarifverhandlungen und er hing von der Berufserfahrung der Diener und von ihrem Alter ab. 1934 und im Jahre 1940 wurde in der Regulierung das Maximum und Minimum des Lohnes von dem Arbeiter geregelt.

Die Konvention beinhaltete einen breiten Kreis der zu verrichtenden Arbeiten gegen sehr niedrige Löhne – 5-10% – und sehr hohe Sachleistungen – 90-95%. Teile dieser letzten Vergütungsgruppe bildete die Nahrung, Wohnung, Versorgung mit Brennholz, Möglichkeit für Rinder-, Schweine- und Geflügelhaltung, das von der Gutsherrschaft aufgepflügte Hauswirtschaftsgelände[277], der mit Kartoffeln, Gemüse, und Mais für die Haustiere bebaut wurde. Die Gesinde waren in den Gesindehäusern untergebracht, deren Qualität in unserer Zeitperiode geringe Qualitätsverbesserung zeigte. Auf dem Puszta genannten Herrschaftsgebiet wurden die Gesindehäuser in Reihenhausform und aus Lehmziegeln, bestenfalls aus Brandziegeln gebaut, in denen in einem Raum gewöhnlich eine ganze

---

[276] Aus dem lateinischen Wort „convention", deutsch „Konvention".
[277] Ungarisch „illetményföld". Diese Ackerbodengebiete standen im Besitz des Gutsherrn. Die Gesinde hatten nur Nutzungsrecht.

Familie wohnte, und eine Familie – in den ärmeren Regionen zwei Familien – benutzte(n) eine Küche. Das Gesindehaus bestand aus der gemeinsamen Küche, mehreren Falls Rauchfangküche mit einem Backofen, dem Vorratsraum, dem Dachboden, und auch Gemüsegarten sowie Hühnerhof gehörte zu ihnen. Die ganze Familie des Gesindes, sogar seine 6-7-jährigen Kinder arbeiteten in dem „cselédség" genannten gutsherrschaftlichen Arbeitsteam.

Obwohl es bezeichnend war, dass seit der Jahrhundertwende die Bediensteten in patriarchalisch-abhängiger Beziehung mit den Arbeitgebern lebten, genossen sie aber – wie es sich in den vorherigen Kapiteln klar herausstellte – bestimmte soziale Sicherheit: Im Falle von Krankheit oder Unfall schützte sie die Versicherung obligatorisch, der Arbeitgeber bezahlte die Kosten der medizinischen Behandlung, der Arzneien und die Pflege im Krankenhaus einen Monat lang. In gewisser Hinsicht war diese bäuerliche Schicht die beneidete Bevölkerungsgruppe innerhalb der armen Bauernschicht, die sogar während der schweren Perioden der Wirtschaftkrisen durch gewisse Sicherungsmaßnahmen sicher gestellt worden war. Die Kinder der Diener lernten in den Pausen der landwirtschaftlichen Arbeit in den Pusztaschulen, in die sie von ihren Einzelgehöften zu Fuß gingen. (Deshalb muss man so großen Belang dem öffentlichen Volksunterricht und diesen nach dem Ersten Weltkrieg errichteten Puszta- und Dorfschulen beimessen.

Die Gesellschaft der bodenlosen landwirtschaftlichen Tagelöhner setzte sich im Jahre 1930 aus einer halben Million Arbeiter und aus etwa anderthalb so vielen Familienangehörigen zusammen. Die Gruppe der Tagelöhner war im Inneren differenziert: Die obere Schicht bildeten die Klein- und Zwergbauern, die nur mittlerweile als Tagelöhner Arbeit nahmen, meistens Facharbeiten wie Dachdeckung, Schäubebinden, Rebschnitt. Diese Schicht wurde durch die Bodenverteilung vom 1920 um etwa 200 Tausend Kopf vergrößert: 260 Tausend Grundstücke wurden sehr preiswert verteilt und 266 Tausend Häuser wurden in den Dörfern aufgebaut. Zur selben Zeit erhöhte sich ihr Lebensniveau in unserer Zeitperiode nicht, das Arbeitsangebot war nämlich bis 1936 viel größer als die Nachfrage nach der Arbeit. Die Tagelöhner arbeiteten nach den Statistiken nur 180 Tage pro Jahr, was nicht für den stabilen Lebensunterhalt ausreichte. Wegen der Krise sanken die Löhne in der Landwirtschaft, und mit den um die Jahrhundertwende typischen öffentlichen Arbeiten, wie Eisenbahnbau, Trockenlegungen, Flussregulierungen wurde nicht angefangen. Auf die Wirkung der Krise verbreitete sich die Entlohnung in Naturalbezügen, wodurch die Ausgeliefertheit dieser sozialen Gruppe noch kritischer wurde.

Das Jahreseinkommen der Tagelöhner erreichte während der ganzen Zwischenkriegszeit nicht einmal das Einkommensniveau der Gesinde. Die völlige Verarmung bedrohte vor allem jene Familien, in denen aus irgendwelchem Grund nur ein Familienernährer Arbeit nehmen konnte. Die Familien konnten sich über die Schwierigkeiten – ohne zu hungern – nur so hinweghelfen, wenn außer des Vaters und der Mutter mindestens ein Jugendlicher in der Familie zur Arbeit kam. Den Tagelöhnern war keinerlei Kranken- oder Unfallsversicherung zugelassen. Zur Zeit der Vorbereitung zum Krieg ist die Nachfrage nach den Arbeitskräften gewachsen, zufolge dieser Umstrukturierung der Wirtschaft gelangten die Tagelöhner einige Jahre lang zum sicheren Lebensunterhalt.

Die ärmste Landwirtschaftsarbeiterschicht, die den Verhältnissen am meisten ausgeliefert war, war die Mikrogesellschaft der „summások"[278], d. h. der landwirtschaftlichen Saisonarbeiter. Ganze Dorfgemeinden – insbesondere in Nordungarn – waren auf die Saisonarbeit eingerichtet. Hauptsächlich die noch nicht verheirateten Jugendlichen dieser Dörfer haben Banden organisiert und nahmen Arbeit nicht selten in den weit liegenden Gutswirtschaften des Landes. Während der Saisonarbeit erhielten sie Unterkunft in Ställen, Baracken, im Allgemeinen nach Geschlecht abgesondert, außerhalb des Dorfgebietes oder auf der Puszta. Einen Teil ihres Arbeitsvertrages bildeten die Kosten der Unterkunft und das Lebensmittel, das bedeutete, dass sie mit den für die beim Kochen notwendigen Lebensmitteln von den Grundbesitzern besorgt waren, sie haben ihr Essen selbst zubereitet. Der Vertragsschließung mit der Gutsherrschaft ist immer eine Unterhandlung zuvorgekommen, ihre Entlohnung belief sich auf etwa 60% der Gutsherrschaftsknechte, die sie größtenteils in Naturalbezügen, in kleinerem Teil in Geld zur Hand nahmen. Die ständigen Dorfbewohner verschmähten die „summások", in der Regel versuchten zu ihnen keine Kontakte zu haben, so lebten die Saisonarbeiter während ihrer Anstellung als Parier auf den Puszten. Nachdem die landwirtschaftlichen Arbeitslöhne erheblich abgenommen hatten, verloren die „summások" den beträchtlichen Teil ihres Einkommens, folglich ging ihr Großteil im Pauperismus unter.

Die missliche und aussichtslose Lage der Armen im Landwirtschaftssektor haben die Dorfforscher der Zeit mit mehr oder weniger Objektivität erschlossen und veröffentlicht. Die Regierung versuchte das Elend gegen Ende der 1930er und Anfang der 1940er Jahre mit wiederholter Verteilung von Kleinbauernparzellen zu lindern und die Spannung zu lösen. Bis 1840 wurden

---

[278] Aus dem lateinischen Wort „summa".

230 Tausend Morgen Ackerboden gegen sehr niedriges Ablösungsgeld verteilt, aber die komplette Durchführung des Projekts schon in der Anfangsphase stockte, später hat die Vorstellung wegen des Krieges endgültig gescheitert. Nachdem aber die Krise zu Ende gewesen war, und man mit den Kriegsvorbereitungen angefangen hatte, nahm die Arbeitslosigkeit parallel mit den Kriegsvorbereitungen ab, später verschwand sie sogar in einigen Gegenden und die Arbeitskräfte sind dadurch gefragter geworden. Um ihre ökonomischen Interesse zu artikulieren und zu verteidigen erwies sich die arme Agrarbevölkerung für absolut unfähig. Historische Forschungen haben ausgewiesen, dass die Pauperisierung dieser Schicht steht mit dem Auftauchen von unterschiedlichen Sekten, b. z. w. der raschen Verbreitung von rechtsradikalen Ideen in engem Zusammenhang.

Die Gesamtzahl der Industriearbeiter betrug 1920 900 Tausend. Diese Zahl erhöhte sich bis 1930 auf 1 Million 150 Tausend, bis 1940 1 Million 300 Tausend. Um 1920 fanden etwa 660 Tausend Arbeitsmöglichkeiten in den Fabriken und im Kleingewerbe. Etwa um 220 Tausend schwankte die Zahl derer, die als pendelnde Tagelöhner zwischen Industrie und Ackerfeld hin- und zurückfahrend ihr Brot verdienten. Nachdem sich zwischen den zwei Weltkriegen die Gewerbestruktur umgewandelt hatte, stellte sich eine neue Konstellation auch in der Struktur der Arbeitergesellschaft ein. Es stieg den Anteil der Frauen, denn die Textilindustrie entwickelte sich sehr hoffnungsvoll. 1938 erreichten die Frauen 32% in der Gesamtheit aller Gewerbearbeiter. Schmäler wurde die Gruppe der Facharbeiter, stieg aber die Zahl der angelernten Arbeiter und der Hilfsarbeiter (bis 1940 Hälfte-Hälfte). Bis das Verhältnis der Industriearbeiter innerhalb der gesamten Population ständig wuchs, nahm daselbst das Verhältnis der Hausdiener und Tagelöhner ab.

Die Reallöhne stiegen nach der Rezession von 1920-21 bis zur Weltwirtschaftskrise schnell. Unter den Industriearbeitern haben die Bergleute, die Drucker, die Facharbeiter in der Eisenerzeugung, in der Metallurgie und im Maschinenbau am besten verdient, am schlechtesten die Weberinnen in der Textilindustrie und die Tagelöhner. (In dieser Zeit konnte des Lohngefälle Hauptstadt – Land, Facharbeiter – angelernter Arbeiter, Männer – Frauen sogar das 4-5-fache sein.) Die Großindustriearbeiter konzentrierten sich meistens in Groß-Budapest und in den größten Städten auf dem Lande. Sonderliche Grimasse der Zeit: Jede Landwirtschaftsarbeiterfamilie war materiell schlimmer versorgt, als die am schlechtesten verdienende Arbeiterfamilie.

Die Einkommensverhältnisse der Arbeiterfamilien beeinflusste die Tatsache am härtesten, ob sie zum Pluseinkommen – Grundstück ums Haus, Verdienste der Frau oder des Kindes – hätten kommen können. Die angelernten Arbeiter in der Stadt waren gewöhnlich nur im Stande, 60% des nötigen Familieneinkommens zu erwerben, so waren sie gezwungen, Gelegenheitsarbeiten zu unternehmen oder die Familienmitglieder arbeiten zu lassen. Die Zahl der Ernährten beeinflusste selbstständiger Weise sehr das Lebensniveau der Familie. Die zeitgenössischen Bestandsaufnahmen und Datenverarbeitungen – viele von ihnen sind vorzüglich präzis, methodologisch korrekte Soziographie – bieten uns wirklichkeitstreues Bild davon an, wie wir uns die alltägliche Lebensführung der armen, der auf durchschnittlichem b. z. w. überdurchschnittlichem Niveau lebenden Arbeiterfamilien vorstellen können.

Diese Gesellschaftsschicht wurde während der von uns dargestellten Zeitperiode von der massenhaften Verarmung wegen der Arbeitslosigkeit zweimal bedroht: zur Zeit der Umstellung von der Kriegswirtschaft auf Friedensökonomie in der Zeit der Weltwirtschaftskrise von 1929–1933. (An der Krisenspitze in den Jahren 1930 und 1932 hätte 230 Tausend die Zahl der Arbeitslosen gewesen sein können, unter ihnen überwiegend diejenigen, die niedrigere schulische Ausbildung gehabt hatten.) Die sich nachher angekündigte Rezession verbesserte aber ihre Lebensverhältnisse, insbesondere in Budapest sowie in den größten Industriestädten.

Um die Zielsetzungen der Arbeiter auch vor der breitesten Öffentlichkeit zur Sprache zu bringen, erschienen auf der Szene neue Gewerkschaftsverbände. Die Gewerkschaften wussten in ihren Reihen etwa um 100 Tausend Mann, in der Mehrheit die am höchsten gebildeten Arbeiterschichten. In dem ungarischen politischen Leben erlangte die Sozialdemokratie ein großes Gewicht.

4.3   SOZIALE GESETZGEBUNG

4.3.1 Ideologen, Theoretiker und Konzepte in der sozialpolitischen Rechtschaffung

Das von dem Ersten Weltkrieg, den Revolutionen und dem Friedensdiktat von Trianon heimgesuchte Ungarn konnte nicht vermeiden, den sozialen Fragen entgegen zu sehen und die Initiative zu ergreifen. In der dualistischen Zeit ging es bei der Behandlung der sozialen Fragen darum, dass die Regierungen die sich an den Lohnarbeitsverhältnissen anschließende Gesetzgebung– dem Bismarckschen Beispiel folgend – stufenweise einleiten, und ihre versicherungspolitischen Bestimmungen auf die immer breitere Schichten der Arbeitnehmer erstrecken. Seit der Jahrhundertwende – wie es in unseren früheren Erörterungen ersichtlich war – umspannte die Unfalls- und Krankenversicherung praktisch 90% der Arbeiterschaft. Dem Krieg folgend meldeten sich Vertreter von unterschiedlichen ideologischen und wissenschaftlichen Strömungen mit ihren eigenartigen Anschauungen an. In den Jahrzehnten zwischen den zwei Weltkriegen entfaltete sich die Welt der Arbeit auch in Ungarn voll. Das war die Zeit, in der sich die Lohnarbeit allgemein und überall verbreitete. Alle Vertreter aller Strömungen brachten eindeutig zum Ausdruck, dass die Arbeit im Bereich der Integration eine hervorragende Bedeutung hat.

Die am besten engagierten Vertreter der ungarischen Sozialpolitik haben sowohl die im 19. Jahrhundert favorisierte liberalen, als auch die sozialistisch-kommunistischen Anschauungen schroff abgelehnt. Letzteren haben sie sehr niederschmetterndes Urteil beigemessen, sie meinten: Der verlorene Weltkrieg und der Schock von Trianon seien mit diesen Ideologien in Zusammenhang zu bringen. Einer der am besten verehrten Politiker dieser Zeit, den wir bei der Darstellung der dualistischen Ära erwähnt haben, Albert Apponyi verlautete in einem seiner tief greifenden Vorträge über die gesellschaftliche Erneuerung, dass die Gesellschaftsentwicklung wesentlich mehr als die Rechtsgleichheit, die Einhaltung der bestehenden Rechtsordnung und die sich immer erweiternden Möglichkeiten für das materielle Wohlergehen benötige. Die stabile moralische Wertordnung, die soziale Versorgung und die Schaffung der Rahmenbedingungen für die gesellschaftliche Solidarität seien genauso wichtig. (Für die Ansichten Apponyi's ist es typisch, dass er im Kreis der Magnaten der einzige war, der die Wohlstandsbestrebungen der sozialdemokratischen Partei begrüßte.

Die konservativen Politiker und Experten - József Vass, Minister für Wohlfahrt, Béla Kovrig, Sekretär des Vereins für den Kampf gegen die Arbeitslosigkeit in Ungarn – meinten so, man braucht eine christlich gesinnte Sozialpolitik. Diese Sozialpolitik basiert auf gesellschaftlichem Gleichgewicht christlich-moralischen Sinnes, in dem in einer Seite die gesellschaftlich nützliche Arbeit des Individuums, und in anderer Seite, wenn es nötig ist, die soziale Solidarität stehe. Ihrer Meinung nach müsse die Sozialpolitik solche Verfahrensweisen und Bestrebungen beinhalten, die die innere Einheit der Gesellschaft behalten kann, und damit kann sie der Anarchie und der Revolution, also dem Verderben vorbeugen.

Eine hervorragende Persönlichkeit der sozialliberalen Richtung war der in unseren Auslegungen mehrmals zitierte Farkas Heller, ein Ökonom internationaler Reputation. Die Sozialpolitik hat er als Teil der Ökonomie aufgefasst: Er betonte, dass die für die Erstere verwendbaren Quellen von der jeweiligen Leistungsfähigkeit der Letzteren bestimmt sind. In seinen Fallstudien hat er ausgewiesen, dass die westeuropäischen Spitzenreiter der Sozialpolitik in dem wirtschaftlichen Wettbewerb ebenfalls gut sind, nachdem sie verfügen über gebildete und besser bezahlte Arbeitskräfte, die zur Erhöhung der Produktionsintensität beitragen, was den Grund für die längerfristige Förderung der ganzen Volkswirtschaft sichert.

Bezüglich der Újpester Settlement-Bewegung erwähnten wir in unseren obigen Textpassagen den Namen von Rezső Hilscher, der als Professor am Sozialpolitischen Lehrstuhl der Budapester Wirtschaftsfakultät[279] unterrichtete. Ähnlich seinem Kollegen Farkas Heller verknüpfte er sich auch mit den Lehren des Sozialliberalismus. Ihre in der Újpester sozialen Siedlung angesammelten Erfahrungen machte er im Unterricht nützlich und gliederte sie in seine sozialen Ansichten ein. In der Hauptströmung seines Gedankenganges stand die Unterstützung der gesellschaftlichen Zusammenarbeit: Der Staat hat die Aufgabe, das System des sozialen Interessenschutzes auszubauen und walten zu lassen, um die sozialen Ungerechtigkeiten der kapitalistischen Wirtschaft zu vermindern. Er hat vorgeschlagen, die Regierung soll den Interessenschutz der Arbeiter unterstützen, und die Konflikte in den Rahmen der bestehenden politischen Ordnung schlichten

Die Enzyklika Quadragesimo anno vom Papst Pius XI. vom Jahre 1931[280] übte in den Jahren der Weltwirtschaftskrise eine bedeutende Wirkung auf die sozialpolitischen Prinzipien. In dieser Enzyklika wurden die Verweisungen der katholischen Kirche im Zusammenhang mit der Erneuerung des Gesellschaftssystems erklärt, die auch darauf verwies, dass die Anerkennung der Rechte der Lohnarbeiter und dadurch ihre Integration in die Gesellschaft

---

[279] Rechtsvorgänger der Corvinus Universität. An der damaligen József Nádor Technischen Universität wurde 1921 die Wirtschaftswissenschaftliche Fakultät begründet. Der Sozialpolitische Lehrstuhl gehörte bis 1948 dem Verband dieser Fakultät.

[280] Anlässlich des 40-jährigen Jubiläums des „Rerum novarum", entsprechend der Enzyklika von Leo XIII. ließ der Papst XI. die neue Weltlage auslegen.

unvermeidbar ist.[281] Hier muss noch ein Prozess erwähnt werden, der sowohl überall in Europa, als auch in Ungarn, parallel mit dem Abbau der liberalen Staatsstruktur und mit dem Ausbau des sozialen Staates durchlief. Nach dem Krieg, bzw. der Wirtschaftskrise konnte niemand mehr die liberalen Vorstellungen des 19. Jahrhunderts ernst nehmen, in deren Sinne die selbstregulierenden Prozesse des Marktes das Wirtschaftsleben stabil zwischen den Grenzen halten können. Überall in Europa ließen sich aktiv in die wirtschaftlichen und gesellschaftlichen Prozesse einmischende Staaten organisieren, und Ungarn war auch keine Ausnahme. Im aktiven Staat wurde auch die Behandlung der sozialen Probleme zentralisiert, und so wurde der Platz der eigenen Initiativen immer geringer. Dementsprechend arbeiteten die Fachpolitiken, auf die Interessen der Nation verweisend, globale, überregionale soziale Programme aus, die sie mit Hilfe der zentralen Organe ausführten.

In den Zielsetzungen der Programme wurden die Mäßigung der gesellschaftlichen Ungerechtigkeiten und die finanzielle, aber vor allem die moralische Bekräftigung der Nation gleichwertig betont.[282] Der Inhalt des Begriffs „Nation" veränderte sich langsam in den Jahrzehnten nach dem Weltkrieg und dem ungerechten Friedensvertrag von Trianon: Statt der kulturellen und politischen Definition der Nation wurde die ethnische Definition hervorgehoben. So wurden die sprachlich-religiös-ethnischen Minderheiten ausgeschlossen, die früher in dem „hungarus"-Bewusstsein ausgezeichnet nebeneinander existieren konnten.

Anfang der 2000er Jahre erschienen in der ungarischen historischen Literatur solche Recherche, die die sozialpolitische Entwicklungen im Kontext der Verstärkung der ethnischen (damals: rassischen) Frage untersuchten.[283] Die Vertreter dieser Richtung sprechen über „staatliche Sozialpolitik mit zwei Gesichtern", die einerseits auf modernen Prinzipien ruhende, umfassende Reformen verkündigte und imposante Ergebnisse erreichte, andererseits – etwa

---

[281] **Egresi**, Katalin: Szociálpolitika Magyarországon. Nézetek, programok, törvények 1919-1939 [*Sozialpolitik in Ungarn. Ansichten, Programme, Gesetze 1919-1939*]. Budapest, 2008. S. 86-111.

[282] Der Verweis auf die Interessen der ganzen Nation wurde nach den 30er Jahren allgemein, der den liberalen Staat dem nationalen und sozialen Aspekte dienende, sich aktiv einmischenden Staat gegenüberstellte. **Magyary**, Zoltán: A nemzeti szocialista községi közigazgatás [*Die national-sozialistische Gemeindeverwaltung*]. Budapest 1936. Siehe noch: **Ormos**, Mária: Magyarország a két világháború korában [*Ungarn im Zeitalter der zwei Weltkriege*]. Debrecen, 1998.

[283] **Szikra**, Dorottya: A szociálpolitika másik arca [*Das andere Gesicht der Sozialpolitik*]. In: Századvég, Nr. 48. S. 39-79.

um 1940, am Ende unserer Epoche – diente sie aber der ausstoßenden Politik, die im Sinne des „rassischen Gedankens" formuliert wurde, und im Grunde genommen auf das gesellschaftliche Ausstoßen der Juden und der Zigeuner richtete. Die ungarische Geschichtsschreibung zeigt ein einheitliches Bild darüber, dass in den Jahren zwischen den Weltkriegen der Ausbau des sozialen, oder mit einem anderen Begriff „des Wohlfahrtsstaates", in Ungarn bedeutend vorankam. Die Behandlung der oben erwähnten Probleme beanspruchen weitere historisch-soziologische Untersuchungen.

4.3.2 Die Reform der Sozialversicherung

Das neue System nach dem Weltkrieg, Bethlens Regierung – die die dem Zweiten Weltkrieg folgenden Revolutionen offensichtlich nicht vergaß – konzentrierte sich auf die Entwicklung des Systems der Versicherungsinstitutionen, auf die Fragen der Arbeit und der Verteidigung der Interessen der Arbeiter. Die Regierung hatte das folgende Ziel: Die Integration der Sozialpolitik in die Machtpolitik ohne die Bedrohung der Position der Macht habenden Elite, und die Integration der Lohnarbeiter zwischen den Grenzen der bestehenden Gesellschaftsordnung. Aus diesem Ziel entschloss sich die Regierung das Sozialversicherungssystem zu reformieren.

Die Vorbereitung der Reformen lief aus heutiger Sicht beneidenswert auf komplexer Weise durch: Ausländische Beispiele wurden untersucht, das Ministerium für Sozialwesen arbeitete Pläne aus und vereinbarte diese mit den Interessenvertretungen der Arbeiter, bzw. mit den Organisationen der Arbeitgeber. Vor der Gesetzgebung trafen sich die Betroffenen und die Regierung an mehreren großartigen Konferenzen und Konsultationen.

Besonders große Auseinandersetzungen stiftete die Frage der Versicherung gegen die Arbeitslosigkeit, die seit langem eine der Hauptforderungen der europäischen sozialdemokratischen Bewegung war. Die Organisationen der Arbeitgeber waren offensichtlich dagegen, aber die Interessenschützer der Arbeiter und einige berühmten Universitätsprofessoren und Ökonomen, sogar selbst der Minister für Sozialwesen unterstützte diese Forderung. Im Jahre 1927 war das schon klar, dass die Versicherung gegen die Arbeitslosigkeit vom Parlament nicht akzeptiert wird, so wurde in den Auseinandersetzungen die Ausbreitung der Versicherung der Altersrente in den Vordergrund gestellt.

Das Bestreben der Regierung wurde vom Internationalen Arbeitsamt, dessen Sitz in Genf war und dessen Präsident am Anfang des Jahres 1927 Ungarn besuchte, verhandelte mit dem Reichsverweser Horthy, mit dem Ministerpräsidenten, bzw. mit fast allen Leitern der betroffenen Organisationen. Sein Besuch war für das Image des Landes wohltätig und unterstützte die Anhänger der vom Staat koordinierten und organisierten Sozialversicherung. Der Gesetzartikel XXI vom Jahre 1927 wurde von Béla Kovrig, dem bedeutendsten Versicherungsexperten des Zeitalters ausgearbeitet. Die Rechtsvorschrift breitete den Kreis der Teilhabenden an obligatorischer Unfall- und Krankenversicherung auf die ganze industrielle Arbeiterschaft aus, also ungefähr 900 Tausend Arbeiter und deren Familienmitglieder. (Die intellektuellen und privaten Angestellten wurden vom freiwilligen „Országos Tisztviselői Betegsegélyezési Alap" (annähernde Übersetzung: „Überregionaler Krankenbeihilfefonds der Beamten") versichert. Die Arbeiter und die Arbeitgeber bezahlten 50-50% der der Krankenversicherung für das Konto von OTI[284] („Überregionales Sozialversicherungsinstitut") – das bedeutete 7% des Gehaltes der Arbeiter –, für die OTI im Falle einer Krankheit den Arbeitern die folgende Dienstleistungen garantierte: für ein Jahr 55% des Gehaltes als Krankgeld, für ein Jahr kostenlose Pflege in einem Krankenhaus oder Behandlung vom Hausarzt, für 6 Wochen Mutterschaftshilfe und kostenlose

---

[284] Aufgrund des Gesetzartikels XXI vom Jahre 1927 wurden die Organe der Unfall- bzw. Krankheitsversicherung vereinheitlicht und 1928 wurde das Überregionale Sozialversicherungsinstitut („Országos Társadalombiztosítási Intézet", dessen Abkürzung nach dem ungarischen Namen „OTI" war). Die Arbeit der zentralen und regionalen Organe von OTI wurde von aus Arbeitgebern und Arbeitern aufgrund der Parität zusammengestellten Komitees kontrolliert. Das OTI sicherte im Jahre 1930 einen stationären Hintergrund auf europäischem Niveau und das selbstständige Unfallkrankenhaus wurde aufgebaut.
Das MABI (Magánlkalmazottak Biztosító Intézete), das Versicherungsinstitut der Privatangestellten wurde gegründet. Neben den schon erwähnten zwei großen Versicherungen boten die Ungarische Staatsbahn, der Überregionale Krankenfonds der Beamten (nach dem ungarischen Namen: „Országos Tisztviselői Betegalap, OTBA) und noch weitere Versicherungsbranchen eine Versicherung auf ähnlichem Niveau. Der Staat übergab den Sozialversicherungsinstitutionen ein bestimmtes Prozent der jährlichen Steuereinnahmen und einen bestimmten Anteil des Ertrages der Verbrauchsprodukte und des Glücksspiels.
Bei allen Versicherungen war eine Versorgung auf höherem Niveau möglich, aber das forderte die Einzahlung einer größeren Summe.
Das OTI wurde zum größten Versicherungsinstitut des Landes, es hatte Kontakte mit ungefähr 250.000 Arbeitgebern. Im Bereich der Krankenversicherung gehörte mehr als 900.000 und auf dem Gebiet der Altersversicherung mehr als 650.000 Personen zu diesem Institut. Sein Vermögen war im Jahre 1940 240 Millionen Pengő.
Die Zahl der MABI-Mitglieder im Bereich der Krankenversicherung war 117.000, auf dem Gebiet der Rentenversicherung arbeiteten 111.000 Personen. Das Vermögen des MABI war im Jahre 1940 112 Millionen Pengő.

Versorgung, und für 12 Wochen Hilfe fürs Stillen. Die Versicherung galt auch für die Familienmitglieder.

Der Beitrag der Unfallversicherung wurde vom Arbeitgeber bezahlt, im Tausch dafür erhielt der Arbeiter Versorgung ohne zeitliche Begrenzungen, er bekam noch Krankengeld für 20 Wochen und im Falle von Körperbehinderung zwei Drittel des Lohns als Rente. Beide Versicherungen beinhalteten Begräbnishilfe sowie die Rente für Witwen/Witwer, die 20% des Lohnes war. Das OTI funktionierte in Form einer Gemeinde und daneben lebten noch die „Minemitgliedkasten" und einige Privatversicherungsorgane. Der zweite Schritt der sozialen Gesetzgebung war die Einführung der Alters- und wegen der Körperverhinderung obligatorischen Versicherung mit Hilfe des Gesetzartikels XI vom Jahre 1928.[285] in diesem Gesetz wurden schon auch die verwaisten und verwitweten Familienmitglieder erwähnt. Die zeitliche Grenze der Altersrentenberechtigung wurde an dem 65. Lebensjahr festgesetzt, für den Erwerb der Berechtigung genügten mindestens sieben und halb Jahre Arbeitsverhältnis ferner Beitragszahlung nötig. An diesem gesetzgeberischen Bereich schließ sich die Wahrnehmung der Arbeitnahme von Frauen und Kindern: In einer Rechtsregel vom Jahre 1927 wurde die Nachtarbeit der Frauen und der Minderjährigen unter 14 Jahren. Die Jugendlichen zwischen 12-14 durften nur als Lehrlinge arbeiten, im Jahre 1928 folgte dann im Interesse der Verteidigung der Lehrlinge das berühmt gewordene „Lehrlingsprogamm". (Wie wir es vorhin gesehen haben, einige Versuche in der Rechtsschaffung des Dualismus richteten sich nur noch auf die Bereinigung der Lage von einzelnen Gruppen der Lehrlinge.)

Die Zielsetzungen aller beiden Gesetze wurden realisiert, die Institutionen in kommunaler Erhaltung funktionierten bis zum Ende Zweiten Weltkrieges reibungslos. (Ausgenommen die Jahre der Wirtschaftskrise, als wegen der Verluste der Kassen die Dienstleistungen am Niveau Einbüsse erlitten haben.) Ungarn hat im Bereich Pflichtversicherung der Arbeiter die Rückständigkeit gegenüber dem hoch entwickelten Westeuropa nachgeholt. Zugleich blieb das Versicherungswesen der Landwirtschaftsarbeiter unerledigt. 1930 waren lediglich 355 Tausend gegen Krankheit und Unfall verbindlich versichert. Hinter dieser relativ niedrigen Kennzahl zog sich wahrscheinlich nicht nur der

---

[285] Aufgrund des Gesetzartikels XL vom Jahre 1928 und mit der Einführung der Alters- und Körperverhinderungsversicherung boten die Versicherungen die folgende Rentenversorgungen: Alters- und Körperverhinderungsversorgung, Versorgung für Witwen/Witwer und für Waisen.

tatsächlich vorhandene Widerstand der Arbeitgeber zurück, sonder dass der Arbeitslohn nicht ganz korrekt festgesetzt war, in größtem Teil der im Arbeitsvertrag eingetragenen Punkte beinhalteten viel mehr Entlohnungen in Naturalbezügen und nicht in Bargeld. Es ist nicht schwer einzusehen, dass hier eher die notwendigste Kette der Versicherungslogik fehlte.

Nachdem die Weltwirtschaftskrise bekämpft worden war, stieg die Zahl der Versicherten: Bis 1943 erreichte sie eine Million 251 Tausend und das Niveau der Dienstleistungen wurde auch besser. Der Gesetzartikel XXI vom Jahre 1937 verlieh der sozialen Gesetzgebung einen neuen Schwung. Das Gesetz XXI führte nämlich die 8-stündige Arbeitszeit und dabei das Recht auf den bezahlten Urlaub und hat die Mindestlohngrenze festgesetzt. Die Kraft des Gesetzes erstreckte sich auf die Industriearbeiter und auf die Angestellten im Bergbau. Die 8-stündige Arbeitszeit schien als einer der bedeutendsten Fortschritte seit den 1910er Jahre zu sein, als die Arbeitszeit noch durchschnittlich in 10-12 Stunden bestimmt war. Der bezahlte Jahresurlaub belief sich auf 6 Tage, ergänzt mit den Tagen des Zusatzurlaubs abhängig von den effektiven Dienstjahren des Versicherten.

4.3.3 Wohnungsprobleme

Die Wohnungsprobleme der ärmeren Gesellschaftsschichten sind schon am auslautenden 19. Jahrhundert unmittelbar anrührende Probleme geworden: Sehr früh haben die Ärzte die Behörden auf unterschiedlichsten Foren der Öffentlichkeit darauf aufmerksam gemacht, dass die Tuberkulose eine Volkskrankheit geworden ist, deren Ursache darin bestehe, das die unterernährte, arme Bevölkerung in ungelüfteten, nassen Wohnungen sowohl in den Städten als auf dem Lande lebt. In der Hauptstadt erschien die Wohnungsnot als besonders bedrückend, die in großem Maße der überaus großen Masse der den nach dem Friedensschluss ins Mutterland hereinströmenden Flüchtlingen zu verdanken war.

Die Bauarbeiten an der Budapester Musterwohnsiedlung, der so genannten Wekerle-Siedlung[286] begannen 1908 und gingen 1927 zur Vollendung. Die Aktionen für Kleinwohnungsbau hatten gewisse Milderung im

---

[286] Den Namen hat die Siedlung dem ehemaligen ungarischen Politiker Sándor Wekerle entliehen. **Wekerle**, Sándor (1848–1921): Volkswirt, Politiker, Finanzminister, Ministerpräsident.

Wohnungsproblem mit sich gebracht, diese waren aber für die endgültige Lösung allzu wenig. Die Ausgestaltung der Wohnungspolitik der Hauptstadt verknüpft sich in großem Teil mit dem Namen des Kommunalrates Dezső Schuler. Um die Flüchtlinge aus den losgetrennten Gebieten mit Wohnungen zu versorgen, baute man in Budapest 17 Notsiedlungen mit Einzimmerwohnungen. Viele Mietshäuser wurden in Budapest gebaut, die man etwa 40 Tausend Bedürftigen verteilte. Die Arbeiterwohnungen von Budapest waren viel weniger als um die Jahrhundertwende überfüllt, aber die Masse der Untermieter und Bettmieter blieb unverändert sehr groß. (Nach den zeitgenössischen statistischen Daten kamen diese „Halb-Obdachlosen" vor allem aus den Reihen der niedrig Gebildeten, der 15-35-jährigen als Diener angestellten Männer, der Tagelöhner und der frisch angestellten Fabrikarbeiter her.) In der zweiten Hälfte des 1930er Jahrzehntes begann der Bau von Kleinwohnungen, der mit langfristigem ermäßigt verzinstem Kredit unterstützt worden war. Im Rahmen des Programms wurden 2500 Beamtenwohnungen aufgebaut. In den Jahren des wirtschaftlichen Aufschwungs nach der Krise fing die Hauptstadt erneut mit dem sozialen Wohnungsbau an: 1000 Wohnungen wurden jährlich übergeben, 5000 bis 1944. Damit ist es gelungen, den überwiegenden Teil der Barackewohnungen in der Hauptstadt zu liquidieren. Auch in den ländlichen Städten starteten Bauunternehmungen, die mit Kredit, seit 1936 mit Steuerfreiheit unterstützt worden waren. Die privilegierten Gruppen waren Arbeiter mit Kindern, die bisher in Einzelzimmerwohnungen gelebt hatten.

Die Versicherungsanstalten haben ihre finanziellen Reservefonds in Wohnungsbau mit sozialem Ziel ausgelegt, damit sie dem frei finanzierenden Privatwohnungsbau unerlässliche Hilfe leisteten. Auf dem Lande wurde die landwirtschaftliche Bevölkerung von den Genossenschaften für Kleinwohnungsbau mit langfristigen und billigen Krediten unterstützt. Die Vermehrung der Zahl der mit öffentlichen Versorgungsanlagen versehenen Wohnungen ging mit dem Wohnungsbau Hand in Hand auf Hochtouren: In der Hauptstadt verfügte mehr als 83% der Wohnungen über Elektrizität und Leitungswasser, 50% davon war mit Erdgas versorgt. Die Städte im Lande waren aber darin weitaus zurückgeblieben, in den Dörfern und auf den Bauernhöfen waren mehr als die Hälfte der Häuser weiterhin aus Schlamm und Lehm gebaut, die Rohr- und Strohdächer wurden nur ziemlich langsam von dem Schiefer- und Ziegeldach abgelöst. Der im Jahre 1940 ins Leben gerufene Überregionale Fonds für Volks- und Familienunterstützung unterstützte den Wohnungsbau von kinderreichen, armen, auf dem Lande lebenden Familien;

mehr als 12 Tausend Kleinwohnungen wurden bis 1944 mit Hilfe von zinsfreier Kreditgewährung landesweit aufgebaut.

4.3.4 Das öffentliche Gesundheitswesen

Das öffentliche Gesundheitswesen ist zwischen den zwei Weltkriegen völlig zur staatlichen Aufgabe geworden. Neben der Versorgung der Kranken legte man – aufgrund der modernen Auffassung – großen Akzent auf die Vorbeugung der Herausbildung von Krankheiten. Das Institut des Überregionalen öffentlichen Gesundheitswesens wurde 1927 errichtet, zu seinem Wirkungsbereich gehörten die Vorbeugung der Epidemien, die Verbreitung der Schutzimpfungen und die Ausbildung von Experten. Für das Gesundheitswesen des Landes war der Grünkreuzverein seit 1927 verantwortlich. (1940 wurden der vielfältigen Dienstbereiche in eine Organisation, in den Überregionalen Gesundheitsschutzverband zusammengezogen.) Die Zahl der Krankenhäuser hat sich deutlich erhöht, auf ähnlicher Weise die Zahl der Ärzte. Die Tuberkulose, die als Volkskrankheit galt, und die Geschlechtskrankheiten erforderten die Aufstellung der Stationen für Reihenuntersuchungen. Die staatlichen Bestrebungen, die auf die Organisation des Gesundheitswesens gerichtet waren, haben in dieser Epoche deutliche positive Veränderungen mit sich gebracht.[287]

Die Versorgung der größeren Städte, besonders der Hauptstadt mit Untersuchungszimmern und Ärzten entsprach den modernsten zeitgenössischen Forderungen. Die Versorgung der ländlichen Armen war aber zurückgeblieben: Die aus der Versicherung ausgebliebenen Agrararmen, das Volk der einsamen Bauernhöfe in der Puszta fielen völlig außerhalb des zeitgenössischen Wirkungsbereichs der Versicherung, der Dienst der sozialen Schwestern konnte diese Population auch nicht erreichen, sie blieb sie aus der gesundheitlichen Aufklärungsarbeit des Gesundheitswesen aus. Die Lebensverhältnisse dieser Bevölkerung, ihre über die Errungenschaften der Modernisierung verfügende Versorgung wurden bis zum Ende des Zeitalters bis 1945 nicht verwirklicht.

---

[287] Eine große Bedeutung kann der Übergabe eines Großteils des gemeinsamen Sanitätsmaterials beigemessen werden. Der relativ guten Lage des öffentlichen Gesundheitswesens nach 1926 trug die Übergabe von Geräten, Apparaten dem ungarischen Staat bei. Die schiedsgerichtliche Einigung von Laurana 16. März 1926 sprach die Abgabeflicht aus. Siehe: **Szávai**, Ferenc: Die Folgen des Zerfalls [...]. S. 180.

4.3.5 Armenfürsorge

In diesem Zeitalter – ähnlich wir bis 1918 – wurde die Armenfürsorge nur in kleinerem Teil auf den Staat und die Selbstverwaltungen auferlegt, sie lief ganz bis zum Ende der 30er Jahren in größerem Teil unter der Mitwirkung von privaten und kirchlichen Organisationen aufgrund der Zuständigkeit. Die Beihilfen waren aus örtlichen Steuern, Bußen und Strafen bezahlt, außerdem war noch das Betteln in den 20er Jahren auf dem Gebiet der Selbstverwaltung erlaubt. Die staatliche Armenpolitik fiel zum Teil dem Ministerium für Sozial- und Arbeitswesen zu. Bezüglich des Begriffs der Armut und der Berechtigung für die Unterstützung fehlte eine genau definierte Bestimmung, zugleich machten die Regelungen Unterschied zwischen den arbeitsfähigen und – unfähigen Armen, bzw. Arbeitslosen und die Arbeitsscheuen. Die Arbeitsunfähigen erhielten Beihilfe, aber die arbeitsfähigen Arbeitslosen durften nur in dem Fall Versorgung erhalten, wenn sie Arbeitsdienst leisteten. Der Staat war im Bereich der offenen und geschlossenen Armenfürsorge nur gemäßigt anwesend: Seine Aufgabe war, die Pflege und die Lieferung[288] der armen Kranken, die Versorgung der armen Mütter und ihrer Säuglingen, bzw. die Versorgung der verlassenen Kinder oder der Waisenkinder zu übernehmen.

Am Ende der 20er Jahre erfolgten mehrere Versuche zur planmäßigen Organisierung der privaten und kirchlichen Unterstützung. Pater Oszwald Oslay, ein Mönch des Franziskanerordens, fing mit dem ersten Versuch 1927 an. In dem mit dem Zusammenschluss der Kirche und der örtlichen Gemeinschaft der Stadt Eger betriebenen System machten das aus den örtlichen Spenden und Sammlungen eingeflossene Geld und sonstige Werte den Grund der Hilfe aus. Die sozialen Schwestern stellten so genannte „Milieustudien" über die Armen der Stadt auf Grund von vorher bestimmten Aspekte her. Auf dessen Grund bestimmte man die Hauptursachen ihrer Armut und beteiligte die Bedürftigen mit abgezielter Beihilfe für bestimmte Zeit, die Verwendung der Unterstützung war regelmäßig kontrolliert.

Die Beihilfe konnte vielseitig sein: Geld, Lebensmittel, Kleidung, Hilfe für die Kinder, um zu Hause lernen zu können, das Vermehren der Kenntnisse der Eltern im Bereich der Kinderbetreuung und des Haushaltes, Arbeitsvermittlung und Kinderaufsicht, damit die Eltern arbeiten können. Im System von Eger sind die Spuren und nachwirkenden Elemente der einst im Ruhrgebiet entstandenen

---

[288] Der Transport der armen Kranken in die Krankenhäuser, die zur Plege der *Armen* verpflichtet waren, war seit Ende des 20. Jahrhunderts eine Aufgabe der Gemeinden.

Elberfelder und Straßburger Norm nicht zu schwer zu entdecken. Das als Norm von Eger, später als ungarische Norm erwähnte Modell für Beihilfe verbreitete sich in mehreren Städten, und erwies sich als wirksam. Der Nachteil der Methode war, dass sie – so wie im Falle von Elberfeld und Straßburg, sowie in der Tätigkeit der landesweit genauso zu gutem Ruf gelangten IX. Sektion der Hauptstadt – eine mühsame Humanarbeit (Arbeit im Kreise der Bedürftigen, Netzwerkarbeit, Sozialarbeit) verlangte, und dass sie nicht zur Institution, zum das ganze Land umfassenden, überregionalen System ungewandelt werden konnte. Auf ähnlichen Prinzipien funktionierte das Modell für Beihilfe, das als Norm von Komárom und die von Szatmár bezeichnet war. Das unterstützte die kinderreichen Familien, die landwirtschaftlichen Knechte und die Tagelöhnerfamilien in der Form von Sachbezügen und Kindergeld (es konnte Lebensmittel und Kleidung sein). Das Modell verbreitete sich nicht landesweit, weil das Land im Allgemeinen ärmer war, als die Städte. Es gibt nichts Neues unter der Sonne: Diese Formen hätten auch dieselbe Probleme bewältigen müssen wie etwa hundert Jahren zuvor die Kommunalverwaltungen in Deutschland.

Die produktive Sozialpolitik öffnete ein neues Kapitel in der Geschichte der heimischen sozialen Fürsorge. Ihr Erfinder war Lajos Esztergár, der Bürgermeister von Pécs/Fünfkirchen. Das Grundprinzip der produktiven Sozialpolitik bestand darin, dass der Bedürftige mit Hilfe der Unterstützung wieder auf die Beine kommen konnte und erneut das aktive Mitglied/der Angehörige und Arbeiter der Gesellschaft sein soll. Die Initiative von Pécs gab Antwort auf die Wirtschaftskrise, als ein Fünftel der Stadt zu Arbeitslosen wurde. Die Führung der Stadt machte sich an die Behandlung der Situation mit der Einbeziehung der örtlichen Bürger in die soziale Arbeit. Man hat die arbeitslosen Familien der Stadt ermessen und zusammengeschrieben. Mit dem Eintreten des Winters startete Sonderangebot für Milch, so erhielt jedes Kind jeden Tag ein Glas Milch, 800 Kinder bekamen Mittagessen täglich. Die arbeitsfähigen Arbeitslosen waren in den von der Stadt errichteten Betrieben angestellt – Tischler, Schlosser, Schuhmacher, Teppichwirker etc. Im Jahre 1932 erhielten 500 Menschen eine Stelle in Werkstätten, 32 Notwohnungen mit Garten wurden im Rahmen der öffentlichen Arbeit für die bedürftigen Großfamilien aufgebaut. Die Einwohner spendeten regelmäßig, 10 Bezirkskomitees verteilten die eingeflossene Spende, aufgrund der individuellen Beurteilung der Bedürftigen. Die Initiative von Esztergár war ein vorbildhaftes Unternehmen und löste eine überregionale Anerkennung aus.

Die produktive Sozialpolitik wurde im Jahre 1940 zum überregionalen Programm geworden. Zu dieser Zeit wurde das Fundament für Volks- und Familienschutz gegründet, das sich die Unterstützung der mindestens drei Kinder erzogene Großfamilien zum Ziel gesetzt hatte. (Die zeitgenössische statistische Umfrage notiert ungefähr 400 Tausend kinderreiche Familien, davon zwei Drittel lebte in Armut. Die Arbeiter der armen Familien waren vorwiegend Knechte und Tagelöhner.)

Für die Führung der Arbeit des Fonds war das Überregionale Soziale Aufsichtsamt[289] verantwortlich, mit der Gestaltung der so genannten Genossenschaften für das Allgemeinwohl. Das OSZF wendete staatliche Ressourcen an, die auf den Bau der sich über Garten verfügenden Einfamilienhäuser aufgewendet wurden. Außerdem half es ihnen mit Tierspenden, mit großem Darlehen. Das Aufsichtsamt machte die Unterstützung zur moralischen Voraussetzung: die mindestens drei Kinder erzogenen ungarischen Familien mit christlicher Moral erhielten Hilfe dazu, dass sie die Armut überwindend nicht mehr auf öffentliche Beihilfe angewiesen sein sollten. Die sozialen Schwestern halfen an der Anwendung der Beihilfe und gleichzeitig kontrollierten sie sie.

Mit der Unterstützung ONCSA, des Fonds für Volks- und Familienschutz wurden ungefähr 12 Tausend Häuser errichtet, die ungarische Volksbildung organisiert, Geld, Lebensmittel, Kleidung und sonstige Spenden wurden verteilt, ermäßigtes Darlehen für Hausbau geleistet, die Kleinhandwerker waren mit ermäßigtem Kredit unterstützt. Der ONCSA amtierte während des Krieges, sogar auch auf den rück gegliederten ungarischen Gebieten bis 1944. Offensichtlich konnte der ONCSA das größte Problem und den Bodenmangel der armen Bauernschaft nicht lösen, da keine der Regierungen die Bodenreform unternahm, die in der Situation radikal hätte helfen können. Gleichzeitig müssen wir anerkennen, dass die ungarische staatliche produktive Sozialpolitik, auch in diesem kürzeren Zeitraum – auch wenn wir einen Vergleich mit dem entwickelten westeuropäischen Niveau anstellen – erreichte hervorragende Ergebnisse.

Die enorme Anstrengung der Einwohnerschaft von Ungarn zwischen den zwei Weltkriegen, die sich nach dem Krieg, den Revolutionen, dem ungerechten Friedenschluss und nach der Erfüllung der Reparationen auf den Wiederaufbau des Landes, auf die Stabilität der Wirtschaft und auf die Erhaltung des

---

[289] Ungarisch: „Országos Szociális Felügyelőség", OSZF.

gesellschaftlichen Friedens richtete, ist wirklich beachtenswert. Die Gesellschaftsgeschichte der Horthy-Ära und die Forschung der Bestrebungen für die Behandlung der sozialen Probleme verbirgt noch zahlreiche unaufgeschlossene, noch nicht aufgearbeitete Fragen für die Forscher.

5 TRANSFERLEISTUNGSSYSTEME UND SOZIALPOLITIK NACH DEM ZWEITEN WELTKRIEG

Der sich in Länge ziehende zweite Weltkrieg, während dessen ganz Europa zum Kriegsschauplatz wurde, brachte erhebliche Verluste an materiellen Gütern und Menschenleben mit sich. Die meisten europäischen Gesellschaften sind mit dem Problem der Armut aneinandergeraten. Die früher verwendeten Maßnahmen der Armenpolitik waren für die Lösung unzulänglich ebenso, wie die vor dem Krieg ausgearbeiteten Sozialversorgungssysteme. Wegen des sich ständig stärkenden Drucks der gesellschaftlichen Bewegungen musste man die Intensität und das Volumen der Wohlsstandsversorgung europaweit vergrößern, während die Ressourcen dazu knapp waren. Die sozialpolitischen Maßnahmen gestalteten sich nicht in Abhängigkeit von der Tragfähigkeit der Wirtschaft, sondern sie wurden von der politischen Notwendigkeit generiert.

Nach dem zweiten Weltkrieg erschien die Wiederherstellung, der Wiederaufbau, der Neubeginn des Wirtschaftslebens als dringende Aufgabe, aber sie erschienen in den einzelnen Regionen des Kontinents in anderem Gewand. Teils fuhr man mit der Verstärkung der Wirtschaft und des gesellschaftlichen Lebens fort – das geschah westlich der Elbe –, teils fingen die Länder östlich der Elbe an, eine ihren früheren gesellschaftlichen Verhältnissen abgewichene Form auszubauen. Die Länder westlich der Elbe verfügten über innere und äußere Kraftquellen, die Länder der sowjetischen Besatzungszone konnten keine ausreichende Hilfe in Anspruch nehmen, während ihre politische Isolierung ständig anwuchs.

Die bis zum Krieg geltenden sozialpolitischen Modelle – eine lange Zeit die als Etalon betrachtete Bismarcksche, später liberale, sozialdemokratische oder konservative Form – werden überall in Europa umgestaltet.[290] Gleichzeitig wurde die „Spaltung Europas" allgemein vollzogen. In beiden Weltsystemen wurde den politischen Entscheidungen viel größere Bedeutung beigemessen als zuvor. Die politische Leitung ließ die Sozialpolitik den Interessen der Wirtschaft zuvorkommen, die Sozialpolitik geriet so in den Mittelpunkt des allgemeinen Übereinkommens und erweckte Rivalisierung zwischen den kapitalistischen und sozialistischen Ländern.

Bereits vor dem Krieg tauchte der Gedanke der Sozialversicherungsreformen auf, aus diesem Grund, dass eines der wichtigsten Ziele der Sozialpolitik die Verhinderung der sozialen Zwangslage ist. Das Instrumentarium stellt sich aus vielen Mitteln zusammen: staatliche Gesetzgebung, die durch sie geregelte, im

---

[290] **Tomka**, Béla: Szociálpolitika a 20. századi Magyarországon európai perspektívában [*Sozialpolitik in dem Ungarn des 20. Jahrhunderts in europäischer Perspektive*]. Századvég Kiadó, Budapest, 2003. S. 11.

Allgemeinen auf den Familienerhalter konzentrierende, differenzierte Vorschriften, die sich auf die Unfall-, Gesundheits-, Renten- und Waisenversicherung beziehen. In vielen Ländern umfasst es ebenfalls die Arbeitslosenversicherung, und sie stehen mit den grundlegenden Zielen einer gegebenen Gesellschaftspolitik im Zusammenhang.[291]

Die Vorstellungen über die Sozialpolitik nach dem zweiten Weltkrieg beziehen sich immer weniger auf die traditionellen Elemente, sondern sie ziehen das Konzept von Beverigde in Betracht. (Obwohl ihre komplette Realisierung eher ab den 60er Jahren in Westeuropa allgemein wurde.)[292] Der Prozess der Rechtserweiterung, die zuerst die am meisten gefährdeten Arbeiter, dann die landwirtschaftlichen Erwerbstätigen, die Angestellten höherer Gehälter und zuletzt die Selbstständigen in den Rechtsschutz einbezieht – ist die typische Richtung der Entwicklung in Europa im 20. Jahrhundert. In der Mitte der 1950er Jahre erfolgte in diesem Entwicklungsweg ein qualitativer Sprung, der dazu führte, dass aus diesen Berechtigungen allgemeine staatsbürgerliche Grundrechte wurden. Diese Rechte sind auf immer größere Zahl der Staatsbürger erstreckt worden. Nach einigen wissenschaftlichen Meinungen bedeuten diese Grundrechte die soziale Sicherheit selbst, deren Maß davon abhängt, wie großen Anteil die sozialen Ausgaben an der GDP haben.[293] Das Maß und Niveau der Sozialversicherung zeigen je nach Regionen gewisse Abweichungen, zwischen ihren inhaltlichen Kennziffern und dem Entwicklungsgrad eines Landes gibt es nicht immer einen eindeutigen Zusammenhang. In den so genannten „sozialistischen Ländern" in der osteuropäischen Region wurden diese „erweiterten" Grundrechte so eingestellt, als sie einen Nachweis für die Hochwertigkeit des „sozialistischen Systems" liefern würden.

Mit dem Ausbau der westeuropäischen Wohlfahrtsstaaten setzte man nicht mehr das Ziel, den Menschen die Dienstleistungen mit niedrigem Niveau zu sichern, sondern die Aufrechterhaltung des Lebensniveaus. Die Menschen bezahlen Beiträge und sie bekommen Sozialleistungen zurück, deren Volumen die Höhe der Einzahlungen und des Einkommens bestimmen.[294] Beim Pensionierungsalter unterscheiden sich die Bedingungen für die Pensionsberechtigung je nach Länder, es verbreitet sich aber das Grundprinzip immer mehr, das 1957 in

---

[291] **Tomka**, Béla: Szociálpolitika [...]. S. 23.
[292] **Tomka**, Béla: A jóléti állam Európában és Magyarországon [*Der Wohlfahrtsstaat in Europa und in Ungarn*]. Corvina Kiadó, Budapest, 2008. S. 29-30.
[293] **Tomka**, Béla: A jóléti állam […]. S. 34.
[294] Ebenda, S. 75-76.

Westdeutschland verfasst wurde: „ [...] die Rente ist ein Vertrag zwischen den Generationen".[295] Wegen der Integrationsbestrebungen – Gründung und Erweiterung der EU – herrscht das Versicherungsprinzip über die staatsbürgerliche Berechtigung in erhöhtem Maße vor. Die Sozialversicherung der hoch entwickelten westeuropäischen Länder zeigen in unseren Tagen eine sehr große Konvergenz.

Die wirtschaftliche und gesellschaftliche Entwicklung Ost-Mittel-Europas – implizite die Sozialpolitik – weist teilweise andere, teilweise ähnliche Charakterzüge mit Westeuropa auf. Auch im Osten ist die Ansicht fest verankert, dass Gesellschaftspolitik und Armenpolitik nicht identisch sind. Die Rolle des Staates wächst zu Schaden der Selbstständigkeit der Sozialversicherung – was jedenfalls auch für die Wirtschaftsentwicklung typisch ist. Die Sozialversicherungsleistungen basieren auf die Arbeit, sind grundsätzlich mit dem staatlichen Sektor in Verbindung, bevorzugen vor allem das Risiko, die mit der Arbeitsfähigkeit verbunden sind. Erscheinungen, wie Armut, hohes Lebensalter, niedrigere Arbeitsfähigkeit, die mit der Produktion nicht in unmittelbarer Verbindung stehen, nehmen sie weniger in Acht.

Das Primat der mit der Gesundheit verbundenen Versorgung macht sich gegenüber den Pensionsdienstleistungen geltend, wobei die Familienunterstützungen ein relativ hohes Volumen[296] erreichen, wobei die Arbeitslosenversicherung völlig beeinträchtigt wird.[297] In dem ost-mitteleuropäischen Raum fasst man die extensive Wirtschaftsentwicklung – die verspätete Modernisierung – in der zweiten Hälfte des 20. Jahrhunderts als Industrialisierung auf. Die Vollbeschäftigung spielt in den neuen wirtschaftlich-gesellschaftlichen Formationen ebenso eine grundlegende Rolle, wie das Primat des Staatseigentums[298], oder die Deklarierung der gesellschaftlichen Gleichheit. Letztere können die politischen Eliten in der ersten Zeit nur mit der Diskriminierung anderer gesellschaftlicher Gruppen verwirklichen[299] (Verfolgung der bürgerlichen und adeligen Schichten).

Die von den bolschewistischen Regimen deklarierte Idee der kommunistischen Gesellschaft brachte die Entziehung früher erworbenen Berechtigtheiten und mit

---

[295] Ebenda, S. 36.
[296] In je nach Regionen unterschiedlicher Höhe.
[297] **Tomka**, Béla: A jóléti állam [...] S. 29.
[298] **Szalai**, Júlia: Uraim! A jogaimért jöttem! [*Meine Herren! Ich will meine Rechte wieder bekommen!*]. Új Mandátum Kiadó, Budapest, 1998. S. 262.
[299] **Ferge**, Zsuzsa: Szociálpolitika és társadalom [*Sozialpolitik und Gesellschaft*]. ELTE Szociológiai Intézet Szociálpolitikai Tanszék –T-Twins, Budapest, 1991. S. 209.

einem Nivellierungsprozess, der den Angestellten des staatlichen Sektors ein niedriges – zum Weiterarbeiten veranlassendes – Pensionsalter und eine aus den Einzahlungen der aktiven Werktätigen zusammenkommende Rente versprochen wurde. In diesem System – wie es in der Bismarckschen Sozialpolitik der Fall war – binden sich die Leistungen der Sozialversicherung an die Arbeit an.[300] Das vorliegende diktatorische System – den politischen Zielsetzungen gemessen – bezieht sich auf einige Gesellschaftsschichten, andere bekommen dagegen nicht (Ackerbaugesellschaft bekommt Rente beschränkt, die Selbstständigen nicht. In den „sozialistischen Ländern" dominiert die staatliche Rollenübernahme über alles. Einigen politischen Äußerungen nach sind hier jegliche Maßnahmen des Staates ab ovo Sozialpolitik.[301]

Das grundlegende Institut der sozialen Sicherheit, die Vollbeschäftigung, die sich auf dem Arbeitszwang beruht, durchwebt das ganze wirtschaftliche und politische Feld, alle Sozialleistungen verknüpfen sich mit ihr – allerdings bis zur politischen Wende zwischen 1990–93 –, ein alternatives System oder Institut für Hilfeleistung entbehrte jeder Daseinsberechtigung. Das soziale Versorgungssystem – die Sozialversicherung – war einheitlich, verstaatlicht, wirkte mit den Gewerkschaften zusammen, war zugleich keiner demokratischen Kontrolle unterzogen. Grundsätzlich trachtete es sich nach Egalisierung, während dessen traten auch etliche politische Interessen auf, infolge deren einige favorisierte Personen zu extra Dienstleistungen kamen (Versorgung auf höherem Niveau, höherer Rentenbetrag u. s. w.) In der „sozialistischen" oder „volksdemokratischen" Ära wurde der Sozialpolitik einen anderen, breiteren Sinn geliehen. Zur Sozialpolitik wurde auch die Preissubvention der wichtigsten Konsumgüter und Dienstleistungen gezählt und noch weitere Sozialleistungen gehören auch zu ihr, wie günstiger, vom Staat subventionierter Wohnungsbaukredit, außerdem zuweilen der kostenlose Unterricht sowie die kostenfreie medizinische Versorgung. In den Arbeitsplätzen im Sozialismus konnte man nicht nur arbeiten, sondern man konnte hier zu unterschiedlichen Sozialleistungen kommen, wie subventionierte Reise, Inanspruchnahme der Kinderwohlfahrtsinstitute, Betriebsspeisung, Betriebsarzt, Stipendien, Wohnungsbauunterstützung, kostenlose Urlaubsheime, Möglichkeiten für Sport u. s. w.[302] Zur selber Zeit belasteten diese Kosten natürlicherweise den zu realisierenden Profit des Unternehmens. Der Ausbau der Sozialversorgungssysteme war von vielen Begleiterscheinungen umgeben:

---

[300] **Tomka**, Béla: A jóléti állam [...]. S. 39-40.
[301] **Ferge**, Zsuzsa: Szociálpolitika és társadalom [...]. S. 93.
[302] **Tomka**, Béla: A jóléti állam [...] S. 52-55.

verstärkte politische Kontrolle, Abschwächung der Arbeitersolidarität, Entfaltung des Paternalismus.

Die günstigen Veränderungen in der Wirtschaft und Gesellschaft ermöglichten die Entstehung der „Wohlfahrtsstaaten" in Westeuropa. Bei diesen Formationen handelte es sich nicht nur um ein hohes Lebensniveau und eine entwickelte Wirtschaft, sondern um einen Staat, der eine Sicherheit durch Einkommenstransfer und Sozialleistungen anbietet. Die bekannteste Form: Sozialversicherung. Sie erstreckt sich auf die Unfalls-, Gesundheits-, Renten-, Arbeitslosenversicherung, ihr gehören noch die Sozialhilfe, Sozialleistungen für die öffentlich Bediensteten, die Kriegshilfen, die Unterstützungen für Mütter und Familien, Unterrichtskosten, die Garantie der Mindestlöhne, Wohnungsbausubventionierung, Preisstützung. Die Sozialversicherung ist vollkommen anders als die Armenfürsorge, sie konzentriert nicht ausschließlich auf das Armenwesen, hält sich die ganze Gesellschaft vor Auge, wächst dynamisch, geregelt von der staatlichen Gesetzgebung, in ihren Funktionen erheblich differenzierter, geht bestimmte Risiken ein.[303] Neben dem Anwachsen der staatlichen Rollenübernahme stützte die kapitalistische Sozialpolitik auf die zivile Sphäre, während im neuen sozialistischen Modell die traditionellen zivilen Organisationen und die karitativen Organisationen der Kirche größtenteils aus ideologischen Überlegungen liquidiert wurden.

Nach der Fachliteratur kann man von einem Wohlfahrtsstaat sprechen, wenn er nur die Bedürftigen versorgt und sich nicht in die Marktverhältnisse einmischt – das ist der residualer Wohlfahrtsstaat – der andere Typ des Wohlfahrtsstaates kann sich auf der Arbeitsleistung beruhen, in diesem Fall sind die Sozialleistungen mit der Arbeitsnahme und mit den damit verbundenen Beitragszahlungen verknüpft, und bei dem dritten Typ – das heißt: institutionalisierter Wohlfahrtsstaat – mischt sich der Staat in die Gestaltung Marktverhältnisse, macht eine klare Redistributionspolitik, gewährt universale, also sich auf jede bezogene soziale Rechte. Nach einigen anderen Klassifizierungen sind in den entwickelten westeuropäischen Regionen waren im 20. Jahrhundert die sozialdemokratischen Wohlfahrtsmodelle maßgebend. In diesem Modell gelten universale Rechte und das hohe Niveau der „Dekommodifikation"[304]. In der sozialdemokratischen Form werden die

---

[303] **Tomka**, Béla: A jóléti állam [...] S. 13-14.
[304] Dekommodifikation: Die Sozialpolitik befreit das Individuum von den Zwängen der Marktverhältnisse, damit die Existenz des Individuums nicht ausschließlich vom Verkauf seiner Arbeitskraft abhängig wird.

universalen Rechte gesichert, außerdem werden auch die Einkommensunterschiede in Acht genommen, so werden auch die Mittelschichten Teilnehmer an den staatlichen Wohlfahrtsprogrammen. Über gleiche Chancen verfügt auf dieser Weise jedes Mitglied der Gesellschaft. Nachteil: das Modell ist äußerst kostenintensiv.[305]

Die Entwicklung nach dem zweiten Weltkrieg ist in den 70er-80er Jahren so in West- wie in Osteuropa zurückgewichen. Die Entstehungsgründe des gemäßigten Wachstums liegen teilweise in der Weltwirtschaft (Ölkrise, Verschuldung), andererseits in den nationalen Gegebenheiten (Erweiterung des Kreises der Bezugsberechtigten, z. B. in Osteuropa wegen der Kollektivierung der Landwirtschaft). In allen zwei Regionen wuchs die Zahl der Bezugsberechtigten, z. B. ist das Durchschnittsalter höher geworden, oder aber wurde die Berechtigung auf Grund der Staatsbürgerschaft immer mehr bestimmender Faktor.[306] Des Niveau der Dienstleistungen wurde besser und ihr Kreis größer. Zugleich kam in allen beiden Regionen die Verschwendung, als der das Funktionieren des Systems beeinflussende Faktor zum Vorschein.

Im Falle der hoch stehenden westeuropäischen Länder wurden die Argumente weit und breit verlautet, dass das Wohlfahrtssystem „die Gerechtigkeit des Marktes untergräbt, der Erfolgreichen ihr Vermögen beraubt und die Abhängigkeit der Bedürftigen verlängert [...].“[307] Und gleichzeitig nehmen auch die gleichen die Sozialleistungen in Anspruch, die darauf nicht angewiesen sind, die Armut auch weiterhin übrig bleibt, außerdem kostet dieses System sehr viel und es lässt die familiären Verhältnisse verkümmern, lässt die Abhängigkeit vom Staat verstärken. Anderes Argument: Die erweiterten sozialpolitischen Befugnisse wirken auf die wirtschaftliche Leistung und aus die Arbeitnehmer negativ (z. B. Arbeitslosengeld), oder die auf die Sozialversicherung verwendeten Steuern entziehen Ressourcen der Entwicklung, obendrein werden die Kosten der vom Staat unterhaltenen Systeme erheblich höher als die in der privaten Sphäre.

Die Wohlfahrtsstaaten reagierten auf die sich hinausziehenden Krisen unterschiedlich. Die private Sphäre nahm an Bedeutung zu, besonders was die privaten Krankenkassen, die Altersversorgung und das Gesundheitswesen betrifft. Anstatt Arbeitslosengeld auszuzahlen haben die Regierungen Umschulungen organisieren lassen, mit aktiver Arbeitskräftepolitik angefangen,

---

[305] **Tomka**, Béla: A jóléti állam [...] S. 41-44.
[306] **Tomka**, Béla: Szociálpolitika [...]. S. 70-74.
[307] **Tomka**, Béla: A jóléti állam [...] S. 66.

die Zahl der Arbeitsplätze vermehrt. Parallel mit diesen Beschlussfassungen verschärfte sich die administrative Kontrolle des Staates.[308] In den 1980er Jahren versuchte ein Großteil der Wohlfahrtsgesellschaften – berufen auf die vorliegenden wirtschaftlichen Schwierigkeiten – die sozialen Ausgaben zu senken. Einige Experten verbinden diese osteuropäische Tendenz mit dem Zusammenbruch des Staatssozialismus. Sie behaupten: Die Veranlassung gab zu diesen Wandlungen, dass mit diesem politischen Akt die Rivalisierung zwischen den zwei gegenüber stehenden Weltordnungen eingestellt wurde.

In den „sozialistischen Ländern" fungiert die Sozialversicherung als ein Zweig des Staatsbudgets, in der Staatshaushaltsbilanz wurde der Posten Einnahmen-Ausgaben nicht abgesondert, die mit diktatorischen Mitteln regierende Elite hat alles in den „großen Hut" hineingetan, aus diesem Grund erfüllt die Sozialversicherung nur eine der Funktionen der zentralen Redistribution. Sie trug der politischen Stabilität und Legitimation des politischen Systems bei, im Grunde genommen funktionierte sie unabhängig von der wirtschaftlichen Leistungsfähigkeit. Sie bildete ein kohärentes System, das auf Grund des Primats des staatlichen Vermögens und der Allmächtigkeit der zentralen Wirtschaftsplanung wirkte. Die Planwirtschaft ermöglichte darüber hinaus ein künstlich ausgestaltetes niedriges Lohniveau, und hielt das „Residualprinzip" vor Auge. Aus dem „Überrest" konnte der Staat die die Sozialausgaben decken. Der Paternalismus, die den leitenden politischen Akteuren (Parteifunktionäre und ihr Klientenkreis) nahe stehenden Personen zu bevormunden, überhäufte die ganze Gesellschaftsstruktur. Die Bevormundung realisierte sich durch die vom Staat zugeteilten Dienstleistungen und Lohnnebenleistungen.[309]

Das System wurde von Vornherein so eingeleitet, dass der Staat die niedrigen Lohnkosten mit den kostenfreien Dienstleistungen (Gesundheitspflege, Unterricht, Wohnungsbau) kompensierte. Außer der kostenlosen Naturalleistungen bot der Staat erhebliche Preisstützungen für die grundlegenden Konsumgüter (Heizung, Beleuchtung, Lebensmittel, Verkehr) dar, überdies gab es Möglichkeit dazu, dass der Staat die zur Verfügung stehenden geringfügigen Güter (Wohnungen) wieder verteilte.[310]

Die Entwicklung des „sozialistischen Wirtschaftsraums" hat in den 1970-1980er Jahren inne gehalten, zurückgefallen, die früheren wirtschaftspolitischen Vorstellungen wurden nicht mehr haltbar. Die Erhaltung des Lebensniveaus,

---

[308] Ebenda, S. 75.
[309] **Szalai**, Júlia: Uraim! A jogaimért jöttem! [...]. S. 313.
[310] **Ferge**, Zsuzsa: Szociálpolitika és társadalom [...]. S. 170 - 171.

was aus politischer Sicht von grundlegender Wichtigkeit war, ließ politische Spannungen entstehen. Die Modernisierungsprogramme, die technologischen Förderungen wurden eingestellt, die Quellen der extensiven Wirtschaftsförderung haben sich erschöpft, innerhalb der Bevölkerung hat sich der Anteil der Inaktiven bedeutend vergrößert, die Altersstruktur hat sich verändert (Veralterung), die Geburtenrate ist gesunken. Alle diese Momente schufen die Grundlage zu der sich immer vertiefenden politischen Krise. Obendrein wuchs der Anteil der Schattenwirtschaft an der Realwirtschaft, was bei einigen Schichten einen Einkommenszuwachs ergab, während die Einnahmen der Sozialversorgung unverändert blieben. Die Quellen dieser Einnahmen entsprungen nämlich den Beiträgen der legalen Arbeitsplätze.

Die Verschuldung der kommunistischen Länder ging auf Hochtouren, und sie konnten das Problem ab den 1980er Jahren nur mit Hilfe des IWF zu Hand haben. Die internationalen Finanzorganisationen hielten nach dem Controlling der Wirtschaftsprobleme das übertriebene Maß des sozialen Netzes ebenfalls für schädlich. Sie schlugen vor, den Wirkungsbereich der Sozialversorgung zu schmälern, das „soziale Budget" – so die Ratgeber des IWF – enthält so wie so die Elemente der kostenfreien staatlichen Zuwendung (inklusive das öffentliche Gesundheitswesen und das System der Preisstützung)[311] Ungeachtet der im Kommunismus verkündeten ideologischen Zielsetzungen ist die Armut nicht verschwunden, sie wurde sogar in den 70er Jahren immer mehr messbar. Das ist die Schicht, die zu jener Zeit weit und breit in die Kategorie der „unter dem Existenzminimum Lebenden" eingereiht worden war. Mit dem Auftreten der wirtschaftlichen Schwierigkeiten – was mit der gewichteten Rolle der Schattenwirtschaft eng verbunden war – scheinen die Armut und die marginalisierte Lage bei einigen Schichten (Familien mit vielen Kindern, Alten, Kranken, Roma) immer ausgeprägter zu sein. Die Betroffenen bezeichnete der politische Jargon für „Benachteiligten", „Deprivierten"[312], den Umfang dieser Schicht versuchten Soziologen zu bestimmen (Zsuzsa Ferge, István Kemény) und um das Problem in den Griff zu bekommen, auf der Spur der so genannten „népi írók" (in approximativer Übertragung „Plebejerschriftsteller")[313] in den

---

[311] **Szalai**, Júlia: Uraim! A jogaimért jöttem! […]. S. 313.
[312] **Valuch**, Tibor: Magyarország társadalomtörténete a XX. század második felében [*Ungarns Sozialgeschichte in der zweiten Hälfte des 20. Jahrhunderts*]. Osiris Kiadó, Budapest, 2001. S. 351.
[313] „Bewegung der Plebejerschriftsteller": Radikale literarische, künstlerische und ideologische Strömung in den 1920/1930er Jahren. Ihre Themen schöpften sie aus dem Leben der armen, hauptsächlich bäuerlichen Bevölkerung, um die erheblichen Massen der damaligen

1930er Jahren, hielten sie die gesellschaftliche Solidarität, die Eintracht, die bürgerliche Initiative für brauchbar (z. B. SZETA[314]). Die Ursachen der Armut sind auch hier nicht im System zu suchen, sondern – ebenso wie es in der Horthy-Ära[315] der Fall war – in der individuenbedingten Lebensführung, in dem devianten, von der Norm abweichenden Verhalten. Diese Auffassung konnte im System der Unterstützungen auf der Grundlage des Arbeitsverhältnisses sogar die Familien hart betreffen – z. B. wenn die Kinder in staatliche Pfleg gegeben werden mussten oder im Falle von polizeilichen Maßnahmen.[316]

Die sich verschmälernden staatlichen Ressourcen, die hervorkommenden gesellschaftlichen Spannungen verstärkten die Probleme des künstlich errichteten Systems der Sozialversicherung. Die Anomalie der Sozialversicherungswirtschaft war nur durch die durchgreifende Umgestaltung zu beseitigen. Die 1980 er und die 1990er Jahren waren die Zeiten in der ost-mittel-europäischen Region, als das gesellschaftliche Establishment für eine dynamische Entwicklung schon unfähig war, die persönlichen Bestrebungen um reich zu werden und besser zu leben gerieten mit der Kapazität des öffentlichen Konsums in Widerspruch (die das private Vermögen vermehrenden Auswirkungen der grauen Wirtschaft, gravierende Lückenhaftigkeiten in der Armenfürsorge). Die gesellschaftlichen Unstimmigkeiten zwischen den Generationen und Siedlungsgebieten sind schärfer geworden, verschiedene, „abgerissene" soziale Schichten hinkten auf der sozialen Palette hinterher.

Die Aufgaben der Sozialpolitik blieben zugleich unverändert: die Gewährung der sicheren und menschenwürdigen Lebensbedingungen der Alten, Kranken, Jugendlichen, andererseits die Erhaltung der Funktionsfähigkeit der kostenfreien Systeme wie Gesundheitswesen, Unterricht. Als Quellen zu diesen Aufgabenstellungen wollte die Politik die modernen Sozialversicherungssysteme auf der Basis des Vertretungsprinzips und der Eigenfinanzierung benutzen. Zu dem reibungslosen Funktionieren dieser Systeme hätte man aber den staatlichen Finanzierungszwang und die Realwirtschaft trennen müssen. Dieses Dilemma hätte man aber nur dann lösen können, wenn Ungarn über eine demokratisch kontrollierbare Staatsverwaltung verfügt hätte. Die demokratische Kontrolle bedingte eine stabile

---

Landbevölkerung aus ihrer schweren sozialen Lage herauszuheben. Ihre bevorzugte Gattung war die Soziographie.

[314] Über die SZETA detailliert: **Pik**, Katalin: A szociális munka [...] S. 340-380.

[315] **Horthy**, Miklós vitéz nagybányai (1868–1957): vor 1918 Vizeadmiral der österreichisch–ungarischen Kriegsmarine, 1920–1944 Reichsverweser des Ungarischen Königreiches.

[316] **Szalai**, Júlia: Uraim! A jogaimért jöttem! [...]. S. 56-67.

parlamentarische Gesetzgebung[317], dazu wäre aber eine grundlegende Veränderung der politischen Struktur notwendig gewesen. An diesem Punkt schloss sich der Ring, und kurz darauf kam die politische Wende, der Zusammenbruch des Kádár-Regimes.

In den 1990er Jahren entstanden vollkommen neue wirtschaftliche, politische und gesellschaftliche Verhältnisse in Ungarn und in den ehemaligen RGW-Staaten. An Stelle des Staatssozialismus trat das privatwirtschaftliche System. Begleitet von einer allgemeinen Fassungslosigkeit der Gesellschaft hat das neue polische Establishment die Armut nicht aufgelassen. Sie wurde sogar immer mehr präsent und handgreiflich. In erster Linie die Arbeitslosigkeit und die Obdachlosigkeit, aber diese Missstände haben die Politiker als „unvermeidliche Folge des Übergangs in die Marktwirtschaft" eingestellt und sie haben diese „Folgeerscheinungen" auch weiterhin als „Privatangelegenheit" apostrophiert[318].

---

[317] Ebenda, S. 274-275.
[318] Ebenda, S. 55-57.

6   SOZIALPOLITIK IN UNGARN VON 1945 BIS HEUTE

6.1 „QUASI-SOZIALPOLITIK" ZWISCHEN 1945–1956

Der Ausbau der neuen Sozialpolitik in Ungarn wurde in mehreren Etappen durchgeführt, eng mit den politischen Zielsetzungen und dem politischen Instrumentarium verbunden. In der erste Etappe von 1945–1956 kamen nach der tiefgreifenden Umgestaltung der Besitzverhältnisse die neuen Institutionen zu Stande – die Institutionen aus der Zeit vor dem Weltkrieg wurden in das OTI (Landesdirektion für Sozialversicherung)[319] eingeschmolzen (1945-1949), dann im Oktober 1950 in das SZTK (Sozialversicherungszentrum der Gewerkschaften)[320]. Ihre Rechts- und Betätigungsform wurde staatlich geprägt, in unmittelbarer Verbindung mit den ebenso gleich geschalteten, parteiabhängigen Gewerkschaften. Geboren wurde mit diesen diktatorischen Schritten ein den Gegebenheiten angepasstes „Minimalversicherungssystem"[321], das vor allem den Interessen der in dem staatlichen Sektor beschäftigten Arbeiter diente.

Die herkömmlichen Aufgaben der Sozialpolitik, die bis etwa 1948 im Vordergrund standen: Armenunterstützung – vorzugsweise ihre unmittelbar an den Krieg angeschlossenen Formen – Angelegenheiten des Sozialwohnungsbaus (ein Viertel der Wohnungen zerstört), Startprogramme für das Wirtschaftsleben, Schaffung von Arbeitsplätzen, Steigerung der Erwerbsfähigkeit der Neulandwirten[322]. Inzwischen stand die Diskriminierung von anderen Gesellschaftsschichten auf der Tagesordnung so, dass die Politik einen Diskriminierungsskala errichtet: Eine Schicht wurde besser benachteiligt als die Anderen. Kurz und bündig: Man konnte diese Sozialpolitik trotz aller ihrer Schwäche als eine Transferleistungspolitik auffassen. Die Idee basierte auf dem Gedanken der Solidarität, wonach Bedürftige von wirtschaftlich Stärkeren –

---

[319] Országos Társadalombiztosítási Intézet. Von den ehemaligen, selbstständigen Versicherungskassen blieb nur die MÁV-Krankenversicherungsinstitut (MÁV - Ungarische Staatseisenbahnen) bestehen.

[320] Szakszervezetek Társadalombiztosítási Központja. Wirkte unter der Aufsicht des Ministerrates bis 1984 (Gesetzartikel XXXVI vom Jahre 1950).

[321] Siehe die Regelungen zwischen 1950 und 1954: für Ruhegehaltsbezug war 10 Jahre im Dienst verbrachte Zeit nötig, die Stammrente betrug 15% des Arbeitslohnes, zur Rentenanpassung wurden nur die Jahre nach 1945 anerkannt (erst ab 1959 rechnete man die Jahre seit 1929 an), Sozialversicherungsbeitrag belastete den Arbeitnehmer.

[322] Ungarisch: „újgazdák", „juttatott emberek" – im Jahre 1946 fing man mit der Verteilung von Bodenbesitzen für bodenlose, arme Bauern, insbesondere für die ehemaligen Gutsknechte..

obwohl das Land in diesen Jahren kurz nach dem Krieg im Grunde generell arm war – unterstützt wurden. Nicht so nach 1948. Eine jähe Änderung – im Einklang mit dem politischen Leben – ging erst 1949 vor[323], und wurde ausgesprochen, dass eine selbstständige Wohlfahrtspolitik, und deren amtliche Rahmen, das Ministerium für Volkswohlfahrt, überflüssig ist, weil die sozialen Probleme sich gelöst haben (Bodenverteilung) und „ [...] alles, was die Volksdemokratie getan hat, bewährt sich von vornherein als Sozialpolitik."[324] Es wurde hingegen das Ministerium für Gesundheitswesen" für die Koordinierung der „Volksgesundheit" ins Leben gerufen.

Die bewusst durchgeführten Differenzierungen in der Sozialpolitik zielten die „verpflichtete Klassenkampfpolitik" je nach den Sektoren der Wirtschaft ab: Regelungen der Rentenbezugsgrenzen, und der Gesundheitspflege, das Wie der Zuteilung des Kindergeldes, und der Mutterschaftshilfen. Die Differenzierungen in den konkreten sozialpolitischen Schritten dienten zu den Zwecken der Industrialisierung und der Schaffung des kollektiven Eigentums (staatlich und genossenschaftlich). Ein positiver Zug war es, dass das System des kostenfreien Unterrichts die soziale Mobilität weitgehend vorangetrieben hat.

Bis 1950 umspannte die Sozialversicherung 4,4 Millionen Menschen (48% der Gesamtpopulation) – aus dieser Statistik blieben die Privatwirtschaftler (Einzelbauer und die „maszekok"[325] d. h. Einzelunternehmer) ferner die „Klassenfeinde"[326] aus.[327] Dieser Prozess war nivellierend. Das Feld der Interessenten breitete sich – den abgelaufenen politischen Wandlungen angepasst – während kurzer Zeit in großem Umfang aus (im Jahre 1943 belief sich die Zahl der Versicherten noch 1,3 Millionen), zugleich entbehrten die Versicherungsleistungen nicht einmal des nötigsten Niveaus im Vergleich zur

---

[323] In Folge des politischen Zwangs von Moskau wurde die Macht in die Hände von einer politischen Gruppe bolschewistischer Gesinnung überspielt. Die vorwiegend aus Moskauer Emigranten bestellte Regierung, an der Spitze mit Mátyás Rákosi fing an die ungarische Politik nach sowjetischem Vorbild umzugestalten. **Rákosi**, Mátyás (1892–1971): Volkswirt, bis 1945 kommunistischer Emigrant in der Sowjetunion, Generalsekretär der Partei der Ungarischen Werktätigen (MDP). Ende Oktober 1956 wieder in die Sowjetunion emigriert.
[324] **Ferge**, Zsuzsa: Szociálpolitika és társadalom [...]. S. 77.
[325] Mosaikwort aus den 1960er Jahren, es setzte sich aus den Anfangssilben von „magánszektor" (privater Sektor) zusammen.
[326] „Klassenfeind": Nach der im doktrinären Marxismus ausgearbeiteten Theorie waren Menschen über einen gewissen Eigentumslimit überdies die Begünstigten des alten Regimes (Aristokraten, großbürgerliche Elemente) automatisch als „Feinde der Werktätigen" ausgeschrieen. Sie mussten Deportierungen erleiden und waren *nicht nur* aus den sozialpolitischen Dienstleistungen ausgeschlossen.
[327] **Valuch**, Tibor: Magyarország társadalomtörténete [...] S. 347.

Zwischenkriegszeit. Obendrein was es problematisch, dass die früher angeworbenen Rechte der Klientel entzogen wurden, manchmal so, dass zuweilen auch die sonst privilegierte „klassenkämpferische" Arbeiterklasse benachteiligt wurde[328] (siehe oben: Anrechnung der im Arbeitsverhältnis verbrachten Jahre vor 1945). Einige Forscher sind sogar der Meinung, dass die sozialen Zuwendungen zu dieser Zeit nicht einmal das Niveau der 30er Jahre erreichten.[329]

Demgegenüber sind in die ungarische Sozialpolitik solche Elemente eingebaut, die in den westeuropäischen Systemen unbekannt sind, so wie die Preisstützung – genauer gesagt die „Preisgestaltung" –, die Vollbeschäftigung oder das üppige Angebot der an den Arbeitsplätzen zugänglichen Sozialleistungen. Die Deckung dieser Kosten rührte nicht von den Steuern her, sondern von den staatlich festgesetzten, künstlich niedrig gehaltenen Durchschnittslohn und den auf die Arbeitgeber auferlegten Beitragszahlungen. Ihre Logik äußert sich – in Folge der zur Verfügung stehenden knappen Ressourcen – eigenartig: Der Staat übernimmt den möglichst weiten Kreis der Bedürfnisbefriedigungsfunktionen, einerseits durch Naturalbezügen (Unterricht, Wohnung, Gesundheitspflege), andererseits gibt er ansehnliche Preisstützungen (grundsätzliche Konsumartikel). Damit macht er seine politischen Ziele geltend, da diese Artikel für alle „nützlichen" Mitglieder der Gesellschaft erreichbar würden, gleichzeitig kann die Regierung politische Barriere vor den Zugang zu diesen Artikeln erheben. Das so geschaffene System verstärkt die Ausgeliefertheit des Staatsbürgers, und – scheinbar – hält es die Produktionskosten niedrig. Die Rhetorik der Sozialpolitik: „Der Staat bringt ein Opfer, der Werktätige bekommt viel, die Unternehmensleitung tut viel für die Werktätigen." Die weit und breit hinausposaunten Slogans verbargen die noch im Jahre 1948 als Grundprinzip deklarierte Vorstellung, laut deren die sozialen Rechte primäre, subjektive Rechte sind.

Obwohl die Grundprinzipien der Sozialpolitik sich nach der 1956er Revolution nicht umgewandelt haben, wurde das Zustandebringen eines allgemeinen Übereinkommens in der Gesellschaft aus politischen Überlegungen allerdings notwendig. Nötig wurde ferner die Erhöhung des Lebensniveaus und die Linderung der Armut – die zwar nach dem offiziellen Standpunkt nicht existiert – ohne eine offiziell gestandene, dadurch legitime Armenfürsorgepolitik zu führen. Ohne eine eigenständige, souveräne Armenpolitik setzte sich der Ballast

---

[328] **Tomka**, Béla: A jóléti állam […]. S. 38.
[329] Ebenda, S. 44.

des ganzen Armenwesens auf die Wirtschaft – und längerfristig hat es die Wettbewerbsfähigkeit verhindert – zur selben Zeit bleiben der Paternalismus und das residuale Prinzip unverändert.

6.2 SOZIALPOLITIK ZWISCHEN 1957 UND 1990

Nach 1956 – Niederschlagung der Revolution –, ganz bis in die 1990er Jahren ist die Ausdehnung der Sozialversicherung zu beobachten. Im November, nachdem die sowjetischen Militärtruppen das Land das zweite Mal okkupiert hatten, begann die so genannte Kádár-Ära[330], die ganz bis an die politische Wende von 1990 dauerte. Im Januar 1957 wurde ein einheitliches Krankenversicherungssystem eingeführt, das sich auch auf die Familienmitglieder bezog. 1958 erschien das Gesetz über die Pflichtversicherung der Mitglieder der LPG, in dem auch die Berechtigungen der Familienmitglieder festgesetzt waren. Diese Rechte wurden 1962 auf die Genossenschaften der Handwerker übertragen, letztlich erhielten sie die im privaten Sektor tätigen Gewerbetreibenden. Folglich dieser Maßnahmen wurde bis zur zweiten Hälfte der 60er Jahre vier Fünftel der ungarischen Gesellschaft versichert. Es besteht außer Zweifel, dass es mit den Wandlungen in den Eigentumsverhältnissen im Zusammenhang steht, ja zu dieser Zeit hat sich die „sozialistische Umgestaltung der Landwirtschaft" beendet.

Von der Mitte der 1960er Jahre benutzte der Parteistaat die Sozialversicherung als Instrument für die Realisierung der programmatischen Lebensstandardpolitik, beigetragen zur Realisierung der neuen Wirtschaftspolitik, zur Zusammenkoppelung von „Plan und Markt", zur Förderung der Landwirtschaft. Die Sozialversicherung funktionierte zugleich als eine Bremsanlage, die die Einkommensausströmung zu verhindern berufen war. Die Ausdehnung der Sozialversicherung und seit 1967 die Einführung des „gyes" (Mutterschaftshilfen, Erziehungsgeld) hob die Eigenart „Ableitungskanal" der Versicherungspolitik hervor, da die Sozialleistungen zwar dem Arbeitsverhältnis gebunden waren, aber sie widersprachen nicht den Betriebsinteressen: Das Kindergeld, Erziehungsgeld bezahlte nämlich nicht der Arbeitsplatz, so konnte die Unternehmensleitung die in diesem Wege frei

---

[330] **Kádár**, János (1912–1989): kommunistischer Aktivist in der Illegalität vor 1945, Politiker, Ministerpräsident, erster Sekretär der Ungarischen Sozialistischen Arbeiterpartei (MSZMP), emblematische Figur der ungarischen Geschichte zwischen 1956 und 1990.

gewordenen finanziellen Ressourcen (Arbeitslohn) für Produktionsbeförderung verwenden.

1975 vereinheitlichte der II. Gesetzartikel das ganze ungarische Sozialversorgungssystem. Die Normen für die Rentenversicherung – Dienstzeit, Lebensalter, Berechnungsverfahren – bestimmte das Gesetz für alle Branchen einheitlich, ausgenommen die Sonderregelung bei einigen Berufen wie Bergleute, Streitkräfte u. s. w. Das Pensionsalter wurde im Verhältnis zum europäischen Durchschnitt relativ niedrig festgelegt, bei den Frauen 55, den Männern 60 Jahre. Den Rentenfonds kam aus dem durchschnittlichen Bruttoeinkommen der letzten 5 Jahre zusammen, die durch eine Indexzahl der im Arbeitsverhältnis verbrachten Jahre angerechnet wurde. Drei Viertel der Deckung ergibt sich aus den Arbeitgebereinzahlungen, das übrige zwei Drittel finanziert das Staatsbudget.

Die kostenfreie medizinische Behandlung und die Unfallsversicherung standen auf Grund der Staatsbürgerschaft zu (später auch auf die Arbeitenden von privatem Sektor erweitert). Ihre Kosten – teilweise – belasteten die Arbeitgeber in Form von Beitragszahlungen. Die Mutterschaftshilfen wurden 1972 ein subjektives Recht, die Höhe und die Berechtigung des Kindergeldes hat die Regierung in einer gesetzlichen Verordnung in Einklang gebracht. Das Gesetz behielt sich gleichzeitig vor, dass diese Berechtigung arbeitsverhältnisabhängig sein soll. Die Regelung des Krankengeldes erfolgte auf der Basis des auf dem Arbeitsplatz erworbenen Einkommens. Diesen Maßnahmen zufolge vermehrte sich die Zahl der Rentner enorm, zwischen 1960 und 1990 vervierfachte sie sich (von 636 Tausend auf 2,477 Tausend), die Zahl der sich an den Begünstigungen des Kindergeldes beteiligten Familien betrug 1990 das 2,6-fache des Zustandes vor 30 Jahren (577 – 1,514 Tausend)[331]. Die für die Sozialversicherung verwendeten Ausgaben beliefen sich 1980 das 40-fache des Niveaus von 1950, dieses Verhältnis zeigt zwischen 1960 und 1980 einen 8-fachen Zuwachs.[332]

In internationalem Vergleich – nach dem Anrechnungssystem der OECD – machte der in Ungarn auf die sozialen Ausgaben verwendete Betrag von 1960 11% des GDP aus (70% des europäischen Indexes), 30 Jahre später 27,5% des GDP, also vier Fünftel des europäischen Durchschnitts. Es muss aber bemerkt werden, dass in dem letzten Fall das Preisstützungssystem definitiv zur Geltung gelangte, was das Ziel hatte, die Einkommen der Bevölkerung auszugleichen

---

[331] **Valuch**, Tibor: Magyarország társadalomtörténete [...]. S. 348.
[332] **Romsics**, Ignác: Magyarország története a XX. században [*Geschichte Ungarns im 20. Jahrhundert*]. Osiris Kiadó, Budapest, 2002. S. 487.

sowie die Kaufkraft ihrer Gehälter, Löhne und Renten zu bewahren.[333] Bis Ende der 1960er Jahre ist eine allgemein gültige Tendenz in Ungarn, dass neben den relativ hohen – aber nicht genug effizienten – Ausgaben für das Gesundheitswesen, außerdem den wachsenden Familienunterstützungen[334] das Rentenzahlungsvolumen niedrig gehalten wurde. Ganz am Ende dieser Zeitperiode erwies sich die Rentenindexierung als nötig, damit die Renten ihre Wertbeständigkeit bewahren. Der unvermeidliche Zwang der Rentenindexierung stand mit der ab das Jahr 1968 eingeführten neuen Wirtschaftspolitik in Übereinstimmung, die die ökonomische Effizienz um jeden Preis vor Auge hielt und zur Milderung der sozialen Spannungen eine fixierte Kompensationsmatrix[335] ausarbeitete.

Aus den am Ende der 70er Jahre gebrachten Beschlüssen resultierte die fast völlige sozialpolitische Abdeckung der ungarischen Gesellschaft. Die Unterschiede zwischen den einzelnen gesellschaftlichen Schichten wurden zugleich größer, weil das eingeführte System einerseits das Prinzip die Universalität andererseits der Grundsatz der Beitragszahlung (Rente, Krankengeld, Dienstleistungen betreffend der Kindererziehung, wie die „gyed"[336] (Mutterschaftshilfen, worttreue Übersetzung: „Kindererziehungsgebühr") charakterisierte.[337] Die Sozialleistungen auf der Basis der Staatsbürgerschaft bedeuten eine normative Versorgung, die nicht den individuellen Ansprüchen entsprechen, zu gleicher Zeit sind sie verschwenderisch, weil daran auch diejenigen zu Teil haben können, die nicht bedürftig sind. Das Ziel der Sozialversicherung besteht nicht darin, dass sie die sozialen Ungleichheiten beseitigt, sondern dass sie eine allgemeine Existenzsicherung zu Tage fördert. Diese Existenzsicherung dient dazu, dass sie die Gesellschaft nach den Grundsätzen der Solidarität zu einem Ganzen bildet, „das Recht zu einem sozial akzeptablen, menschenwürdigen Dasein sichert"[338].

---

[333] **Tomka**, Béla: A jóléti állam [...] S. 47.

[334] Im Falle von einer Familie mit zwei Kindern machte das Kindergeld im Jahre 1990 40% des Familieneinkommens (!) aus. Die überdurchschnittliche Erhöhung wurde wegen der Abschaffung der Preistützungen durchgeführt. Die Maßnahme betraf trotz der finanziellen Schwierigkeiten alle Arbeitnehmer.

[335] Das so genannte „Fleischgeld" und „Benzingeld" hätte die Abnahme der Preistützungen nivellieren müssen.

[336] Die 1885 zur Einführung gebrachte „gyed" war dem Arbeitsverhältnis gebunden, die die Mütter ein Jahr, ab 1987 zwei Jahre bekommen konnten. 1996 abgeschafft, 1998 erneut in Kraft gesetzt.

[337] **Tomka**, Béla: A jóléti állam [...] S. 138-139.

[338] **Ferge**, Zsuzsa: Szociálpolitika és társadalom 1991 [...]. S. 213.

Der Kostenvoranschlag der weitläufigen, kostenfreien Versorgungssysteme überstieg die zur Verfügung stehenden finanziellen Rahmen immer mehr, was zur Modifizierung und Einschränkung derer führte. Die Wirtschaftspolitik gegen Ende der Zeitperiode griff hauptsächlich den Elementen zu, die unmittelbar mit der Gestaltung der sozialen Lage zu tun hatten. Solche waren z. B. die kommunalen Investitionen oder das Programm des sozialen Wohnungsbaus. Beim Ausbau der kostenlos benutzbaren öffentlichen Werke forderte der Staat immer häufiger finanzielle Beiträge von der Bevölkerung. Das bedeutete vor allem für die Staatsbürger auf dem Lande Extrakosten. Die Sicherung des Wohnrechts gilt als grundlegende Freiheitsidee der modernen Zeit. Nachdem aber die finanziellen Grenzen zu niedrig gezogen werden mussten – ähnlich wie in der Horthy-Ära – begünstigte man nicht alle Bedürftigen, nur die Familien mit mehreren Kindern konnten in eine begünstigte Lage geraten. Unter Zugrundelegung der Vorstellung, wonach Familien mit zwei, b. z. w. mit mehreren Kindern Wohnung zugeteilt werden musste, stimmte mit der für diese Zeiten typischen zwangsmäßigen Industrialisierung und überhaupt mit den kardinalen politischen Zielen des Kommunismus überein. Die Zahl der Wohnung Beantragenden überstieg die für die Periode des „15-jährigen Plans" (1961–1975) vorgesehenen Wohnungsvorrat[339], die administrative Selektierung funktionierte nicht ordnungsgemäß, so entstanden neue – mit den Anfangszielen des Kommunismus nicht übereinstimmende – Wohnungstypen, die Genossenschaftswohnung und die „Dauerwohnung", eindeutiger formuliert die Eigentumswohnung. Bei dieser Form kam die staatliche Rollenübernahme in verjüngtem Maße in Frage, weil hier der potenzielle Eigentümer außer der so genannten „sozialpolitischen Unterstützung" Begünstigung nur in Zinssatzhöhe und in der Zinstilgung bekam. Obwohl das soziale Wohnungsbaukonzept dem Staatsbudget beträchtliche finanzielle Mittel entzog, bedeutete sie in der Wohnungsstruktur Ungarns auch einen qualitativen Vorschritt. Sie hat unter anderem wesentlich dazu beigetragen, dass viele der ehemaligen Elendsviertel (Maria-Valeria-Wohnviertel in Budapest) in der Landkarte endgültig verschwanden. Es ist daneben nicht zu verschweigen, dass sie dem grundlegenden wirtschaftspolitischen Ziel der Industrialisierung/Modernisierung diente. Das Primat der Industrialisierung widersprach nicht der politischen Bestrebung, dass – in erster Linie auf dem Lande – der Wohnungsbau mit eigenen Kräften – mit beschränkter staatlicher Subvention – bevorzugt wurde.

---

[339] 1 Million wurde vorgeplant, realisiert 1 Million 50 Tausend.

Der von der Industrialisierung involvierte Bedarf an den Arbeitkräften sollte durch die von den Unternehmen errichteten Arbeiterheimen und durch Aufbauaktionen für Unternehmensmietswohnungen befriedigt werden. Die Erweiterung der staatlichen und von den Unternehmen erhaltenen Kinderinstitutionen wollte die Sozialpolitik mit der Einführung der unterschiedlichen Kinderpflegeformen wie „gyes-gyed" mäßigen, während sie von diesen Maßnahmen eine Besserung der demographischen Lage erwartete und Hoffnung auf eine wirkungsvollere Lohnbewirtschaftung hegte.

Die Erschöpfung der wirtschaftlichen Ressourcen, die sich grundlegend veränderten Effekte der Weltwirtschaft, das beschleunigende Tempo der Auslandsverschuldung, der Zwang, das Lebensniveau kontinuierlich zu erhöhen, die berühmten und berüchtigten Errungenschaften der „lustigsten Baracke", des „Gulyáskommunismus" nicht weniger kontinuierlich im Leben zu halten bedeutete in den 1970er und 1980er Jahren ernsthafte Herausforderungen. Die politische Leitung fühlte sich gezwungen, der zweiten Wirtschaft Spielraum zu gewähren, was in der Landwirtschaft die Vorwärtsentwicklung der privaten Hauswirtschaft[340] und den Anbau der Anteilländer[341], im Gewerbe die diversen Rechtsformen von wirtschaftlichen Arbeitsgemeinschaften, im Handel und im Gastgewerbe das bunte Gewebe von Miets- und Pachtverträgen („gebin"[342]) zur Folge hatte. Die zweite Wirtschaft verfügt über jedes unterscheidende Merkmal des Ausdrucks Akkumulation auf Grund der Selbstausbeutung. Sie demonstriert mit den Requisiten der „Wohlhabendheit" – eines der entsetzlichsten Beispiel dafür ist die Waschmaschine als Statussymbol in einem Haus, in dem es keine Wasserleitung gibt – weil der Arbeiter keine brauchbaren Produktionsmittel (Ackerland, Maschinen) erwerben kann. Zugleich äußert sich darin eine Art von sozialer Identitätsstörung: Zwei Drittel der Haushalte der Industriearbeiter besaß kleine Gärten. Unzweifelhaft können wir aber hiermit annehmen, dass diese kleinen Gärten ums Haus oder woanders zur Zeit der Mangelwirtschaft[343] nicht

---

[340] In der DDR gebräuchliche Form. Ungarisch: „háztáji gazdaság". Den LPG-Mitgliedern aus dem Genoossenschaftsgut für freien Anbau zugelassener Boden. In Ungarn pro Familie 1 Morgen.

[341] Im Deutschen sind noch viele Formen gebräuchlich (Anteilwirtschaft, Teilbau, Teilpacht, Teilpachtland, Halbpacht), im Ungarischen „részesművelés", „részesbérlet" u. s. w.

[342] „Gebin" – aus dem deutschen Substantiv „Gewinn" übernommenes Lehnwort im Ungarischen. Bedeutung: Geschäft in Rechtsform von Pachtvertrag. Der Geschäftsführenden betätigten das Geschäft als Nutznießer auf voller finanzieller Verantwortung und zuweilen bezahlten sie dem Staat – dem gesetzlichen Eigentümer – Pauschale. Der Gewinn gebührte dem Pächter. Diese Rechtsform war in früheren Phasen des Kommunismus unvorstellbar.

[343] Über die Mangelwirtschaft ausführlich: **Kornai**, János: A hiány [*Der Mangel*]. Közgazdasági és Jogi Könyvkiadó, Budapest, 1980.

selten das öffentliche Lebensmittelversorgungsnetz über die Schwierigkeiten hinweghelfen konnten[344].

Das individuelle Wachstum an Gütern geschieht auf Konto des öffentlichen Konsums: Die steigende Einkommensmasse aus der grauen Wirtschaft vermehrt nicht die Quellen der gesellschaftlichen Versorgung, was dem Weiterbestehen des historischen Versorgungstyps „Armenfürsorge" Vorschub leistet. Als Begleiteffekte führten diese Umwandlungen zu erheblichen Einkommensunterschieden, wodurch sich die Spannungen zwischen den einzelnen Generationen immer mehr festigten. Die Jüngeren mussten immer mehr Rentner „ernähren", die divergierenden Versorgungssysteme vertieften die Unterschiede zwischen Stadt und Land, die marginalisierte Lage der benachteiligten Schichten (Alten, Kranken, Leute mit viel Kindern, Roma) und Siedlungen wuchs in höchstem Maße. Nicht ohne Grund wurden nun von der Regierung eiligst Maßnahmen beschlossen um diese gefährliche Situation zu beseitigen bzw. mögliche negative Konsequenzen abzufedern. Es war nämlich so, dass für den allmählich in Armut sinkenden Teil der Gesellschaft[345] nicht nur der Zugang zu Wohnungen das größte Problem war, sondern die Aufwendungen für die Wohnungsunterhaltung. Die Nebenkosten stiegen nämlich in den Himmel, nachdem die Preissubvention und die Kompensationen bezüglich der Energiepreise durch zentrale Beschlüsse entzogen worden waren. Nicht weniger belastend war die Instandhaltung der Mietwohnungen für den Staat selbst. In diesem Bereich setzte sich die staatliche Rollenübernahme ähnlicher Weise herab, es erschien vor der Regierung recht logisch, wenn sie den immer höheren Anteil des staatlichen Mietwohnungen den Mietern – scheinbar zu günstigem Preis – zum Ankauf anbieten. Die Regierung bestrebte sich am Ende der 1980er Jahre eifrig, die Auslandsverschuldung zu vermindern, im Interesse des gerechten Tragens der öffentlichen Lasten die Personeneinkommensteuer einzuführen. Die 1987 erfolgte Steuerreform erwies sich aber als unzulänglich. Vorangetrieben von der sich veränderten internationalen und einheimischen Lage, und der Zwang, sich denen anzupassen, erforderten die grundlegende Umgestaltung des wirtschaftlichen und politischen Instrumentariums. Diese

---

[344] **Szalai**, Júlia: Uraim! A jogaimért jöttem! […]. S. 264.
[345] Die Statistik nennt einen Armen denjenigen, der unter zwei Drittel des Durchschnittseinkommens verdient (**Ferge**, Zsuzsa). 1945-49 gehörte dieser Gruppe 55-60% der Bevölkerung, zwischen 1949 und 1956 62-75%, 1971 21%. Während in den 1960-1970er Jahren als Armen die alten, aus der Arbeit ausgefallenen Schichten rechneten, vermehrte die Zahl der Armen in den Jahren 1980-1990 die 30-40-jährige Population, Familien mit mehreren Kindern, deren Familienernährer in den Großbetrieben der Großstädte angestellt waren. In: **Valuch**, Tibor: Magyarország társadalomtörténete […]. S. 352.

Grund stürzenden Reformen wären aber lediglich von einem radikalen politischen Systemwechsel zu erwarten, die durch die Befreiung des Kapitals und der Arbeit eine auf mehreren Pfeilern beruhende Gesellschaft hätte zu Stande bringen können.[346]

Während der Zeit des Systemwechsels wandelten sich die institutionalisierten Formen der Transferleistung um –, ab 1989 wurde die Sozialversicherung vom Staatsbudget abgelöst[347], wieder wurden das Ministerium für Wohlfahrt und Ministerium für Sozial- und Gesundheitswesen zum neuen Leben erweckt – aber hinsichtlich der Umwandlung war das nicht die Hauptsache. Infolge des in der Wirtschaft vor sich gegangenen Eigentumswechsels wurde die Vollbeschäftigung eingestellt, erschien die massenhafte Arbeitslosigkeit[348], in erheblichem Maße sank die Zahl der Arbeitsplätze (1980-1995 wurde etwa um 1,5 Millionen Arbeitsstellen weniger), infolge dessen – als Schlupfloch – stieg die Zahl der Rentner dramatisch an. Außer der Pensionierung der das Rentenalter Erreichten[349] erschien die Vorrente und die Gruppe der Invalidenrentner[350] wurde gleichfalls zahlreicher, sie bestellten ein Fünftel aller Rentner.

Unter sonstigen Formen der staatlichen Einmischung stoßen wir auf administrative Lösungen (Verschärfungen), auf aktive Tätigkeit auf dem Arbeitsmarkt (Umschulung, Schaffung neuer Arbeitsplätze) oder auf die Einstellung der Preisstützungen von grundsätzlichen Konsumartikeln sowie auf die Einbeziehung der privaten Sphäre in die Sozialversorgungsaktivität.[351] Die Lage wurde wesentlich erschwert, nachdem sich die Nachfrage nach den sozialen Dienstleistungen riesig erhöht hatte (Arbeitslosen, Rentner), während dessen die Menge der Beitragszahler in einen niedrigen Stand gesunken war (Arbeitslosen, Rentner, die in der schwarzen Wirtschaft Beschäftigten bezahlten

---

[346] **Szalai**, Júlia: Uraim! A jogaimért jöttem! [...]. S. 269-271.

[347] Es entstand der Sozialversicherungsfonds, der 1993 in Gesundheitsversicherungsfonds und Rentenversicherungsfonds zergliedert wurde. An Stelle der Generaldirektion für Sozialversicherung kam die Selbstverwaltung für Gesundheits- und Rentenversicherung, aus dem die Landeskasse für Gesundheitsversicherung (OEP) und die Landesgeneraldirektion für Rentenversicherung (ONYF) ausschieden. Die Höhe der Beiträge war von der Landesversammlung (Parlament) festgesetzt.

[348] 1990 wurden etwa 23 Tausend registriert, bis 1993 stieg diese Zahl auf 694 Tausend. In: **Valuch**, Tibor: Magyarország társadalomtörténete [...]. S. 356.

[349] Das Rentenalter wurde nicht geändert, aber man musste mindestens vier Jahre Dienstzeit vorweisen.

[350] Berufend auf Gesundheitsbeschädigung des Arbeitnehmers wird eine von dem Gesundheitszustand abhängige Rentenhöhe festgesetzt.

[351] **Tomka**, Béla: A jóléti állam [...] S. 75.

keinen Beitrag) und noch dazu nahm wegen des raschen Zuwachses der Nominalverdienste die Kostenintensität der Dienstleistungen zu.[352] Diese Dienstleitungen (70% aller Dienstleistungen im Lande) standen in engem Verhältnis mit der erhöhten Erwerbskapazität eines Teiles der Arbeitnehmer: Sie konnten die Dienstleistungen bezahlen, folglich die Dienstleistungspreise aufgetrieben wurden.

In der Mitte der 90er Jahre musste der Staat – notgedrungen – die ansehnliche Kürzung der sozialen Ausgaben vollziehen. Die Indexierung der finanziellen Leistungen fiel völlig aus, demgegenüber stieg die Inflationsrate. Das Rentenalter wurde auf 62 Jahre erhöht, und das Rentensystem beträchtlich modifiziert. Das Primat des staatlichen Rentensystems hat die Regierung aufgehoben, sie hat private Krankenkassen gründen lassen, die freiwillig waren, und es ermöglichte sich der Zugang zu den privaten Rentenkassen, die ihrem Klientel Steuerbegünstigungen aufbrachten.

Zur Zeit der politischen Wende betrachtete man das Flüssigmachen des Kindergeldes als Rech auf Grund der Staatsbürgerschaft, eben deshalb, wie die Arbeitslosigkeit sehr hoch war. In der Mitte der 90er Jahre wurden im Falle von Familien mit ein oder zwei Kindern gewisse Einkommensgrenzen gezogen. Ab 1998 waren das Kindergeld und die Mutterschaftshilfen wieder staatsbürgerliches Recht. Wieder kam die Steuerbegünstigung für die kinderreichen Familien zurück, der Betrag des Kindergeldes blieb aber unverändert. Mit diesen Maßnahmen ließ die Regierung die Familien mit höherem Einkommen einer Begünstigung teilhaftig werden, obwohl bei einigen benachteiligten Schichten wegen der Verschlechterung der wirtschaftlichen Lage das Geltendmachen des Prinzips der Bedürftigkeit besser gewesen wäre. Zielgemäßer wäre obendrein die Erhöhung des Realwertes der Sozialleistungen in dieser Situation gewesen.[353] Recht und billig war aber in dieser schlechten Wirtschaftslage die finanzielle Unterstützung auf Grund von individueller Beurteilung.

Angesichts der Meinungen vieler Sozialwissenschaftler hätte die reformierte Sozialversicherung als Redistributionssystem funktionieren müssen, das die grundsätzlichen sozialen Rechte sichert, zugleich hätte es sich als eine marktkonforme Finanzanstalt betätigen müssen. Es hätte das Zustandekommen

---

[352] **Szalai**, Júlia: Uraim! A jogaimért jöttem! […]. S. 305.
[353] **Tomka**, Béla: A jóléti állam […] S. 82-87.

des „zweien Ungarns" verhindern müssen.[354] Aus diesem Grund hätten sich die Bedürftigen an extra Unterstützungen beteiligen müssen, aber nicht in Form der individuellen Beurteilung. Eher so – behaupten die Experten – dass die Regierung eine geregelte, für die Allgemeinheit gültige Methode ausarbeitet.

6.3 EINIGE WICHTIGE ELEMENTE DER ARMENFRAGE

In der Zwischenkriegszeit umfasste die Sozialversorgung nur eine relativ dünne Schicht der Gesellschaft – Arbeiter der Großbetriebe, Beamteten im öffentlichen Dienst – auf einem ziemlich unterschiedlichen Dienstleistungsniveau. Die Makroschicht der Gesellschaft, das Bauerntum[355] blieb völlig aus. Das Land wurde in zwei Teile gespalten. Daher ist es, dass die „Plebejerschriftsteller" Ungarn das „Land der drei Millionen Bettler" nannten. Nur eine Lösung bot sich dar: helfen zu müssen. „Aber nur den Bedürftigen und den Würdigen. [...] Nur denen, die kein Gnadengeschenk erwarten, sondern die Möglichkeit für Arbeit, Bestreben und selbstständige Existenz"[356] Eine, mit Abstand nicht der vielen Lösungen konnte die Bodenverteilung[357] sein oder das ONCSA-Wohnungsbauprogramm. Der Krieg war schuld daran, dass die Milderungsprojekte zur Armut, die voraus schauenden sozialen Maßnahmen auf dem halben Wege stecken geblieben sind.

Infolge der großen wirtschaftlichen Überlastung des Landes während des Krieges wurde so die absolute wie die relative Armut größer, der Wiederaufbau stand gleich nach Schluss der Kriegshandlungen vor der Tür als dringende Aufgabe, da das Land Monate lang Kriegsschauplatz war, wurde 40% des nationalen Vermögens die Beute der Verwesung. Die Opfern an Menschenleben beliefen sich auf ca. eine Million. Als wichtige Aufgaben meldeten sich die sich an den Krieg anschließenden Versorgungsaufgaben, die Ingangsetzung der industriellen Produktion. Damit versuchte die erste Koalitionsregierung von Béla Dálnoki Miklós [358] die quälenden Schwierigkeiten des öffentlichen Versorgungswesens zu lindern, zudem wurde ab Sommer von 1945 die Tilgung

---

[354] **Szalai**, Júlia: Uraim! A jogaimért jöttem! [...]. S. 318-320.

[355] Damals arbeitete in der Landwirtschaft 63%(!) von allen Beschäftigten.

[356] **Pik**, Katalin: A szociális munka [...] S. 256.

[357] Ebenda, „Drei Millionen Morgen Erde müssen wir dazu haben, damit wir vor der allmählich hinunterrutschenden Agrarbevölkerung den Weg zur Verbürgerlichung anbahnen können. Das kostet mindestens 750 Millionen Pengő." S. 256.

[358] **Dálnoki Miklós**, Béla (1890–1948): Generaloberst, Politiker, Dezember 1944 – November 1945 Ministerpräsident der Einstweiligen Ungarischen Regierung.

der immensen Beträge der ungarischen Wiedergutmachungsverpflichtung aktuell – in einer Frist von 6 Jahren musste Ungarn 300 Millionen Dollar den Siegermächten, in erster Stelle der Sowjetunion überweisen – darüber hinaus warteten auch die sich infolge des Krieges angehäuften Probleme (Vertreibung der Donauschwaben, Besatzungsprobleme) auf dringende Erledigung. Geschweige denn die Probleme, die sich aus der ungarischen Vergangenheit als chronische Krankheiten in die Gegenwart herüberzogen.

Die provisorische Dálnoki-Miklós-Regierung wollte die Aufgaben in einem Schritt, mit der Bodenverteilung lösen. Sie hat das Besitzrecht der nicht natürlichen Personen ohne Entschädigung aufgehoben, damit sie die in der Zwischenkriegszeit begründeten Privatversicherungsgesellschaften und Rentenanstalten – ihr eingesammeltes Kapital haben sie in landwirtschaftliche Immobilien investiert – in missliche Lage brachte. Günstiger war es, dass die provisorische Regierung in der Hand der Kirche jene Bodenbesitze beließ, die für die Unterhaltung der konfessionellen sozialen Anstalten nötig waren (Waisenhäuser, Altenheime, Krankenhäuser). Über 1000 Morgen[359] wurden alle Grundbesitze ohne Schadenersatz verstaatlicht. Die ursprünglichen Eigentümer konnten 200 Morgen behalten. 60% des Rests (3,3 Millionen Morgen) ließ die Regierung 643 Tausend Beantragenden, vor allem Agrarproletariern und Zwergbauern ausgeteilt. Gleichfalls erhielten die kinderreichen Familien gewissen Zusatz.[360] Mit diesem Schritt blieb aber die Armenfrage immer noch ungelöst. Die neuen Landwirte mussten mit der Bodenzuerteilung den Verpflichtungen für Steuerzahlung und staatlich vorgeschriebene Produktenablieferung[361] entgegensehen. Gleichzeitig fehlten die notwendigen Produktionskenntnisse, nachdem ein Großteil der Begünstigten früher als „kommandierter" Gutsarbeiter oder Knecht beschäftigt worden war. Für die erhaltene Erde musste der Neubesitzer zahlen, aber angesichts der schweren Lage der Nachkriegszeit wurde die Tilgung mit drei Jahren aufgeschoben.

---

[359] Morgen – in dem ungarischen Sprachgebrauch „katasztrális hold": Flächenmaßeinheit, ein Morgen macht 1600 Quadratklafter, d. h. etwa 3024 Quadratmeter. Nicht zu verwechseln mit dem so genannten „ungarischen Morgen" (ungarisch „magyar hold"), der nur 1000 Quadratklafter ausmachte.

[360] Auf Grund der Statistik von 1941 bekam 48% der Landarbeiter, 53% der Gutsknechte, 56% der Zwergbauer, 25% der Kleinbauer Bodenbesitz. Das Durchschnittsmaß der Bodenzuerteilung lag um 5,1 Morgen. Mehr als 400 Tausend Neubesitzer konnten mit einem neuen Leben anfangen. In: **Valuch**, Tibor: Magyarország társadalomtörténete [...]. S. 190.

[361] „Pflichtablieferung", ungarisch: „kötelező beszolgáltatás". Die Regierung verordnete die willkürliche Requisition von Agrarprodukten zu ungünstigen, tief unter auf dem freien Markt gängigen Preisen. Die Ablieferung gefährdete sehr empfindlich die Lebensfähigkeit der neuen Familienwirtschaften.

Die Bodenverteilung verwirklichte die an sie verknüpften Hoffnungen nicht restlos. Die Armenpolitik, die Ingangsetzung der landwirtschaftlichen Produktion stockte auch künftighin. Die Mehrheit der armenpolitischen Maßnahmen zwischen 1945 und 1947 richteten sich größtenteils auf die Hilfeleistung für diese instabile Schicht der neuen Agrarlandwirte. Es war eine eigenartige Situation: Die Neuwirte konnten zu keiner Sozialversicherung kommen, da sie Eigentümer waren. Sie konnten sich an dem subjektiven Versorgungsrecht eben mittels ihrer Grundstücke nicht beteiligen.[362] Die Erhaltung eines Bodenbesitzes, als ein Mittel der Armenfürsorge bedeutete nicht nur in dieser Hinsicht keine Lösung, sondern auch deshalb, weil diese Maßnahmen die Zigeuner aus der Bodenreform im Grunde genommen ausgelassen haben.

Die ersten bedeutenden Diskriminierungsverfügungen in den zwei Brachen der Volkswirtschaft bestanden ganz bis zum Jahr 1975. Bis dahin wurde das Primat der Arbeiterklasse im Bereich der Sozialversorgung geltend gemacht. Nur als eine nebensächliche Sache kann angesehen werden, dass der agrarischen Bevölkerung Dienstleistungen niedrigerer Qualität gewährt wurden. Die wirtschaftspolitischen Vorstellungen bevorzugten die Ziele der Industrialisierung, die Förderung der Landwirtschaft spielte nur eine Nebenrolle. Das für das ganze Land gültige Preissystem pumpte das in der Landwirtschaft produzierte Einkommen in die Industrie hinüber. Die offizielle Wirtschaftspolitik bestrebte sich danach, dass die privaten Wirtschaften auf Familienbasis zu Grunde gehen – sowohl in der Ebene der unmittelbaren Produktion als auch in regionaler Ebene (besonders Einzelgehöfte, d. h. „tanyák" in der Großen Tiefebene). Die Produktionsgenossenschaften – die LPG – wurden aber mit voller Kraft, inklusive durch Mittel der Sozialpolitik – unterstützt.

Das war aber die Ironie dieser historischen Situation, dass den Weg der genossenschaftlichen Bewirtschaftung in größter Zahl eben die neuen Ackerwirte wählten, die aus eigenen Kraftquellen die Tilgung der Ablösungsgebühren für ihre erworbenen Bodenbesitze bezahlen mussten, zugleich belasteten diese Schicht auch die finanziellen Verluste wegen der Pflichtablieferungen. Zu den gewaltsamen Kampagnen der Gründung der LPG gehörte auch die Beschränkung, b. z. w. Liquidierung des Klassenfeindes (Mittel- und hauptsächlich Großbauern). Dieser politische Trend veranlasste die betroffenen Schichten die Landwirtschaft zu verlassen. Diese zwangsweise

---

[362] **Ferge**, Zsuzsa: Szociálpolitika és társadalom 1991 […]. S. 209.

Migration vermehrte die Zahl der ungebildeten Arbeitskräfte in der Industrie und verursachte Stockungen in der Versorgung mit Konsumartikeln, besonders mit Lebensmitteln, nachdem die Landwirtschaft ihre besseren, kreativsten, Waren produzierenden Kräfte allein gelassen hatten.

In den Jahren des kalten Krieges (1949–1955) hielt die Wirtschaftspolitik den Ausbau der Kriegswirtschaft für am wichtigsten. Dazu musste man den Lebensstandard abdämpfen. (Das niedrige Lebensniveau – wie bekannt – gilt als Quelle und Ausgangsposition zur inneren Kapitalakkumulation.) Die zur Realisierung gelangten Konzepte zeigen in dieser Zeit Wirrnisse und Ambivalenz. Während in der Lebensniveaupolitik die Ganzheit der Nation beeinträchtigte, wurde der kostenfreie Unterricht – natürlich mit streng kontrolliertem Inhalt – in ganz Ungarn ausgebaut. Im Falle der Rentenversorgung und der Gesundheitswesen stellte die Partei nur die kollektiven Eigentumsformen in den Vordergrund: Die Fabrikarbeiten erhielten Rente, die Kulaken nicht, die Ruheversorgung im Falle der Industriearbeiter war relativ guter Qualität, bei den LPG-Bauern weniger[363]. Man pflegte die kommunale Förderung der ländlichen Siedlungen, beispielsweise das Programm der Elektrifikation der Dörfer auch mit der sozialistischen Umgestaltung der Landwirtschaft zu verbinden, gleichzeitig wird aber heute vielmals dahin gestellt, dass z. B. die „Aussiedlung der politisch unvertraulichen Elemente" (praktisch und ideologisch die Klassenfeinde) aus den Großstädten, vor allem aus Budapest, viele ungarische ländliche Ortschaften ökonomisch sehr hart betroffen hat.[364]

Die politischen Erschütterungen von 1953[365] und besonders von 1956 ließen die Lebensniveaupolitik zur Verbesserung zwingen, was gleichzeitig der Politik bezüglich der Dörfer einen anderen, besonderen Akzent verlieh. 1956 wurden die LPG fast überall aufgelöst. Die Produktion der wieder in eigenwirtschaftlicher Ebene tätigen Agrarwelt kam zur Entwicklung. Diese Entwicklung wurde in sehr kurzer Zeit in Keimen erstickt. Zwischen 1958 und 1961 vollzog die restaurierte kommunistische Macht – diesmal schon unter der

---

[363] Im Jahre 1955 arbeitete noch 72% der aktiven Berufstätigen in der Landwirtschaft. In: **Valuch**, Tibor: Magyarország társadalomtörténete [...]. S. 194.

[364] Die Ausgesiedelten mussten im Zielort arbeiten, aber alle Kosten der Unterkunft und Verpflegung übernahmen die Gemeinden.

[365] Die Schwierigkeiten in der öffentlichen Versorgung und das Fiasko mit den LPG führten zur politischen Krise in den höheren Kreisen der MDP. Mátyás Rákosi wurde in den Hintergrund gedrängt und Imre Nagy wurde zum Ministerpräsidenten ernannt. **Nagy**, Imre (1896–1958): Politiker, Universitätsprofessor, bis 1945 kommunistischer Emigrant in der Sowjetunion, 1956 stand an die Spitze der Revolution, 1958 hingerichtet.

neuen Etikette MSZMP – die erneute Kollektivierung der Landwirtschaft. Die Lage sah wieder (wie immer) widersprüchlich aus – was sonst den ganzen Verlauf der Geschichte der Kádár-Ära kennzeichnete – : die wiederholte Eintreibung der großen Massen von ungarischen Ackerbauern in die LPG bedeutete ihr seelische und materielle Einbüsse, andererseits wurde das System der sozialen Versorgung, obwohl mit Vorbehalt und gewissen Einschränkungen, auf das landwirtschaftliche Ungarn erstreckt. Das Rentenzeitalter wurde bei den Landbauern – bis heute aus nicht ganz bekannten Gründen – um 10 Jahre länger als in anderen Brachen der Wirtschaft festgesetzt. Das Prinzip des Rentenbezugs blieb aber unverändert: Die Anwartschaft auf Ruhegehalt konnten auch die Ackerbauern mit 10 Jahren Arbeitsverhältnis erwerben.

Bis zum Jahr 1960 hat sich die Altersstruktur der Bevölkerung in den Dörfern bedeutend verändert, ein Großteil der Jugendlichen bediente sich der Möglichkeit der gesellschaftlichen Mobilisation, und zog in die Industriestädte um. In den Konzepten der Siedlungsentwicklung befanden sich die Dörfer gegenüber den Städten im Nachteil, was in den 70er Jahren in den meisten Fällen die Zusammenziehung der sozialen Institutionen (Polikliniken, Kindergärten, Schulen) mit sich brachte. Durch diese Zentralisierung verringerten die Möglichkeiten der Dörfer, ihre Bevölkerung daheim zu behalten. Die Männer, die Industriearbeiter wurden, wohnten in Arbeiterheimen, bis ihre Familienmitglieder in den LPG arbeiteten. Die pendelnde Lebensform war in den östlichen Komitaten des Landes (z. B. Szabolcs-Szatmár) allgemein. Ein bedeutender Teil der Pendelarbeiter beschäftigte sich als Hilfsarbeiter oder angelernter Arbeiter, für niedrigen Arbeitslohn, und als in den 1970-80er Jahren die Lage wirtschaftlich schlimmer wurde, waren sie die ersten, die entlassen wurden. Die Logik der Wirtschaftsförderung bevorzugte eher die technisch qualifizierten Arbeitskräfte, anstatt die Humanarbeit in Anspruch zu nehmen. Die ostungarische Region blieb aus den großen Industrialisierungsprogrammen, teils wegen ihrer Naturgegebenheiten, teils weil hier die gut ausgebaute Infrastruktur fehlte, und nicht zuletzt deshalb, weil der Proporz der ungeschulten Roma-Population in dieser Gegend am höchsten war.

Die allgemeine Armut der Nachkriegszeit, die eigentlich mit einem Nivellierungsprozess identisch war, verlor in der Mitte der 1970er Jahre an Bedeutung. Ein neues soziologisches Phänomen erschien auf der Szene, das „mit dem Wohlstand gepaarte allgemeine Elend"[366]. Die Wohlhabenden und die Armen in einem Korb führte zu weiteren Ungerechtigkeiten: Innerhalb des

[366] Definition von Zsuzsa Ferge.

Systems der globalen öffentlichen Sozialversorgung tauchten illegale Elemente, wie von den Klienten gegebene Extraprämien auf. Der Staat duldete zum Beispiel das Trinkgeld in den Gaststätten und die Parasolvenz, also das nicht in Rechnung gestellte und auch nicht geregelte, aber von jedem Patienten unerbittlich erwartete individuelle Dankesgeld an die Ärzte als Teil des Honorarsystems. Damit bediente sich der Staat der Korruption. Er erweckte zu Lasten der Hilflosen den Anschein, dass die aus Steuermitteln oder Solidarbeiträgen aufzubringenden Gesundheitskosten gering seien.[367] Und was noch schädlicher wurde, erschienen auch legale Elemente im System, wie Krankenhäuser, die bessere Dienstleistungen anboten, für die man mehr zahlen musste oder die die politisch privilegierte Menschen als Zusatzdienstleistungen erhielten. Außerdem musste man einige, früher kostenlose Versorgungen und Dienstleistungen bezahlen (Wohnung, Sanatorium, Ausbau der öffentlichen Werke).

In den 70er Jahren, obwohl man in dieser Zeit gewisse positive Tendenzen beobachten kann, nahm die Armut zu. Die Erklärung findet sich in der Biologie (Veralterung, Krankheiten, körperliche und andere Behinderungen, viele Kinder in den Familien), zudem in den soziologischen Umständen, wenn zum Beispiel die Siedlungsstruktur anders wurde. Zu der sich stufenweise vertiefenden Armut haben auch individuelle Momente beigetragen (Devianzen, die auch den Familien Kummer bereiteten). Um diese störenden Faktoren zu beseitigen, benötigte die Regierung viel Geld (Finanzierung der institutionellen Rahmen, individuelle Unterstützung), außerdem stellte es sich heraus, dass der Sichtwechsel noch unerlässlicher wäre. Die engagierte Forscherin der Frage, die oben mehrmals zitierte Zsuzsa Ferge betonte ehemals notorisch, dass die umfassende Armenpolitik unentbehrlich sei, auch wenn sich die Ressourcen der Volkswirtschaft zu diesem Zweck immer mehr verschmälern. Sie verlautete, dass der Zugang zur Gesundheitspflege immer ein staatsbürgerliches Recht bleiben soll, genauso die allgemeine Existenzsicherheit, die soziale Solidarität, weil sie auf die gesellschaftliche Integration befördernd wirken. Die von der gesellschaftlichen Entwicklung verursachten Unebenmäßigkeiten müssen korrigiert werden. Die von der Soziologin formulierten Thesen klangen mit der Deklaration des SZETA vom 17. Juli 1980 zusammen: „Der SZETA – abhängig von seinen Möglichkeiten – hilft den Familien mit vielen Kindern, die in dem

---

[367] Die beiden korrumpierenden Honorarformen existieren heute noch. Siehe: **Hefty**, Paul Georg: Auch Korruption fängt klein an. In: Frankfurter Allgemeine. FAZ.NET. 20. September 2011.

tiefsten Bedürfnis leben, die über niedriges Einkommen verfügen, er eilt den armen, arbeitsunfähigen Menschen [...] zu Hilfe".[368]

---

[368] **Pik**, Katalin: A szociális munka [...] „Aufruf zur Hilfeleistung für die Armen". S. 347.

7 RESUMEE DER LETZTEN JAHRE, EIN BLICK NACH VORNE

Anfang der 80er nahm die Krise der postkommunistischen Wirtschaftsstruktur an, was gleichzeitig eine radikale Abnahme der zu sozialen Zielen eingeführten Budgetposten zeitigte. Die Propagandamaschinerie des Parteistaates versuchte zwar die kognitive Dissonanz der Massen wegen der sich verschlechterten Verhältnisse mit der Hilfe der Massenkommunikation und der zentral angeregten „Gemunkelpropaganda" auszugleichen, die Hauptsache aber konnte das Regime nicht verschleiern, dass das kapitalistische Wirtschaftssystem in dem gewaltigen, historischen Wettlauf für sich entscheidende Vorteile herausschlug. Geschweige denn die politische Überlegenheit, die in großem Maße der besser ausgerichteten, mit den wirtschaftlichen Ressourcen besser angepassten Sozialpolitik zu verdanken war. Nicht allein die viele Menschen kreuz und quer im Lande führten Debatten über ein Herauskommen aus dieser Klemme, sondern auch die sich für die Erneuerung engagierende obersten Schicht in der polischen Leitung, die so genannten „Reformkommunisten". Ihren ängstlichen Blick warfen sie auf ausländische Vorbilder immer mehr. Und „da drüben" schimmerte wirklich eine „bessere Welt".

Nach der politischen Wende 1990 verbesserte sich nichts, was die staatliche Sozialpolitik anbelangt. Sogar ging eine brutale Budgetrestriktion an den sozialen Ausgaben vor sich. Während der ersten Wahrperiode der gemäßigt konservativen, oder liberalkonservativen[369] Antall-Regierung (in der Journalistik manchmal auch heute als „Kamikaze-Regierung" angemerkt) der Kapitalismus an, den Menschen sein schlimmstes Gesicht zukehren. So wie es in dem zeitgenössischen England der Fall war, als der Pauperismus mit seinen negativen, antihumanen Charakterzügen auf die Weltbühne der Geschichte trat.

Ursprünglich hatte die Antall-Regierung die Absicht, Wohlstand zu schaffen. Die Erwartung in der Nation war sehr groß, die Umstellung auf das kapitalistische System war mit dem Wohlfahrtstaat identisch. Niemand in dem damaligen Ungarn äußerte Bedenken über das Wohlwollen der Regierung, als sie 1990 in ihrem Regierungsprogramm Ausdrücke wie „Wohlfahrtsmodell", „soziale Marktwirtschaft á Ludwig Erhard" aufgenommen hatten. Die Pläne in der Ebene der Verbalität klangen sehr schön, aber die inneren und außenwirtschaftlichen Bedingungen fehlten vollkommen. In Deutschland der

---

[369] Liberalkonservativismus: Seit dem XIX. Jahrhundert hat die liberalkonservative Wertordnung in der ungarischen politischen Kultur fest angewurzelte Traditionen (Freiheitsideen zur Geltung zu bringen, ohne Zerstörung der altbewährten Institutionen wie nationale Gemeinschaft, Familie, Religion, ungarische Kultur). Während der ganzen Zeit des Dualismus (1867–1918) war er die leitende politische Idee von mehreren Regierungen.

1950er Jahre konnte die mit dem Namen von Konrad Adenauer und Ludwig Erhard gebrandmarkte politische Konzeption auf eine ungläubig dynamische Wirtschaftskonjunktur stützen. Auf eine dem Marshall-Plan ähnliche Hilfsaktion – die zum näheren Zusehen für das deutsche „Wirtschaftswunder" als Grundlage diente – konnte im Falle der Antall-Regierung nicht einmal die Rede kommen. Die Rede kam nicht einmal darauf, dass die unwahrscheinlich hohen ungarischen Staatsschulden hätten von den Kreditgebern oder von irgendeinem internationalen Fonds abgeschrieben werden müssen. Während das Wirtschaftswachstum in Westdeutschland in den Jahren 1950–1960 sich 8 Prozent belief, ging dieser Indikator in Ungarn in den negativen Bereich zurück; der Zuwachs der deutschen industriellen Produktion 1950–1960 erreichte das jährliche 150, die Produktion der Investitionsgüter das 220 Prozent. In Ungarn sanken oder stagnierten diese Indexe nach 1990.

Weder die Politiker noch die Gesellschaft haben vergessen, einen kardinalen Unterschied zwischen den historischen Umständen anno 1950 in Deutschland und 1990 in Ungarn einzukalkulieren. Wichtig war es erstens, dass in den 1930-1940er Jahren, im absoluten Tiefpunkt der deutschen Geschichte, der Kapitalismus nicht einmal eine Sekunde lang sein Funktionieren eingestellt hatte. In den 11 Jahren des Nationalsozialismus arbeiteten die privaten Handelsbanken, die Produktionsmittel waren nur teilweise verstaatlicht, auf dem Markt kam der Marktmechanismus Angebot-Nachfrage zur Geltung, die Waren sind zu ihrem wirklichen Wert ausgetauscht worden. In Ungarn, nach 40 Jahren Planwirtschaft, musste man alles vom Neuen anfangen. Zweitens unterschieden sich die in der Wirtschaft tätigen Eliten moralisch grundsätzlich.

Beide Regierungen, die deutsche von Konrad Adenauer um 1950 und die Antall-Regierung nach 1990 mussten demgleichen Dilemma entgegenschauen. Entweder setzt sich eine friedliche Wirtschaftspolitik durch, die die zerklüftete deutsche Gesellschaft nach dem Nationalsozialismus, beziehungsweise die nicht weniger desorganisierte ungarische Gesellschaft nach 40 Jahre Staatssozialismus zur Reorganisierung führt, oder die negativen Auswirkungen des rein neoliberalen Wirtschaftspolitik die Gegensätze zwischen den Gesellschaftsschichten vertiefen, was zu manchen neuen historischen Verwicklungen führen werden.

Der westfälische Nationalökonom, Alfred Müller-Armack[370], der eigentliche Erfinder der „Sozialen" Marktwirtschaft nannte diese Form der Wirtschaftslenkung „dritte Form" zwischen Liberalismus und Staatskapitalismus, in dem der Markt auch weiterhin als „tragendes Gerüst" der Wirtschaft weiter besteht, er wird aber in eine „eine bewusst gesteuerte, und zwar sozial gesteuerte Marktwirtschaft" eingebettet.[371] Mit dieser Formel sagte Müller-Armack gar nichts Neues. Über die Nützlichkeit des Gedankens des Klassenfriedens – wie wir es in einem unserer Kapitel von oben lesen können – haben viele Theoretiker und politische Programmschöpfer mehrmals Zeugnis abgelegt. Es reicht schon sicherlich, wenn wir diesen Ort nur den Namen von Bismarck, die deutschen sozialdemokratischen Traditionen oder die christliche Demokratie erwähnen. Und die Enzyklika von Leo XIII. sprich mit klar und deutlich aus: die Arbeitgeber und Arbeitnehmer (das Kapital und die Arbeit) sollten einen Bund schließen, nachdem sie aufeinander verwiesen sind.

Zu einer nach Müller-Armack „irenisch", d. h. friedlich genannten Sozialpolitik erfordert in ihrem absoluten Wert viel Geld. Ökonomisch gesehen – im Verhältnis zu den Makrozahlen der Großindustrie – steigen diese Summen trotzdem nicht in so hohen Bereich. Um das im rerum novarum von Leo XIII. umrissenen Landfrieden zu verwirklichen würde es reichen, wenn das Großkapital außer der obligatorischen Steuerzahlung nur auf einen Bruchteil seines Reinprofits verzichten würde. Wenn wir die Zeit von Konrad Adenauer anschauen, stellt es sich gleich heraus, dass hier eine wesentliche, selten oder gar nicht hervorgehobene Komponente überhand nimmt: der menschliche Faktor. Der, an welchen es in den 50er Jahren in Deutschland noch nicht mangelte. Im produktiven Sektor der Wirtschaft agierten in dieser Zeit noch ältere oder mittelaltrige Leute, kapitalstarke Industrielle, Direktoren in den großen Aktiengesellschaften, Inhaber von Lieferungsfirmen, Präsidenten der großen Landwirtschaftsverbände und viele andere, die noch in der alten wilhelminischen Schule erzogen worden waren. Sie können als Output eines wilhelminischen Schulsystems angesehen werden, in dem nach Gott die zweite Stelle der Ausdruck Vaterland einnahm.

Sie waren patriotischer Denkungsart, was die deutsche Geschäftspolitik anbelangt. Infolge der wilhelminischen Erziehungsideale, sowie auf Grund von

---

[370] **Müller-Armack,** Alfred (1901–1978): deutscher Nationalökonom, Kulturantropologe, Universitätsprofessor an der Universität von Münster.
[371] **Renner**, Andreas: Die zwei „Neoliberalismus". In: Fragen der Freiheit, Heft 256, Okt./Dez. 2000.

weiteren Beweggründen der deutschen Gesellschaftsentwicklung im XIX. Jahrhundert wurde die allgemeine politische Attitüde der deutschen Gesellschaft stark mit nationalistischem Inhalt erfüllt. Schon während des I. Weltkrieges äußerte sich diese Attitüde in Anspruch auf der territorialen Expansion. Die Kriegszielpolitik Deutschlands 1914–1918 – die den pangermanischen Aspirationen großen Spielraum gewährte – erhob hohe Ansprüche auf ausgedehnte Territorien in Europa und in der kolonialen Welt.[372] Nicht nur in Osteuropa. In der Planung der deutschen Heeresleitung der OHL, kamen Vorstellungen zur Geltung, die den militärischen Erwerb von so weit liegenden Regionen, wie zum Beispiel den des Kaukasus in Form eines Vasallenstaates erzielt hatten. Die zivilen Theoretiker ernährten kaum weniger ehrgeizige Pläne: Im Zeichen des „Mitteleuropaplanes" von Friedrich Naumann erstreckte sich der überdimensionierte Anspruch *nur* fast auf das ganze Zentrum des europäischen Kontinents.

Die Mehrheit der deutschen öffentlichen Meinung – einschließlich der allmächtigen finanzkapitalistischen Kreise – unterstützte diese Bestrebungen, aber mit Abstand nicht die ganze. Es gab unter ihnen eine nicht ganz verschwindend geringe Minorität, die der Fortsetzung des Krieges widersprach, und im Laufe des Krieges ihre Absichten zum Friedensschluss ständig vergegenwärtigte. Ihr Auftreten konnte wegen ihrer Schwäche nicht von Erfolg begleitet sein, die Axiome des Militarismus bekamen immer die Oberhand.

Die Politik der maßlosen Expansion des Nationalsozialismus entsprang aus diesen Axiomen. Es wiederholte sich die ganze Kriegszielpolitik der Militärs des I. Weltkrieges, in erster Linie die von Erich Ludendorff, diesmal mit den brutalsten Folgen der Rassenideologie ergänzt. Der Auslaut des Zweiten Weltkrieges hat einen schlagenden Beweis dafür dargeboten, dass die Partei der grenzenlosen Annexion nicht recht hatte. Nach der Tragödie von 1945 konnten nur wenige bezweifeln, dass der Erwerb von immer größerem „Lebensraum", um immer mehr „Ackerbaugroßregionen" dem Stammgebiet des Deutschen Reiches anzuschließen, ein falscher Weg zur deutschen Wohlstandpolitik sei. Die deutschen Politiker im wilhelminischen Reiche, und gleichsam im Dritten Reich, erkannten die zerstörenden Auswirkungen der in der ganzen Welt seit

---

[372] Die pangermanische Bewegung stand auf den Grundsätzen der Kulturnation. Der Begriff präjudiziert das Recht für den Besitz aller Regionen in (Ost)europa, wo Deutschen leben. Die ideologisch-philosophische Herangehensweise des Begriffes „Kulturnation" verbindet sich mit dem ethnischen Prinzip, demgegenüber betrachtet die französische Auffassung alle innerhalb der Staatsgrenzen lebenden Bürger als „Franzosen", unabhängig davon, welcher ethnischen Gemeinschaft sie angehören. Siehe: **Jenei**, György: Bevezetés [...]. 187.

mehreren Jahrzehnten um sich greifenden „Verstädterung", und versuchten auf die Probleme der Versorgung mit Lebensmitteln kompetente Antwort zu geben.

Sowohl Ludendorff als auch der Großindustrielle Hugo Stinnes[373], oder Reichskanzler Bethmann Hollweg waren dergleichen Meinung: Dem industriell überbelasteten und demographisch überbevölkerten Westteil Deutschlands, wo die großen Industriegebiete lagen, muss die Regierung ein Gegengewicht sichern, einen landwirtschaftlich nutzbaren, großen „Raum" erobern, aus dem das Westen die nötige Nahrung erhält. Weder die Politiker des alten, noch die des Dritten Reiches konnten aber über ihren eigenen Schatten springen. Das Ziel schien ihnen nur auf militärischem Wege erreichbar zu werden.

Sobald der Zweite Weltkrieg ausgelaufen war, kam es in kurzer Zeit zur Ernüchterung sowohl im Volke, als auch in der Elite. Dazu hat auch die Propaganda- bzw. Strafpolitik der alliieren Besatzungsmächte beigetragen. Der mit dem Begriff „Entnazifizierung" gekennzeichnete Prozess erwies sich vorwiegend als erfolgreich. Neben ihm und unabhängig von ihm ist auch ein natürlicher Abklärungsprozess in der deutschen Gesellschaft vor sich gegangen. Dieser Abklärungsprozess hat auch eine beträchtliche Gruppe derjenigen Politiker und Wirtschaftsakteure, die ehemals die wirtschaftliche und militärische Expansion vorantrieben, stark betroffen und beeindruckt. Die politischen Verhältnisse haben sich grundsätzlich verändert: Die Besatzung durch die vier Siegermächte hat alle Arten der expansiven Wirtschaftspolitik über die Grenzen sowieso völlig ausgeschlossen. Es blieb ihnen nichts übrig, als ein Gesinnungswechsel, die wirtschaftliche Konjunktur und die Wohlstandspolitik innerhalb der Staatsgrenzen auf ideologischer Basis des Patriotismus durchzuführen. Vorbilder und emblematische Figuren standen allerdings nicht zahlreich zur Verfügung, aber es gab einige, unter anderem Konrad Adenauer, die mit dem nationalsozialistischen Regime nicht kollaborierten. Obwohl sie vor der Plattform der pangermanisch-nationalistischer Ideologie gekommen waren, verbargen sie in ihrer Denkungsart ein sehr positives Element, das Verantwortungsgefühl für das deutsche Vaterland.

Die Nachwelt bewertet ihre Opferwilligkeit – bedauerlicherweise – sehr oft um. Ihr Verantwortungsgefühl scheint laut unserer heutigen Gesinnung vielleicht als „altmodisch" oder „von den neuen Normen der modernen Zeit überholt" zu sein.

---

[373] **Stinnes**, Hugo (1870–1924): deutscher Großindustrieller, Politiker, Reichstagsabgeordneter.

Damals haben sie das Programm der Adenauer-Regierung als einen Aufruf zur Rettung des Vaterlandes aufgefasst. Diese Großindustriellengeneration war noch im Stande, außer dem Nutzenprinzip auch die höheren Ideen zu begreifen, und wenn auch nicht ein jeder für die Armen, aber jedenfalls für das Wohl des Vaterlandes das nötige Opfer zu bringen.

In dem Ungarn der 1990er Jahre fehlte diese Unternehmerschicht gänzlich. Wir können uns über diese Anomalie gar nicht in Staunen versetzen, denn es ist nämlich historisch reichlich belegt, warum und wie diese Schicht während der 41 Jahre Diktatur vernichtet oder mindestens unter Wasser getaucht wurde. Gleich nach der Umstellung der Planwirtschaft auf Marktwirtschaft kam es zu grotesken Fällen der „originellen Kapitalakkumulation": korrupte Verflechtungen in der Privatisierung des öffentlichen Vermögens und der so genannten „sozialistischen Großunternehmen". Bei dem Privatisierungsverfahren hatten die im Moment der Wende noch amtierenden Betriebsleiter die führende Rolle gespielt. Das war das berüchtigt gewordene „üzemi négyszög", das „Betriebsviereck", das in der Regel aus dem Betriebsdirektor, Parteisekretär, Gewerkschaftssekretär und Oberingenieur bestand. Manchmal schlossen sich diesem Team auch andere leitende Personen, wie sehr häufig der KISZ-Sekretär, also Sekretär des Kommunistischen Jugendverbandes.

Ihr Wirken und Walten wurde für die öffentlichen Zustände verheerend. Da die Grenze vor der Kapitalexpansion der internationalen Konzerne offen stand, konnten Kleine und Große, in ihrer Reihe vielmals namhafte Weltfirmen ihr Glück in Ungarn versuchen. Hier und in den von ihren sowjetischen Gebundenheiten befreiten Ostblockländern zu wirtschaftlichen Objekten, Fabrikgebäuden, oder ganzen Großfirmen zu einem Spottpreis kommen. Der nominelle Kaufpreis der Objekte erreichte nicht selten nur die Hälfte ihres wirklichen Wertes. Die Verkäufer beteiligten sich am Geschäft so, dass ein beträchtlicher Teil des Kaufpreises in ihre Tasche wanderte. Viele der westlichen Käufer haben die gekauften Betriebe und Firmen gleich nach den Geschäftsabschuss abgerüstet, die Produktion eingestellt, um so der unerwünschten Konkurrenz befreit zu werden. Manche setzten die Produktion fort, natürlich zu sehr niedrigen Kosten, weil die ungarischen Arbeitskräfte wesentlich schlechter bezahlt worden waren, als ihre Kollegen in Westeuropa. Als Karikatur der besten Traditionen der europäischen Idee entstand in diesen Jahren der das Land missachtende, sehr demütigende Ausdruck: „Billiglohnland".

Im Großteil aus den der früher parteigebundenen Mitgliedern der Hunderte von „Betriebsvierecken" scharte sich die neue ungarische Bourgeoisie der am 23. Oktober 1989 ausgerufenen Ungarischen Republik zusammen. Ihr Startkapital kam von den korrupten Privatisierungsgeschäften und den Kaufgeschäften mit den Ausländern zusammen. Von dieser Gruppe konnte in der Anfangszeit nichts erwarten. Sie, und die mittelgroßen, sowie die kleinen Unternehmen kümmerten sich hauptsächlich nur darum, wie sie die notwendigen Schlupflöcher in der Steuerentrichtung finden können, um immer mehr Geld anzuhäufen oder nur so einfach auf den Beinen bleiben zu können. Wegen der massenhaften Steuerflucht vermehrten sich die Reserven im Staatshaushalt nicht. Zur Mitte der ersten Wahlperiode wurde schon sichtbar, dass eine politische Wende auf der Basis der sozialen Marktwirtschaft verbleibt.

Die Lethargie der Nation wurde in der übrigen Zeit bis zu den Wahlen von 1994 von Monat zu Monat tiefer. Die allgemeine Enttäuschung führte dahin, dass sie mit der Anrichtung von sozialer Verwirrung drohte. Obwohl das oppositionelle Ungarn 1988–1989, also in einer bedeutungsschweren Periode der Weltgeschichte dem westlichen kapitalistischen System im Abbau des Kommunismus sehr viel geholfen hat, haben die finanzielle Welt und die mit ihr zusammenwirkenden Regierungen Ungarn nicht geholfen. Sie haben die zum neuen Leben erweckte Republik von seinen von den Kommunisten aufgenommenen, enorm hohen ausländischen Staatsschulden nicht befreit. Dass die Sanierung einer Volkswirtschaft zu Abstrichen der Außenschulden führte, ist in der Nachkriegsgeschichte gar nicht beispiellos. Das beste Beispiel dafür liefert uns eben die deutsche Nachkriegsgeschichte: Das Londoner Schuldenabkommen von 1953 halbierte die deutschen Altschulden; diese Begünstigung war eine großzügige Geste von den Alliierten, die zu einer wichtigen Grundlage des Aufstiegs wurde.[374] Diese Geste fiel 1990 gegenüber Ungarn aus. Das Drama Ungarns bestand darin, dass die Kredite von Privatbanken – in überwiegender Mehrheit von japanischen Finanzinstituten – aufgenommen worden sind, deswegen konnten (richtiger gesagt wollten) die westeuropäischen Regierungen Ungarn keine Hilfe leisten.[375] Obwohl die

---

[374] Verhandlungen des Bankiers Hermann Josef Abs in London. In: http://de.wikipedia.org/wiki/Wirtschaftswunder
[375] Die vagen Versuche der ungarischen Regierung bei der deutschen endeten immer mit der Warnung von dem Bundeskanzler Halmut Kohl: sie dürfen den Antrag, wenn auch nur einen Teil der Staatsschulden abzustreichen, nicht riskieren: Eine einseitige Kündigung der Kapaltigung würde – so der Bundeskanzler – einen Zusammenbruch der ungarischen Finanzen, eine totale Vertrauensverlust verursachen. Fernsehinterview mit Péter Boross am 4. Februar 2013. **Boross**, Péter (1928–): Jurist, Geschäftsmann, Politiker, Teilnehmer an der

ungarische Regierung während ihrer 4-jährigen Amtsperiode die Hoffnung hegte, dass irgendwelche Form eines „modernen" Marshallplanes einmal auf die Welt geboren wird. In ihren Hoffnungen mussten sie Enttäuschung erfahren. Die althergebrachte These über die „Undankbarkeit" der Politik, die sich immer nur nach ihren rationalen Interessen richten, hat sich auch diesmal bewahrheitet.

Und weil es so war, haben die ungarischen Wähler die erste, von József Antall in nationalpolitischem Sinne geleitete Regierung auf den Wahlen von 1994 abgelöst, und die zweite, dritte Linie der alten kommunistischen Garnitur, die MSZP (Ungarische Sozialistische Partei) wieder an die Macht geholfen. Diese Formation hatte gar nichts mit einer sozialistischen Partei in westeuropäischem Sinne zu tun. Ihre Machtkoryphäen wurden aus den Reihen der alten, von János Kádár seit 1956 gelenkten Staatspartei, der MSZMP (Ungarische Sozialistische Arbeiterpartei) angeworben, während die Wähler, sowie die Mitgliedschaft auch eine scheinbar versunkene, tatsächlich aber immer noch existierende kommunistische Welt repräsentierten. Der wesentliche Unterschied zwischen alt und neu bestand darin, dass die neue Parteigarnitur in ihrer Taktik eine schroffe, unerwartete Wendung um 180 Grad genommen hat. Aus begeisterten Leninisten sind begeisterte Kapitalisten geworden. Sie hatten keine andere Wahl: die Flucht nach vorne. Das alte, für sie warme Nest, der kommunistische Block existierte nicht mehr. In ihrem geistigen Habitus sind sie aber unverändert die alten Typen geblieben. Eine Umstellung in der Mentalität war natürlicherweise gerade im Kreis der Parteimitglieder während so kurzer Zeit seit 1990 unvorstellbar und völlig ausgeschlossen. In sozialpolitischer Sicht sehnten sie sich nach dem Weiterbestehen des „fürsorglichen Staates" der Kádár-Ära, in der die Preise niedrig waren, es gab eine Vollbeschäftigung und arbeiten musste man mit Abstand nicht so intensiv, wie unter der Hand eines „neukapitalistischen" Firmenchefs.

Die Horn-Regierung[376] konnte diese Diskrepanz zwischen politischer Willensbildung der Regierung, den Ansprüchen ihrer eigener Parteimitglieder und der ungarischen Gesellschaft nicht beseitigen. Die „engagierten

---

Revolution von 1956; in der Antall-Regierug zuerst Innenminister, nach dem Tod von József Antall 1993 Ministerpräsident.

[376] **Horn**, Gyula (1932–): Volkswirt, Politiker, Diplomat, seit Anfang November 1956 nahm er als Mitglied der Ordnungstruppen („Steppenjackenbrigade") an der kommunistischen Vergeltung teil. Zur Zeit der politischen Wende 1989 Außenminister, trug er zum Abbau des kommunistischen Blocks in Osteuropa bei. Infolge seiner maßgebenden Rolle in der Eröffnung der ungarischen Grenze vor den DDR-Flüchtlingen erfreut er sich im Ausland, insbesondere in Deutschland, einer großen Popularität.

Neukapitalisten" gerieten unter Zwang: Sie mussten sich dem wetlichen Kapitalismus, den sie vier Jahrzehnte lang heftig kritisierten, anpassen. Als Emporkömmlinge mit viel größerem Elan, als das die vorherige liberalkonservative Antall-Garnitur hätte tun müssen. So wie es vor 1990 der Fall war, konnte auch diesmal mit den hohen Staatsschulden nichts anfangen. Gerade im Gegenteil: zum Aufrechterhalten des Gleichgewichts des Staatsbudgets und um die von der wachsenden Korruption geschlagene Löcher zu stopfen, wurde sie zur Aufnahme weiterer Kredite gezwungen. In diesen Jahren erschienen das erste Mal die verheerenden Auswirkungen des globalen Weltkapitalismus, der großen, die ganze Welt umfassenden finanziellen Vernetzung. Die intensive Sozialpolitik fiel zum Opfer dieser ungünstigen weltwirtschaftlichen Trends und ihrer konkreter Erscheinungsform, der Schuldenspirale.

Die Horn-Regierung hat – wie es in den vorherigen Kapiteln steht – in der Mitte der 90er Jahre – notgedrungen – die ansehnliche Kürzung der sozialen Ausgaben vollziehen müssen. Sich schrumpfende finanzielle Leistungen, Erhöhung des Rentenalters auf 62 Jahre und weitere unpopuläre Maßnahmen schockierten fast alle Gruppen der Gesellschaft. Der Entschluss war gar nicht leicht: Die MSZP-Regierung von Gyula Horn ist endlich nach anderthalb Jahren Schwankungen zu diesem allein möglichen aber dem am schmerzhaftesten Beschluss gekommen: Sie leitete eine radikale Budgetkürzung zu Schaden unter anderem der sozialen Sphäre an. Die Arbeitslosenquote stieg in den Himmel, 30% Inflationsrate als Begleiterscheinung, Hungersnot, Vermehrung der Zahl der Obdachlosen, Selbstmordwelle usw. Der nominierte Nationalökonom, Lajos Bokros[377], der Vater dieses erbarmungslosen Restriktionspakets wurde in kürze zur unpopulärsten Figur auf der Landkarte Ungarns geworden. In der Mitte der 90er Jahre musste der Staat – notgedrungen – die ansehnliche Kürzung der sozialen Ausgaben vollziehen. Die Indexierung der finanziellen Leistungen fiel völlig aus, demgegenüber stieg die Inflationsrate. Das Rentenalter wurde auf 62 Jahre erhöht, und das Rentensystem beträchtlich modifiziert. „Die Sozialleistungen wurden eingeschränkt, zum September 1995 wurden allgemeine Studiengebühren eingeführt, die Nominallöhne im öffentlichen Dienst sollten nunmehr nur 6–15% steigen, was unter den Bedingungen der Inflationsrate von 30% eine erhebliche Senkung des Reallohnes bedeutete.

---

[377] **Bokros**, Lajos (1954–): Volkswirt, Universitätsprofessor, Präsident der Mitteleuropäischen Universität, 1995–1996 Finanzminister.

Nebst Sparungen wurde der Privatisierungsprozess beschleunigt."[378] – lesen wir in einer Darstellung über die neueste Zeit Ungarns.

Und weil die soziale Versorgung und – in höher Instanz – die ganze Lebensniveaupolitik außer Acht gelassen blieb, hat die Regierung die nächsten Wahlen verloren, und es kam auf den Wahlen von 1998 eine „frische Kraft" an die Macht, der „Verband der Jungdemokraten"[379], die unter der Leitung von Viktor Orbán[380] – verlassend ihre frühere, linksliberale politische Basis und Gesinnung – die Richtung nach den anderen, den konservativen, nationalbedingten Zielen einschlug.

Hat er es vor allem deshalb getan, weil das gegenseitige Lager, das er verlassen hatte, die Koalition mit dem SZDSZ (Verband der Freidemokraten), in seinem Programm das ökonomische Credo das Altliberalismus, das „Laissez-Faire-Prinzip" eingebaut worden war, und der SZDSZ harrte unentwegt an diesem Prinzip aus. Diese ökonomische Glaubensbekenntnis geeignete sich zwar für vieles andere, allein für eine progressive Sozialpolitik nicht. Das Programm des SZDSZ, mit dem die Jungdemokraten bis etwa 1996 in Waffenbrüderschaft kämpften, verkündete den maßlosen und rücksichtslosen Wettbewerb in der Wirtschaft, und beeinträchtigte sowohl die gemeinsamen Interessen der nationalen Gemeinschaft ferner das Kümmern um das persönliche Schicksal des Einzelnen. Während sie den Humanismus, die den Menschen in den Mittelpunkt aller politischer Aktivität stellenden Lehre auch weiterhin propagierten. In dieser Hinsicht verketten sich ihre aus ideologischen Quellen hervorgekommenen radikal-liberalen Vorstellungen mit der Wirtschafts- und Sozialpolitik der MSZP. Der einzige Unterschied bestand nur darin, dass die Sozialisten, was sie getan hatten, taten *nur* aus pragmatischen Überlegungen: Sparen und damit das Budgetgleichgewicht auszugleichen. Dadurch änderte sich aber der Ausgang gar nicht: Die gemeinsam ausgearbeiteten Maßnahmen haben sie gemeinsam durchgeführt. Und die Nachteile der Wahlniederlage mussten sie auch gemeinsam erleiden.

Die neue politische Kraft, der FIDESZ, eine Gruppe von jungen Leuten, und zahlreiche Anhänger in diesem Lebensalter aus ganz Ungarn, die im Jahre der

---

[378] **Schmidt-Schweizer**, Andreas: Politische Geschichte Ungarns von 1985 bis 2002: von der liberalisierten Einparteienherrschaft zur Demokratie in der Konsolidierungsphase. Oldenbourg Wissenschaftsverlag, 2007. S. 293.
[379] Ungarische Abkürzung: FIDESZ.
[380] **Orbán**, Viktor (1963–): Jurist, spielte im politischen Systemwechsel um 1990 eine maßgebende Rolle. Ministerpräsident 1998–2002 und 2010–.

politischen Wende von 1990 noch die Universitätsbänke drückten, stürzten sich mit großem Ergeiz in die Arbeit. In ihrem politischen Engagement ist es schwer zu entscheiden, welche Beweggründe sie motiviert haben: persönliche Bestrebung die Macht nur für die pure Macht zu ergreifen, also sich als Politiker geltend zu machen, oder den sich im Laufe der 1990er Jahre radikalisierende und für die Öffentlichkeit immer gefährlicher werdenden MSZP-SZDSZ-Koalition abzulösen. Infolge der schweren Restriktionen des Bokros-Pakets drohte es nämlich mit einer irreversiblen Balkanisierung der Zivilgesellschaft. Mangels genügender historischer Perspektive kann man eine „Wichtigkeitsskala" der Motivationen des FIDESZ nicht mit vollständiger Sicherheit aufstellen, so beschränken wir uns auf die Feststellung: alle zwei, aber höchstwahrscheinlich auch noch viele, die, wenn die Geschichtswissenschaft diese Problematik aufgreift, nur in den kommenden Jahrzehnten ersichtlich werden können.

Den Jungdemokraten hat nach ihrem Amtsantritt eine unerwartete Entwicklung in die Hände gespielt. Es gibt nichts, was mit größerer Anschaulichkeit die Ambivalenz einzelner historischer Erscheinungen und persönlicher Leistungen hätte besser vorstellen können, als die Auswirkungen des Bokros-Pakets. Obwohl das Realeinkommen nach 1995 tief gesunken war, erlebte die ungarische Wirtschaft bis 2000 einen Aufschwung, der sich nach optimistischen Berechnungen auf 5,2% belief.[381] Die ungarische Gesellschaft, das ganze soziale Gefüge lag zwar in Trümmern, der FIDESZ konnte aber infolge der von dem Bokros-Paket vorgenommenen Restriktionen seine Wirtschaftspolitik auf einem relativ festen ökonomischen Grund anleiten. Die Frage war demzufolge so angeschnitten, ob die neue Regierung die makroökonomischen Grundzahlen der ungarischen Volkswirtschaft stabilisieren und, die Wirtschaftskonjunktur auf eine längerfristig ständige Laufbahn setzen kann, oder alles bleibt im alten.

Die Sparsamkeitspolitik mit dem zur Verfügung stehenden bescheidenen staatlichen Einkommen setzte sich unerschüttert fort. Der soziale Sektor konnte keine bedeutende Verbesserung verzeichnen, und die Zeit (insgesamt drei und halb Jahre) war zu kurz. Nachdem die grundlegenden sozialen Probleme nur teilweise oder gar nicht gelöst worden waren, gestalteten sich die Kräfteverhältnisse in der Wahl 50-50%. Die Wahlen am Ende der 2002er Regierungsperiode brachten ein Unentschieden mit sich. Letztlich konnte die sozialliberale Linke, die MSZP-SZDSZ-Koalition – wenn auch mit das ganze

---

[381] **Trick**, Peter Matthias: Die Integration Ungarns in den europäischen Wirtschaftsraum: Eine Analyse der außenwirtschaftlichen Verflechtungen Ungarns. Diplomica Verlag, 2009. S. 8.

Land umfassendem Wahlbetrug – um einen Prozentbruchteil gewinnen. Der Unterschied im Abgeordnetenhaus bestand nur in 10 (!) Mandaten zum Vorteil der Linken.

Und weil die alte/neue Regierungskoalition MSZP-SZDSZ und die Medgyessy-Regierung[382] in ihrer Kampagne den Wählern soziale Begünstigungen versprochen haben, fing es auf staatlicher Ebene mit einer maßlosen Überfinanzierung der sozialen Ausgaben an. Schon in der Nacht der Wahlen, als es endgültig wurde, dass die Partei ein unerwarteter Wahlsieg heimgesucht hatte, haben die leitenden MSZP-Politiker in ihren euphorischen Freudenausbrüchen die „wahrhaftige sozialdemokratische Epoche" verkündet. Die Regierungspolitik wechselte auf eine Austeilungs- und Wohltätigkeitspolitik im Geiste der alten sozialdemokratischen Traditionen. Die Verdienste der Pädagogen und der Angestellten im Gesundheitswesen hat die Péter-Medgyessy-Regierung um 50% (!) erhöht, der Staat garantierte die 13. Monatsrente. Die astrologischen Ausgaben belasteten das Staatsbudget riesig. Obwohl der kleinere Koalitionspartner, der SZDSZ, diesen sozialen Maßnahmen *hic et nunc* zugestimmt hatte[383], änderte er anderthalb Jahre später seine Meinung. Vor allem aus lautem Pragmatismus, sie mussten sich merken, wie die Ressourcen des Staates durch diese Politik erschöpft werden. Außerdem aus parteiideologischen Gründen (siehe Lassaiz-Fair-Prinzip im Testament von Ricardo und Saint-Simon) widersetzten sie sich jeder Art der unmittelbaren Einmischung des Staates in die Sozialpolitik. Bis zu diesem Umfall des SZDSZ gegen Ende 2003 ähnelte der politische Kurs der Sozialisten der sozialdemokratischen Unwirtschaft der 1960-70er Jahre in Österreich. Es geschah fast so, wie es zur Zeit der sozialdemokratischen Herrschaft von Bruno Kreisky der Fall gewesen war: Die von einem Extrem in das andere gefallenen Koalitionspolitiker versuchten ihre Wähler für ihre Treue aus dem Staatsbudget zu beschenken. Der Lebensniveaupolitik ging es gut, die Staatskasse wurde aber wieder leer.

Der Anfang der Wahlperiode 2002–2006 entbehrte nicht einmal der positiven Entwicklungen. Dem Namen Péter Medgyessy knüpft sich ein wirklich großartiges Geschehnis der ungarischen tausendjährigen Staatsgeschichte, der

---

[382] **Medgyessy**, Péter (1942–): Volkswirt, Geschäftsmann, Bankier, in der Kádár-Ära mehrmals Finanzminister, Ministerpräsident 2002–2004. In den Jahren des Kommunismus Mitglied des ungarischen Geheimdienstes als „III/II-Offizier". Er beteiligte sich an der Spionage gegen die westeuropäischen Staaten.
[383] In ihrem Wahlprogramm war die Erhöhung der Verdienste der Pädagogen die wichtigste Versprechung.

Beitritt der Europäischen Uninon am 1. Mai 2004. Die Freude war nicht restlos: kurz nach dem von der Quelle an erhebenden Akt ließen sich dissonante Klänge hören. Keine positive Aufname fand die Erkenntnis, als es sich herausstellt hat: die EU und die internationale Finanzwelt zwei Seiten einer und derselben Sache sind. Der Druck der großen Intitutionen der internationalen Finanzvernetzung wurde immer intensiver, die multinationalen Firmen, denen schon ganz am Anfang der Wende die unterschiedlichsten Begünstigungen zugelassen worden waren (besonders Steuerfreiheit) führten den in Ungarn erzeugten Reingewinn aus dem Lande von Jahr zu Jahr in wachsender Menge aus. Die Pflege und Erhaltung der Infrastruktur (Straßen, Autobahnen, Eisenbahnlieferung, medizinische Versorgung, Bildung usw.), denen die multinationalen Unternehmen ihre Gewinne zu verdanken hatten, wurde auf den Staat überwälzt. Das Staatshaushaltsdefizit überstieg nicht nur das 3-prozentige Limit des Maastrichter Vertages, sondern es stieg weit über die 10-Prozent-Grenze. Und in an diesem Punkt folgte der überall im Lande Anstoß erregende Anordnung der EU, die Europäische Kommission ließ Verfahren wegen des überhöhten Defizits gegen Ungarn einleiten.

Die Verschwendung dauerte allerdings bis Ende 2004, als die Medgyessy-Regierung die Ferenc-Gyurcsány-Regierung abgelöst hat. Nicht zuletzt deshalb, weil der radikalliberale SZDSZ am Sturz von Medgyessy sich mit Rat und Tat sehr aktiv beteiligte. Mit der Verteilungspolitik in sozialdemokratischem Stil musste man dringend aufhören, das war die Aufgabe Nummer 1. Eine Nummer 2, ein positives, in die Zukunft weisendes Aktionsprogramm konnte die Regierung an Stelle des Medgyessy-Programms nicht erfinden. Um die Lücken des abgezapften Staatshaushalts musste man allerdings stopfen, was wie ehemals in der „postkádárischen Ära", in den 1980er Jahren, auch diesmal mit Hilfe von Aufnahme ausländischer Kredite ausgefallen war. Die Auslandspositionen der ungarischen Notenbank erreichten eine tragische Grenze. Die Stimmung war nämlich gespannt, und die Gyurcsány-Regierung wagte es nicht, die sozialen Ausgaben, wie es beim Bokros-Paket der Fall war, drastisch zu kürzen. Nur eine Lösung hat sich dargeboten, und zwar das Spiel darauf, dass die Zeit vergeht. Nicht selten kommt so was in der Geschichte vor: Unbeweglichkeit, kränkelnde Passivität, die Politik des unendlich langen Wartens[384].

---

[384] Ein treffendes Beispiel dafür bieten die Jahre etwa 1900–1914 in der Österreichisch–Ungarischen Monarchie an. Die Führung der gemeinsamen Außenpolitik von den drei letzten Außenminister, Agenor Gołuchowski, Alois Lexa von Aehrenthal und Leopold von Berchtold

Nur Eines hätte die Gyurcsány-Regierung in diesen kriselnden Monaten retten: eine weltwirtschaftliche Konjunktur. Zu seinem Unglück brach aber Krise ein. Der Druck der finanziellen Weltfaktoren hat sich nicht unterlassen, und die von diesen Faktoren (IMF, Weltbank, führende Brokerfirmen in aller Welt, verursachte Ausgeliefertheit der Regierung paralysierte jede vernünftige Initiative. Ein Herausbrechen aus diesem *circulus vitiosus* erwies sich nicht weniger deshalb als unmöglich, da die finanzielle Welt war es unter anderem, die die sozialliberale Koalition 2002 ans Ruder geholfen hatten. Sobald als die Regierung diese Abhängigkeit für null und nichtig erklärt, und gleichzeitig kein Hinterland in der geführten Nation hat, unterzeichnet sie ihr Todesurteil.

Dem unendlich langen Warten musste man jedenfalls ein jähes Ende machen. Die Unbeholfenheit von ihm selbst und seiner Partei fing an auf den Nägeln zu brennen. Der Ausweg erblickte er darin, dass er einführend die in Ohnmacht gefallene Partei aufrüttelt. Wahrscheinlich mit der Absicht, dass ihm die mobilisierte Partei auch beim Antasten der sozialen Ausgaben behilflich sein wird. Es ist nicht klar, aber der zweite Schritt sollte ein offenes Bekenntnis vor der Gesellschaft gewesen sein. Der Versuch missglückte aber. In seinem mit der Etikette „Rede von Öszöd"[385] in die ungarische Geschichte einmarschiertes Referat vor einer engeren Körperschaft des MSZP erkannte er an, dass die Regierung in der Zeit von 2004 *nichts* gemacht habe, sie hat die ganze Gesellschaft an der Nase geführt. Infolge eines Zufalls oder wohlbedachten politischen Tricks, weiß niemand, ist der Inhalt dieser Rede durch gesickert.

Die Reaktion kam wie Erdbeben. Die für die heimtückischen politischen Manipulationen in jeder Zeit sensible ungarische Gesellschaft brach in einer einzigen elementaren Protestbewegung aus. Die Budapester Straßen und

---

stoß kontinuierlich auf unabwendbare Schwierigkeiten, eine aktive Großmachtpolitik zu führen. Genauso passiv mussten auch die geplanten Erneuerungsversuche in der Innenpolitik in dem österreichischen Reichsteil ausfallen. So die gemeinsame Außenpolitik, wie die österreichische Binnenpolitik hätten so vielen Teilinteressen im Reich entgegenkommen müssen, dass die politische Elite in ihrer menschlichen und beruflichen Kapazität überfordert war. Die vielen, voneinander diametral abweichenden Teilinteressen, die in diesen Jahren aus dem multinationalen Charakter der Donaumonarchie ergeben waren, haben die Akteure der politischen Reformen lahmgelegt. Darüber detailliert siehe: **Tefner**, Zoltán: Az Osztrák–Magyar Monarchia lengyelpolitikája 1867–1914 *[Polenpolitik der Österreichisch–Ungarischen Monarchie 1867–1914]*. L'Harmattan Kiadó, 2007. S. 477–497.
[384] Balatonöszöd: Kurort am Balatonsüdufer, wo sich das Urlaubsheim der ungarischen Regierung befindet.
[384] Ungarische Fernsehanstalt.

öffentlichen Plätze nahmen sich das Bild eines Schlachtfeldes an. In diesem Protest äußerte sich nicht allein die Wut einer in ihrer Gutgläubigkeit irre geführten Gesellschaft, sondern der seit 1990 dringende, aber im halben Wege stecken gebliebene Sanierung des globalen sozialen Systems. Die Straßenexzessen wurden in aller Welt bekannt, die turbulenten Szenen, wie die beim Ansturm des Gebäudes der MTV[386] oder der massenhafte Nahkampf mit der Polizei am 23. Oktober 2006, haben die Bildmedien in ganz Europa in Direktsendung übertragen.

Die Zahl der auf dem Mindestniveau lebenden Menschen – unter ihnen in großer Menge die Roma-Bevölkerung – machte schon in diesem Jahr 3 Millionen. Die Lage Gyurcsány-Regierung erschwerte sich noch weiterhin infolge des Einbruchs einer erneuten weltwirtschaftlichen Dekonjunktur. Die Regierung wurde gezwungen, um das soziale Gleichgewicht zu erhalten, und um der Zinszahlungspflicht entgegenzukommen, neue IMF-Kredite aufzunehmen. Im Jahre 2008 erreichte der Schuldenplafonds seine historische Höhe: 81 Milliarden Dollar. Unter diesen schwierigen Verhältnissen wäre ein Anachronismus über eine progressive Wohlstandspolitik – egal in welcher Version – zu sprechen gewesen. Die Empfehlungen des IMF, als Voraussetzung zur Kreditgewährung, lauteten wie Ultimatum: Die Regierung soll unter anderem den sozialen Bereich schmälern. Ferenc Gyurcsány musste abdanken, dann folgte – nach anderthalb Jahren Vegetieren (Regierungszeit von Gordon Bajnai[387]) – der totale Sturz der sozialliberalen Politik. Der FIDESZ und sein Koalitionspartner, die Christlich-Demokratische Volkspartei, haben 2010 einen nie gesehenen Wahlsieg errungen: eine Zweidrittelmehrheit. In der ungarischen Geschichte der Neuzeit ist dieser Sieg ein einmaliges Ereignis.

Der Zyklus der zweiten Orbán-Regierung ist noch nicht vollendet, deshalb müssen wir von einem in Länge ziehenden Resümee absehen. Das Grundproblem besteht immer noch darin, ob die Wirtschaftspolitik die Wirtschaft in die Richtung des Wachstums, oder in die Richtung der Restriktion führen kann oder will. Die wirtschaftlichen Machtfaktoren, wie der IMF diktieren aufgrund ihrer Interessen Restriktion, was einer progressiven Wohlstandspolitik entgegensteuert. Die Willensbildung der heutigen Regierung hängt davon ab, wie im Falle der vorherigen Regime, ob man Mut oder Angst zum Widerstand gegenüber den finanziellen Machtfaktoren der Weltwirtschaft

---

[387] **Bajnai**, György Gordon (1968–): Volkswirt, Geschäftsmann, Minister in der Gyurcsány-Regierung, nach dessen Sturz Ministerpräsident bis 2010.

zu leisten *wagt*. Die Regierungen und die Regierungschefs unterscheiden sich voneinander in erster Linie eben dadurch, ob sie Mut hätten, oder mindestens fähig für sinnvolle Kompromisse seien.

Das Wirtschaftswachstum, als Grundstein der Sozialpolitik, lässt sich allerdings in unseren Tagen noch auf sich warten. In dem nächsten Kapitel findet der verehrte Leser theoretische Überlegungen und Ideen dazu, was es sein wird, wenn einmal die Wachstumspolitik den Staffelstab von der Restriktionspolitik übernimmt, und die Möglichkeit für eine Wohlfahrtswirtschaft sich einstellt. Viele Wohlsfahrtsmodelle bieten sich diesbezüglich an, als eines dieser Modelle – unseren Erachtens vermutlich das brauchbarste – wird von uns *das finnische Modell* angesehen.

8 EINE ALTERNATIVE FÜR DIE ZUKUNFT: DIE WIRTSCHAFT DER WOHLFARTSPOLITIK – DAS FINNISCHE MODELL

8.1 WIRTSCHAFTLICHE EXISTENZSICHERUNG UND WOHLFAHRT

Sowohl bei Planung z. B. der finnischen Sozialpolitik als auch bei der Festlegung ihre-, Aufgabenbereiche haben immer Wertvorstellungen eine entscheidende Rolle gespielt. Wertvorstellungen sind stets mit einer Prioritätensetzung verbunden und deshalb für die Entwicklung der Gesellschaft insgesamt wichtig.

Für die Analyse der Werte in der finnischen Sozialpolitik ist der Begriff Ziel oder Zweck bei Aristoteles von großer Bedeutung. Nach Aristoteles besitzt auch das zu erreichende Endziel einer Handlung einen Eigenwert. Beispielsweise handeln Individuen primär, uni in der Gesellschaft überleben zu können. Zwischenziele haben keinen Eigenwert, sie dienen nur als Mittel, um das eigentliche Endziel einer Handlung zu erreichen (analytisch in einer Ziel-Mittel-Hierarchie darstellbar)[388].

Bei der Bestimmung eines Eigenwertes ist dessen unterlegtes Ideal von Bedeutung. Manche Eigenwerte sind nicht exakt anzugeben. Das ist aber noch kein Grund, die Idee des Eigenwertes abzulehnen oder gering zu schätzen. Der Wert einer Sache oder einer Handlung ist zwar allgemein das höchste Ideal, dem wir uns zu nähern versuchen, er ist aber in der Literatur nicht einheitlich definiert worden. Nach meiner Auffassung ist das wichtigste Kriterium für die Definition des Wertes die begriffliche Trennung zwischen einem *Eigenwert* und einem *instrumentellen* Wert. Der Eigenwert bestimmt das zu erreichende Endziel (das höchste Ziel), der instrumentelle Wert die einzusetzenden Instrumente (Zwischenziele), um ein bestimmtes Ziel erreichen zu können.

8.1.1 Eigenwerte der Sozialpolitik

Die höchsten Ziele bzw. Eigenwerte der Sozialpolitik sind im allgemeinen humanitärer (menschlicher) und gemeinschaftlicher (kollektiver) Art[389]. Eine

---

[388] **Kauppi**, Raili: Arvot, tavoitteet ja ihmiskuva yhteiskunnallisen toiminnan lähtökohtina [*Werte, Ziele und Menschenbild als Grundlagen sozialer Politik*]. In: Teoksessa "Tavoitteet ja todellisuus sosiaalihuollossa". Helsinki, 1982. S. 15.

[389] **Siipi**, Helena.: Hsykkeita. [*Anreize*]. *In:* Turun yliopiston sosiaalipolitiikan laitoksen tutkielmia B: 13. Turku, 1970.; **Routsalainen**, Sami: Sosiaalinturvapolitiikan vaikuttmet, persustelutja kehityssuunnat mmilaisen yhteiskuntateorian valossa [*Motive, Beweggründe und Entwicklungstrends der Sozialpolitik aus der Sicht der marxistischen*

Wertfestlegung der Sozialpolitik erfolgt im Allgemeinen aufgrund ihres humanen und universalistischen Charakters[390]. Neben humanitären Werten wird auch oft die Selbstverwirklichung des einzelnen als Eigenwert der Sozialpolitik genannt[391], ein Wert, den man aber letzten Endes auch als einen humanitären interpretieren kann. Wobei dies alles äußerst problematisch bleiben muss, die die Kriterien nicht genügend klar definiert sind.

Erst nach Festlegung der Ziele der Sozialpolitik kann die Auswahl der Mittel zur Erreichung dieser Ziele erfolgen. Bedeutend dabei ist die Frage, ob eine Sozialpolitik beide Wertansätze – Humanität und Gemeinschaftlichkeit in sich vereinen kann. Zum anderer wird zu klären sein, wie weit eine Sozialpolitik „sozial" und wie weit sie „politisch" ausgerichtet ist.

Von ihrer politischen Dimension her hat die Sozialpolitik einen universalistischen Charakter, d.h. sie ist eine nationale Angelegenheit. Man könnte beispielsweise über die Entstehung und Entwicklung des finnischen Pensionssystems Funktionen zur Schaffung zur Sicherung einer nationalen Einheit betonen. Ein weiteres generelles Ziel der Sozialpolitik ist „der Ausgleich der Klassenunterschiede".

Beide universalistischen Ziele finden wir bereits im ersten in Deutschland entstanden Sozialversicherungssystem. Bismarcks Bestreben war es damals, ein wirtschaftlich und politisch starkes deutsches Reich zu schaffen. Er versuchte deshalb mit allen Mitteln von Anfang an die immer stärker werdende Arbeiterschaft in die nationale Einheit einzubinden. Der Arbeiterschaft fielen damals wichtige Funktionen im Rahmen des Industrialisierungsprozesses zu. Mit diesem Beispiel lässt sich schön zeigen, wie ein politisches (staatliches) Ziel in seiner sozialpolitischen Ausformung zutage tritt.

In den ersten Definitionen der Sozialpolitik in Finnland sind die Funktionen der Klassenversöhnung und der nationalen Einheitsbildung enthalten. Mit der Sozialpolitik sollte die Zusammengehörigkeit zwischen den Gesellschaftsklassen gestärkt oder zumindest revolutionäre Bestrebungen, die

---

Gesellschaftstheorie]. In: Helsingin yliopiston sosiaalipolitiikan laitoksen tutkimuksia, 1971.

[390] **Lehtonen**, Heikki. Sosiaalipolitiikan käsitteen ja sen teoreettisen aerustan kehityksesta Suomessa. [*Die Sozialpolitik und die Entwicklung ihrer theoretischen Grundlage in Finnland*]. In: Sosiologia, 1977/14. S. 115.

[391] **Riihinen**, Olavi: Henkinen tuvallisuus - haaste tulevaisuuden sosiaaliipolitiikalle [*Psychische Sicherheit - eine Herausforderung für die Sozialpolitik in der Zukunft*]. In: Sosiaaliturva 1979/67. S. 819-827.

der nationalen Einheit gefährlich werden konnten, hintan gehalten werden. Dieser Tatbestand ist in vielen sozialpolitischen Studien Sosiaaliturvapolitiikan erörtert worden.

Finnland ist bei der Festlegung seiner sozialpolitischen Ziele der deutschen Tradition, im Gegensatz zu vielen anderen skandinavischen Ländern, gefolgt. In Schweden beispielsweise ist ein klassenversöhnender Aspekt, nie im Vordergrund seiner Sozialpolitik gestanden.

Die Sozialpolitik verfolgt aber auch ein soziales Ziel: die gegenseitige Hilfestellung, und versteht darunter solidarisches Handeln und das gemeinsame Tragen von Verantwortung. In diesem Zusammenhang ist zu fragen, wie weit solidarisches Handeln praktiziert werden soll, nur im engeren Personenkreis, in gesellschaftlichen Gruppen oder sogar auf die ganze Welt bezogen?

Bei einer Analyse der historischen Ursprünge der Sozialpolitik muss auch der wichtige Faktor des Nutznießers der Politik erwähnt werden. Ruotsalainen hat beispielsweise die Fortschritte der Sozialpolitik anhand der Errungenschaften für die Arbeiterbewegung und deren Organisationen wie den Gewerkschaften dargestellt[392].

Eine Erklärung der Entstehung und Wahrnehmung sozialpolitischer Interessen wird in der neueren Literatur durch korporative Entscheidungsbildungsmodelle vorgenommen. Noch zu Beginn unseres Jahrhunderts sah man - auch in Finnland -allein im Staat den Träger und die Zentralinstanz der Sozialpolitik. Ab den 50er Jahren wurden in die Analysen über die Trägerschaften der Sozialpolitik aber auch -und vor allem - Interessensvertreter und Gewerkschaften als Kooperatoren miteinbezogen. Seither haben sich korporative Modelle in der Sozialpolitik allgemein bewährt.[393]

Mit dem Begriff „sozial" wird also die organisatorische und strukturbildende Dimension der Sozialpolitik betont. Mit zunehmender Bedeutung der Arbeiterbewegung haben auch deren Organisationen im sozialen Bereich wichtige Funktionen übernommen (z.B. das Pensionswesen). In den früheren

---

[392] **Ruotsalainen**, Sami: Sosiaaliturvapolitiikan [...]

[393] **Väänänen-Tommppo**, Irma: Työmarkkinajärjestöjen rooli sosiaalipolitiikan kehittämisessä Suomessa vuosina 1956-1979. Helsingin yliopiston sosiaalipolitiikan laitoksen tutkimuksia 6. [*Die Funktionen der Arbeitsmarktvenvaltung bei der Entwicklung der Sozialpolitik in Finnland 1956-1979*]. Helsinki, 1981.; **Ruotsalainen**, Sami: Sosiaaliturvapolitiikan [...] S. 82.

kooperativen Modellen hat man das Beste für den Bürger auch als das höchste Ziel der Sozialpolitik angesehen[394].

Korporatismustheorien gehen von einer gegenseitigen Abhängigkeit der Gesellschaftsklassen als Grundvoraussetzung für das Entstehen von Zusammenarbeit aus. Korporationen sind funktionsfähig, wenn alle gesellschaftlichen Gruppen Konsensbereitschaft zeigen. Jede Gruppierung muss aus der Zusammenarbeit Vorteile ziehen, und der Nutzengewinn aller muss gleichwertig sein, damit jedes Konfliktpotential schon von Vorhinein ausgeschlossen bleibt.

Bei einer Betrachtung der Eigenwerte der Sozialpolitik müssen wir auch auf den Wohlstandsbegriff eingehen. Mit dem „Wohlfahrtstaat" wird eine Gesellschaft verbunden, in der der Staat nicht nur administrative (überwachende), sondern auch (unterstützende) Aufgaben übernimmt. Der Zusammenhang zwischen dem Wohlstand eines Staates und der Bedürfnisbefriedigung des einzelnen Staatsbürgers wird aber in der Literatur sehr unterschiedlich interpretiert. In den jüngsten Veröffentlichungen wird ein direkter Wirkungszusammenhang zwischen dem Wohlstand und der Befriedigung der Bedürfnisse des Individuums bzw. der Individuen gesehen[395]. Die Entwicklung des Wohlstandes wird an Hand des Übergangsprozesses von einer eindimensionalen zunächst rein wirtschaftlichen zu einer multidimensionalen, alle Lebensbereiche betreffenden Bedürfnisbefriedigung charakterisiert (gekennzeichnet durch den Lebensstandard und der Lebensqualität der Bevölkerung). Gleichzeitig kommt es zu einer Verschiebung der Priorität von einem ressourcenorientierten Ansatz zu einem primär auf die Bedürfnisbefriedigung des einzelnen bedachten Ansatzes.

Im Behaviorismus und in den Sozialwissenschaften wird in Wertanalysen oft der Begriff „homo" verwendet. Ein Paradebeispiel dafür ist der „homo oeconomicus" oder „der sich wirtschaftlich verhaltende Mensch"[396]. Man verbindet mit ihm primär rationales Verhalten, d. h. Individuen, die ihre Entscheidungen vernünftig treffen und nur ihnen persönlichen Nutzen

---

[394] **Kuusi**, Pekka: 60-luvun sosiaalipolitiikka. [*Die Sozialpolitik in den 60er Jahren*]. Porvoo, 1963. S. 85.
[395] **Riihinen**, Olavi: Henkinen tuvallisuus - haaste tulevaisuuden sosiaaliipolitiikalle [*Psychische Sicherheit - eine Herausforderung für die Sozialpolitik in der Zukunft*]. In: Sosiaaliturva, 1979/67. S. 819-827.
[396] Siehe z. B. **Laurinkari**, Juhani (toim.): Yhteisötalous. Johdatus perusteisiin. Palmenia, Helsinki, 2007.

maximieren, indem sie die für sich persönlich vorteilhafteste Alternative wählen.

Als Gegenstück zum „homo oeconomicus" wurde der „homo sociopoliticus" entwickelt[397]. Bei Riihinen ist der „sozialpolitische Mensch" ein Individuum, welches nicht nur rationale, sondern viele verschiedene Verhaltensweisen in sich vereint. Der „homo sociopoliticus" kann auch al seine Kombination des „homo politicus" und des „homo homini socius" („homo socialis") angesehen werden, wobei sich vor allem der „homo sociopoliticus" sozial verhält und primär gemeinschaftliche (kollektive) Ziele verfolgt.

Einen neuen Ansatz zur Lösung der Streitfrage, ob die Sozialpolitik primär der Bedürfnisbefriedigung des einzelnen oder der Allokation der Ressourcen dienen soll, bietet der Aspekt der Sicherheit. Sicherheit beinhaltet nämlich sowohl eine individuelle als auch eine gesellschaftliche Dimension und ist aus sozialer und aus politischer Hinsicht von Bedeutung. Jedes individuelle und gesellschaftliche Bedürfnis hat einen Bezug zur Sicherheit und man kann auch nicht über Wohlstand ohne Sicherheitsbedürfnis sprechen[398]. Der Sicherheitsbegriff selbst ist vielschichtig und enthält sowohl einen Nutzen als auch einen Wertaspekt.

Die Sozialpolitik wird auch oft negativ im „Fehlen von etwas" analysiert. Beispielsweise hängen die Schutzlosigkeit und die Unsicherheiten der Individuen eng mit sozialpolitischen Maßnahmen zusammen und die soziale Sicherheit und ein sozialer Schutz sind stets sozialpolitische Grundanliegen gewesen, Die Verringerung jeder Art von Unsicherheit war von Anfang an ein primäres Ziel der Sozialpolitik.

Zunächst war es die Aufgabe der Sozialpolitik, materielle Unsicherheiten (Lebensstandard - Armut) zu beseitigen. Später kamen soziale und psychische Unsicherheiten hinzu. Beispielsweise sind heute humanitäre und erzieherische Fragen von großer Bedeutung, und zwar bereits in einem so großem Ausmaß, dass man bereits zu hinterfragen beginnt, ob man mit der Sozialpolitik auf derart rein individuelle Probleme überhaupt noch einwirken kann.

---

[397] **Riihinen**, Olavi: Hyvinviointiteonoista [*Wohlstandstheorien*]. In: Sosoiaalinen aikakauskija 576 1987. S. 7-19.
[398] Ebenda, S. 50.

8.1.2 Instrumentelle Werte der Sozialpolitik

Begriff und Inhalt der instrumentellen Werte, mit denen man die Eigenwerte der Sozialpolitik zu realisieren versucht, hängen davon ab, welche Eigenwerte die Sozialpolitik selbst anstrebt. Wenn der Eigenwert der Sozialpolitik primär in humanitären Anliegen besteht, stehen Instrumente im Vordergrund, die Voraussetzungen für das Erreichen und die Sicherstellung eines menschenwürdigen Daseins für die Bevölkerung sichern sollen. Dabei kommt es vor allem auf den Einsatz der Ressourcen zur Befriedigung jener menschlieben Bedürfnisse an, die ein menschenwürdiges Dasein gewährleisten, Humanität ist ein sehr hochgestecktes Ziel, das in unseren Gesellschaften gegenwärtig kaum annähernd als verwirklicht gilt. Die Schaffung von Voraussetzungen für ein menschenwürdiges Dasein ist deshalb auch für die heutige Sozialpolitik noch immer eine große Herausforderung.

Wenn man den Eigenwert der Sozialpolitik primär in der gegenseitigen Hilfestellung sieht, so ist dieses Ziel mit Mitteln, wie beispielsweise die Schaffung und Förderung solidarischen Verhaltens, zu verfolgen. Der wichtigste instrumentelle Wert stellt dabei zweifelsohne die Schaffung von Gleichberechtigung dar, die aber sehr unterschiedlich interpretiert werden kann. Man kann von Gleichberechtigung bei der Verteilung der Chancen, beim konkreten Handeln und bei der Zielerreichung sprechen[399].

Die Gewährleistung der Chancengleichheit ist eine Errungenschaft des Liberalismus, gleiches Recht für alle ist auf das demokratische Prinzip zurückführbar und die distributive Gleichheit weist auf eine solidarische Gesinnung hin. Solidarisches Verhalten ist überhaupt für die Sozialpolitik von besonderer Bedeutung, dem erst eine möglichst umfassende Befriedigung der Bedürfnisse aller gewährleistet auch eine Gleichberechtigung aller. Ein Zustand, der auch in den heutigen Gesellschaften noch lange nicht erreicht wurde.

Die eben besprochenen Wertvorstellungen ändern sich natürlich im Laufe der gesellschaftlichen Entwicklung und diese Entwicklung ist wiederum maßgebend für die Realisierung dieser Werte.

Gleichberechtigung besitzt nach Aristoteles eine arithmetische und eine geometrische oder relative Dimension[400]. Aristoteles wollte mit dieser

---

[399] **Niemelä**, Pekka: Sosiaaliturva, oikeudenmukaisuus ja tasa-wo [*Soziale Sicherheit, Gerechtigkeit und Gleichheit*]. In: Sozialversicherung, 1987/25. Nummer 3. S. 86-90.
[400] **Aristoteles**: Nikomahoksen etiikka. Kääntänyt ja selityksin varustanut Simo Knuuttila. [*Die Ethik des Kikomachos. Übersetzt und erläutert von Simo Knuuttila*]. Juva, 1983.

Unterscheidung vor allem den Tauschakt beschreiben und damit zeigen, dass die Tauschobjekte bei jedem Tausch nach den Wertschätzungen der Tauschenden aufeinander abzustimmen sind[401]. Der relative Gleichgewichtsbegriff hat demzufolge für die Sozialpolitik keinerlei Bedeutung, da wir es im Rahmen der Sozialpolitik mit keinen Tauschakten zu tun haben.

8.1.3 Sicherheit als Bedürfnis und als Wert

Ist der Eigenwert der Sozialpolitik primär die Sicherheit, so ist damit der instrumentelle Wert einer gesicherten Existenz für alle verbunden. Sicherheit als Eigenwert der Sozialpolitik bezieht sich vor allem auf die soziale Sicherheit, insbesondere auf die wirtschaftliche und Fürsorgesystem sorgt. Wirtschaftliche Existenzsicherung war in der Sozialpolitik stets einer der wichtigsten instrumentellen Werte. Im Wohlfahrtsstaat hat aber eine soziale Existenz- und Absicherung an Bedeutung gewonnen und ist auch heute bereits als Menschrecht anerkannt. Es muss aber auch erwähnt werden, dass viele soziale Rechte bis heute noch nicht in Gesetzesform verankert sind.

Für Sicherheit kann man auch synonym „Zuverlässigkeit" oder „Absicherung" verwenden. Der Eigenwert soziale Sicherheit hat sich in der Sozialpolitik seit dem 18.Jahrhudert als politisch am stabilsten erwiesen, und es konnten bis heute die verschiedensten Existenzsicherungssysteme aufgebaut werden, von Grundexistenzabsicherungen bis zur Sicherung eines Mindesteinkommens.

In der Entwicklung der sozialen Sicherungssysteme waren zwei unterschiedliche Ansätze solidarischen Handeln vorherrschend. Die grundsätzliche Lebensexistenzsicherung stützt sich auf eine allgemeine Solidarität innerhalb der gesamten Bevölkerung, die wirtschaftliche Existenzsicherung auf die sogenannte Klassensolidarität. Die erstere gründet sich auf eine Zugehörigkeit zu einem Staat (Staatsbürgerschaft), die letztere beispielsweise auf die Zugehörigkeit zu den Lohneinkommensbeziehern.

Soziale Sicherheitssysteme werden aber nicht nur positiv bewertet. Der Begriff des „Schutzstaates" für den Sozialstaat weist bereits auf die Gefahr der Bevormundung der Individuen durch staatliche Behörden hin. Kritisiert werden vor allem in weiten Bereichen bereits übermächtige Absicherung- und Kontrollsysteme des Sozialstaates.

---

[401] **Niemelä**, Pekka: Sosiaaliturva [...].

Der sozialpolitische Eigenwert der sozialen Sicherheit beinhaltet neben dem Ziel, die sozialen Bedürfnisse der Bürger zu befriedigen, auch noch Gleichheits- und Nivellierungsziele zwischen den Generationen einer Gesellschaft, wobei vor allem das Zusammenwirken dieser beiden Ziele von großer Bedeutung ist. Es läßt sich zeigen, dass in der praktischen Umsetzung sozialer Sicherheitssysteme unterschiedliche Gleichberechtigungs- und Nivellierungsvorstellungen vorherrschen: Die Grundsicherheit ist primär eine Angelegenheit zwischen den Generationen, während eine Existenzsicherheit innerhalb einer Generation zu gewährleisten ist. Zwischen den Generationen soll auch eine Einkommensübertragung zugunsten Minderbemittelter erfolgen. Dieses letztgenannte Prinzip wird aber infolge immer größerer Finanzierungsprobleme dieses Systems immer mehr in Frage gestellt.

Die Entwicklung des sozialpolitischen Systems eines Staates kann man am besten in dessen Übergang von einem sogenannten sozialen Residualmodell eines Staates zu einem hochentwickelten institutionalisierten Modell, d.h. zu einem Sozialstaat charakterisieren[402].

In diesem Aufsatz wurde versucht, sich die Wertfrage der Sozialpolitik anhand der analytischen Trennung sozialpolitischer Wertvorstellungen in Eigenwerte und instrumentelle Werte zu nähern. Es zeigte sich, dass verschiedene Eigenwerte, wie beispielsweise Humanität oder Gemeinschaftlichkeit, zu verschiedenen sozialpolitischen Ansätzen führen: Humanität stellt das Individuum in den Vordergrund, während bei der Gemeinwirtschaftlichkeit die soziale Gruppe dominant ist. Es treten aber auch gravierende Unterschiede zutage, wenn man sich mit der Frage beschäftigt, was denn eine Sozialpolitik an und für sich auszeichnet -ihre soziale oder ihre politische Dimension.

Es konnte auch festgehalten werden, dass für beide Dimensionen ein verbindendes Prinzip, nämlich das Sicherheitsprinzip dienen kann. Weiters hat

---

[402] **Mishra**, Ramesh: Society and Social Policy. Theoretical Perspectives of Welfare. London, 1977. S. 91.; **Korpi**, Walter: Sosiaalipolitiikan strategiat ja Ruotsin sosiaalipolitiikka. [*Die Ansätze der Sozialpolitik in Schweden*]. In: Sozialpolitik, 1981. 6. S. 13-36.; **Karisto**, Antti – **Takala**, Pentti – **Haapola**, Ilkka: Elintaso, elämäntaa, sosiaalipolitiikka. Aineistoa suomalaisen yhteiskunnan muutoksesta. Helsingin yliopiston Lahden tutkimus ja koulutuskeskus [*Lebensstandard, Lebensweise. und Sozialpolitik. Materialien zum Wandel der finnischen Gesellschaft*]. Forschungs- und Schulungszentrum in Lahti. Universität Helsinki/Lahti, 1983. S. 298.

sich auch gezeigt, dass die meisten instrumentellen Werte der Sozialpolitik sich im System der sozialen Sicherheit widerspiegeln.

8.2 WOHLFAHRTSPOLITIK IN FINNLAND

Die Wohlfahrtspolitik wird in Finnland unter den von der Wirtschaft der öffentlichen Hand bzw. des Staates und der Kommunen gestellten Bedingungen betrieben. Die politischen, ethischen und humanitären Aspekte begrenzen den Bereich der Wirtschaft in der Wohlfahrtspolitik. Zu den wirtschaftlichen Bedingungen der Wohlfahrtspolitik gehören unter anderem die Fragen, in welchem Maße finanzielle Mittel in die Wohlfahrtspolitik investiert werden, wie sie in der Praxis ihren Zielen zugeführt werden und wie die wohlfahrtspolitischen Investitionen sich auf lange Sicht auf die öffentliche und private Wirtschaft und auf die Auffassungen der Menschen von Gerechtigkeit, Gleichberechtigung und einem guten Leben sowie auf die Voraussetzungen der künftigen Wohlfahrtspolitik auswirken.

Die Wohlfahrtspolitik ist Produzent und (gerechter) Verteiler humaner Ressourcen. In diesem Rahmen müssen die oben angegebenen Fragestellungen beantwortet werden. Es steht zur Debatte wie, warum und an wen die Früchte und Lasten des wirtschaftlichen Wachstums verteilt werden und welche Beziehung zwischen dem Output und den Lasten besteht. Diese Fragen sind gleichzeitig politische Fragen. Praktische Fragen sind, wie die wohlfahrtspolitischen Einkommenstransfers und Dienstleistungen, wie z.B. die Renten, die Arbeitslosenversicherung, die Bildung und das Gesundheitssystem, finanziert und wie ihre Ausgaben verwaltet werden, ohne dass die Ziele der Wohlfahrtspolitik und die wirtschaftliche Aktivität der Bürger auf lange Sicht gefährdet sind.

Wohlfahrtspolitik kann aus ökonomischer Perspektive unter der Betonung der Rolle des Marktes, des Staates und der Kommunen, der gesellschaftlichen Organisationen (z.B. Vereine, Genossenschaften und Organisationen) oder der Haushalte betrieben werden. Worauf die Wohlfahrtspolitik letztendlich aufbaut, bestimmt die politische Ideologie. Die der Wohlfahrtspolitik der nordischen Länder eigene starke Rolle der öffentlichen Hand als Finanzierer und Koordinator der Tätigkeit wird unter anderem mit dem Tragen der gemeinsamen Verantwortung für soziale Probleme und Risiken, mit dem Gemeinnutzen (spill over) der öffentlichen Investitionen, mit der Notwendigkeit eines Ausgleichs bei der Einkommensverteilung, mit der Kalibrierung beim Angebot von Dienstleistungen und mit der Nützlichkeit eines regionalen Ausgleichs begründet. Das Produzieren von Dienstleistungen gilt als gesicherter bei der öffentlichen Hand als in der Hand des Marktes oder etwa unter der Regie der freien Bürgertätigkeit, von Vereinen und Organisationen.[403]

Eine zentrale Aufgabe des Wohlfahrtsstaates ist, auf Marktstörungen zu reagieren. Unter diesen sind in Volkswirtschaften auftretende bedeutende Konjunkturschwankungen, Rezessionen und Depressionen, deren Folgen für bestimmte Bevölkerungsgruppen zu verstehen, wie z. B. Arbeitslosigkeit, Armut und andere soziale Risiken, die in Marktwirtschaften zeitweise – fast unvermeidlich – vorkommen. Wohlfahrtspolitik, ihre Dienstleistungssysteme können als nützlich für eine Bevölkerung und das Funktionieren einer Gesellschaft angesehen werden, wenn der Arbeits- und Warenmarkt gut funktioniert.[404] Ohne das Eingreifen der öffentlichen Gewalt garantiert eine wachsende Wirtschaft jedoch nicht immer allen ein Mindestauskommen.

Die in der Wohlfahrtspolitik zu verteilenden wirtschaftlichen Ressourcen werden durch die Besteuerung sowie die Geschäfts- und Investitionstätigkeit des Staates und der Kommunen produziert. Das zu Verteilende kann auch durch Leihen produziert werden, denn auch die Wohlfahrtsstaaten können nicht, ohne sich zu verschulden, mehr in die Wohlfahrtspolitik, wie z.B. in Einkommenstransfers und Dienstleistungen, investieren, als sie jährlich einnehmen können. Die europäischen Staaten haben in den Jahren der Rezession mehr Geld für die Wohlfahrtspolitik verwendet, als sie erwerben konnten, da das Wirtschaftswachstum durch starke Konjunkturschwankungen gebremst wurde.

Die öffentliche Wirtschaft und die Wohlfahrt einer Bevölkerung beeinflussen sich gegenseitig. Die Investitionen in ein Gesundheitssystem und in die Bildung sind z.B. nicht nur Ausgaben, sondern sie wirken sich auch auf die Wohlfahrt der Bevölkerung aus und kehren so als Investitionen in die öffentliche Wirtschaft zurück. Dies zeigt sich in einer verbesserten Arbeitsfähigkeit und einer besseren Arbeitsproduktivität der Arbeitnehmer. Die Studien zeigen

---

[403] **Lehto**, Juhani – **Kananoja**, Aulikki – **Kokko**, Simo – **Taipale**, Vappu: Sosiaali- ja terveydenhuolto. WSOY, Helsinki, 2001.

[404] **Barr**, Nicholas: Economics of the Welfare State. Oxford University Press: Oxford, 2004.; **LeGrand**, Julian – **Propper**, Carol – **Smith**, Sarah: The Economics of Social Problems. Palgrave Macmillan: Houndsmill, Basingstoke and Hampshire, 2008.; **Raunio**, Kyösti: Sosiaalipolitiikan lähtökohdat. Gaudeamus: Helsinki, 1999.

deutlich, dass u.a. die Investitionen des öffentlichen Sektors in die Bildung einen positiven Effekt auf die Wettbewerbsfähigkeit, das Wachstum und die Produktivität der Volkswirtschaften sowie auf die Wohlfahrt der Bürger und deren Verteilung auf die Bevölkerungsgruppen haben.

Auf der Ebene der Individuen und Haushalte erscheint die Wirtschaft der Wohlfahrtspolitik als Auskommen und als Möglichkeiten, selbstbestimmt Wohlfahrt zu produzieren, unter anderem durch das Unterstützen der Teilnahme am Arbeitsmarkt und das Vermehren des Einkommens, das den Haushalten zur Verfügung steht. Die wirtschaftlichen Ressourcen sind für die Wohlfahrt zentral. Die Wohlfahrt der Bevölkerung lässt sich auch grob mithilfe des den Haushalten zur Verfügung stehenden Einkommens und des Wohlstandes messen. Obwohl die Wohlfahrt nicht allein auf wirtschaftlichen Faktoren beruht, stellt das Fehlen wirtschaftlicher Ressourcen eine ernstzunehmende Herausforderung für die Wohlfahrt und die Wohlfahrtspolitik dar.

Zur Wohlfahrtsökonomie gehören auch die ihre Planung und Beschlussfassung steuernden Ideologien, Werte und Normen. Diese sind verbunden mit verschiedenen Auffassungen von der Bedeutung der Wirtschaft für die Gesellschaft; für ihre Systeme, für die Haushalte und das Leben einzelner Menschen. Besonders interessant sind die Auffassungen und Modelle des politischen Systems sowie der Amtsträger des Staates und der Kommunen von den verschiedenen wirtschaftlichen Hauptalternativen der Volkswirtschaft und der Wohlfahrtspolitik, die einen Teil davon bildet.

8.2.1 Der Wohlfahrtsstaat als wirtschaftliches System

Als Wohlfahrtsstaat wird im Allgemeinen eine Gesamtheit bezeichnet, die die Systeme des öffentlichen Sektors bilden, in denen Bildungs-, Sozial- und Gesundheitspflegedienstleistungen sowie weitere sozialpolitische Dienstleistungen produziert und finanziert werden und durch die das Auskommen der außerhalb des Arbeitsmarktes befindlichen Bevölkerung gesichert wird. Fast alle Industrieländer können als Wohlfahrtsstaaten bezeichnet werden, obwohl sie sich in ihren Systemtraditionen wesentlich voneinander unterscheiden. Unter dem öffentlichen Sektor sind der Staat und die Kommunen und z.B. in Finnland auch die Rentengesellschaften zu verstehen, die einen gesetzlichen Rentenschutz anbieten. Sie werden nach europäischer Praxis in Finnland zum öffentlichen Sektor gezählt, auch wenn über ihre

Stellung sowohl in Finnland als auch in der Europäischen Union diskutiert wird. Die Wohlfahrtsökonomie ist hauptsächlich öffentliche Wirtschaft, wenn auch in den letzten Jahren in geringerem Maße.

Die Wohlfahrtspolitik realisiert im besten Fall außer ihren nach Bereichen und Bevölkerungsgruppen getrennten Aufgaben die allgemeinen Ziele der Wirtschaft. Der Wohlfahrtsstaat ist als Akteur der Wirtschaft außer einem Verteiler von Ressourcen auch ein Ressourcen produzierender Stützpfeiler der Wirtschaft. Als zentrale wirtschaftspolitische Ziele des nordischen Wohlfahrtsstaates werden die Aufrechterhaltung des wirtschaftlichen Wachstums, die Konjunkturpolitik und die Verteilungspolitik genannt. Die Ziele sind sowohl die Voraussetzungen als auch die Mittel der Wohlfahrtspolitik. Eine wachsende Wirtschaft unterstützt die Zunahme der Wohlfahrt der Bevölkerung und schafft Ressourcen für die öffentliche Wirtschaft. Sie ist in den letzten Jahren verbunden mit einem Streben nach niedriger Inflation und dem Eindämmen der Arbeitslosigkeit, auch wenn man in Bezug auf den Grundpfeiler des Wohlfahrtsstaates, dem Ziel der Vollbeschäftigung, in der Praxis Abstriche machen musste. In der Konjunkturpolitik wird ein ausgeglichenes Wirtschaftswachstum angestrebt und die Verteilungspolitik ist verbunden mit den Zielen der Gleichberechtigung und der Gerechtigkeit.

Es ist für den Wohlfahrtsstaat nicht leicht zu zeigen, dass er das wirtschaftliche Wachstum eher vermehrt als verhindert, und in seinem Umfang gibt es auch keinen statistisch bedeutenden Zusammenhang zum Wirtschaftswachstum. Je langsamer das Wirtschaftswachstum ist, desto stärker tendieren die Sozialausgaben zu wachsen. Anfang der 1990er Jahre wie auch am Ende des ersten Jahrzehnts des 21. Jahrhunderts stockte das Wirtschaftswachstum in Finnland und die Arbeitslosigkeit nahm zu, ebenso nahmen auch die sozialen Einkommenstransfers zu. Das wirtschaftliche Wachstum reduziert wiederum den relativen Anteil der Sozialausgaben am Bruttosozialprodukt.

8.2.2 Der umfassende Wohlfahrtsstaat

Mit der Wohlfahrtsökonomie und den oben angeführten Aspekten sind durchaus viele schwierige Grundsatzfragen verbunden, mit denen sich sowohl die Wirtschaftswissenschaftler als auch andere Gesellschaftswissenschaftler befasst haben. Zum Beispiel der Zusammenhang zwischen der Wohlfahrtspolitik und dem Wirtschaftswachstum ist schwer zu lösen: Ist eine umfassende öffentliche Wohlfahrtspolitik eine Bremse für ein ausgeglichenes Wirtschaftswachstum oder seine Voraussetzung? Ist das Wirtschaftswachstum eine notwendige

Bedingung für die Wohlfahrt der Bevölkerung? Ist die Erwerbstätigkeit für den Bürger die einzig mögliche Weise, aktiv am Leben der Gesellschaft teilzunehmen, seine Fähigkeiten einzubringen und seinen Lebensunterhalt zu erwerben?[405]

Die funktionalistische Theorie untersucht die Wirtschaft als zentrales Subsystem der Gesellschaft. Nach ihrer Interpretation treten keine Widersprüche zwischen der Wirtschaft und der Wohlfahrtspolitik auf, sondern sie entstehen und arbeiten in der Gesellschaft als Institutionen mit gegenseitiger Unterstützung. Die Wirtschaft dient so reibungslos den Hauptzielen der Wohlfahrtspolitik der Gesellschaft[406]. Allerdings erweist sich die Diskussion über die Marktstörungen[407] in Bezug auf die Lage der Wirtschaft und die Wohlfahrt der Gesellschaft als kompliziert und Störungen ausgesetzt. Auch eine wachsende Wirtschaft garantiert nicht zwangsläufig die Wohlfahrt aller. Sie garantiert auch nicht die ausgeglichene Verteilung der Wohlfahrt auf die verschiedenen Bevölkerungsgruppen. Für die außerhalb des Arbeitsmarktes Stehenden bilden sich auch nicht die Voraussetzungen für ein Auskommen ohne das Eingreifen der öffentlichen Gewalt. Auch viele neue Wohlfahrtsrisiken, wie die Umweltverschmutzung, die weitgehend Folgen des wirtschaftlichen Wachstums sind, bleiben meistens ohne Abhilfe durch den Markt bestehen, obwohl sie durch das Streben nach Wachstum entstehen.

Obwohl die zentralen Marktstörungen[408], wie die lang anhaltenden Rezessionen und die Arbeitslosigkeit, nach der Hypothese der neoklassischen Wirtschaftswissenschaft auf dem gut funktionierenden Markt fehlen, kommen sie dennoch in der Praxis auch in wirtschaftlich wachsenden Gesellschaften vor. Ein Motiv für das Schaffen der zentralen Systeme der sozialen Sicherheit des Wohlfahrtsstaates, wie der Renten, des Arbeitslosenschutzes und der Krankenversicherung, war das Bestreben, ihre negativen Auswirkungen für die darunter leidenden Haushalte zu kompensieren.

In den letzten hundert Jahren sind die zentralen Ausrichtungen der Wirtschaftswissenschaft der *Keynesianismus* und die *neoklassische Wirtschaftswissenschaft* mit ihren zahlreichen Variationen gewesen. In Finnland

---

[405] **Hellsten**, Kristiina: Sosiaalinen turvallisuus - sosiaaliturva muuttuvassa yhteiskunnassa. [*Soziale Sicherheit - sozialer Schutz in einer sich wandelnden Gesellschaft*]. Espoo, 1981.; **Rihinen**, Olavi: Arvot […].
[406] Ebenda.
[407] **Rogall**, Holger: Volkswirtschaftslehre für Sozialwissenschaftler. Verlag für Sozialwissenschaften, Wiesbaden, 2006.
[408] Ebenda.

werden wie in den übrigen entwickelten Industrieländern die Auffassungen dieser Ideentraditionen vom Betreiben einer guten öffentlichen Wirtschaft angewendet. Der Keynesianismus, der das Ausweiten der Wohlfahrtspolitik aus wirtschaftlicher Perspektive begründet hat, geht auf den britischen Wirtschaftswissenschaftler John Maynard Keynes (1883-1946) zurück. Keynes lehnte die von der klassischen Wirtschaftswissenschaft vertretene Auffassung von der Selbststeuerung der Märkte ab. Er glaubte nicht, dass die selbständig arbeitenden Märkte (Geld- und Arbeitsmarkt) sich auch um soziale Probleme kümmerten oder dass die (soziale) Sicherheit und die Wohlfahrt der Bürger gleichlaufend mit dem wirtschaftlichen Wachstum zunehmen würden.

Keynes betonte die Bedeutung der effektiven Nachfrage der Wirtschaft für das Zustandebringen des Wachstums der Volkswirtschaft. Die effektive Nachfrage setzt sich zusammen aus dem privaten Konsum und den privaten Investitionen, dem Export sowie dem öffentlichen Konsum und den öffentlichen Investitionen. Das Lenken des öffentlichen Konsums und der öffentlichen Investitionen sowie deren Umfang bestimmen die Produktion und die Beschäftigung. Ohne den öffentlichen Konsum entsteht laut Keynes eine starke Konjunkturschwankung in der Wirtschaft, die soziale Probleme nach sich zieht. Seiner Theorie zufolge kann wirtschaftliches Wachstum auch in Zeiten einer defizitären öffentlichen Wirtschaft produziert werden, indem der Staat Schulden macht.

In Finnland ist keine ausgedehnte keynesianische Konjunkturpolitik betrieben worden. Die keynesianische Denkweise hat jedoch auch in Finnland die starke Rolle des Staates in der Wirtschaft, sowohl in der Finanz- als auch in der Geldpolitik, begründet. Im keynesianischen Geiste sind in Finnland nach dem Zweiten Weltkrieg die eigene Unternehmenstätigkeit und die staatlich gelenkte Wohlfahrtspolitik ausgedehnt worden und die staatlichen Investitionen in die soziale Sicherheit und die Beschäftigung aufgestockt worden. Nach den keynesianischen Lehren sind die soziale Sicherheit und auch die Unterstützung der schwachen Bevölkerungsgruppen als Stützen für die Volkswirtschaft und das Wirtschaftswachstum interpretiert worden. Daher ist auch in Zeiten des Konjunkturrückgangs eine Staatsverschuldung genehmigt worden. In Zeiten des Aufschwungs ist es entsprechend notwendig, dem Konjunkturzyklus entsprechend, die öffentlichen Ausgaben zu kürzen und die Steuern zu erhöhen. Die Wirtschafts- und Finanzpolitik des Staates war für Keynes ein zentrales Mittel der Makrowirtschaft. Sie umfasst unter anderem die öffentlichen Investitionen und Aufwendungen für Einkommenstransfers, die Keynes als notwendig erachtete für das Beheben sozialer Probleme, die mit dem Konjunkturrückgang verbunden sind.

Die Arbeitslosigkeit ist nach der keynesianischen Denkweise die zentrale Marktstörung. In der Phase der Ausweitung der Wohlfahrtstaaten machte man sich in den meisten Ländern den weitgehend auf dem Keynsianismus beruhenden Gedanken zu eigen, dass die Marktkräfte (Verbraucher, Unternehmer, Investoren) nicht allein die sozialen Risiken beheben können, wie die liberalen Vertreter der klassischen Wirtschaftswissenschaft behauptet hatten. Deshalb verfolgte man den Staat als über dem Markt stehende Kraft als Zuständigen und die Aufgabe wurde der Rolle des Staates zugeschrieben. Den Staat hielt man dennoch nicht für einen Garanten der Wirtschaft, sondern seine Investitionen (Finanzpolitik) sollten durch den Anstieg der effektiven Nachfrage auch das Wirtschaftswachstum unterstützen und die Stabilität der Volkswirtschaft aufrechterhalten.

Das keynesianische Wirtschaftsdenken in der Phase der Ausweitung des Wohlfahrtsstaates war zumindest bis zu den 1990er Jahren ein anderes als das, was danach um die Jahrtausendwende verfolgt wurde, als man die wirtschaftliche Rolle des Staates zu schmälern begann. Die globale Wirtschaftsdepression des ersten Jahrzehnts des 21. Jahrhunderts ließ den Keynesianismus erneut aufkommen, aber in erster Linie um das Finanzierungssystem zu retten, ohne dass das Ziel der Ausweitung der Sozial- und der übrigen Wohlfahrtspolitik verfolgt wurde.

8.2.3 Die sich ausweitende Wohlfahrtspolitik

Die in Finnland zentralen Teilgebiete der Wohlfahrtspolitik, die Politik der Einkommenstransfers und die Dienstleistungen, wurden im 20. Jahrhundert entwickelt, um ausgehend von den oben beschriebenen wirtschaftlichen Ansätzen die Wohlfahrt der Bevölkerungsgruppen auszugleichen und die effektive Nachfrage zu steigern. Obwohl die nach Konjunkturausgleich strebende keynesianische Wirtschaftslehre in Finnland nicht einmal in der Zeit der Ausweitung des Wohlfahrtsstaates ausgedehnt betrieben wurde, hatten eine entsprechende Denkweise und andere Theorien, die die starke Rolle des Staates in der Wirtschaft betonen, eine zentrale Bedeutung für die Bildung des Wohlfahrtsstaates.

Die Gestaltung der finnischen Wohlfahrtspolitik ist im Vergleich zu den übrigen nordischen Ländern sehr eigen. Pekka Kuusi hatte in den 1960er Jahren einen starken Einfluss auf ihre Entwicklung. Er wandte die an den Keynesianismus erinnernde *Theorie vom kumulativen Wachstum* des schwedischen Nobelpreisträgers für Wirtschaftswissenschaft Gunnar Myrdal an und konzipierte ein bedeutendes Ausweitungsprogramm für die finnische Sozialpolitik. Diesem zufolge begann man mit der Zuweisung von Einkommenstransfers an Geringverdiener, um wirtschaftliches Wachstum zu erreichen. Mit diesem vom Staat unterstützten wirtschaftlichen Wachstum waren der Theorie zufolge viele andere positive multiplikatorische Wirkungen verbunden, die die Wohlfahrt der Bevölkerung in vielen Bereichen vermehren sollten[409]. In der Phase des Aufbaus und der Ausweitung des Wohlfahrtsstaates begann man auch, *Wohlfahrt* mit den *Konsummöglichkeiten der Haushalte* gleichzusetzen. Diese sollten besonders durch die Einkommenstransferpolitik unterstützt werden.

Die Rolle des Staates in der Wirtschaft und in der Wohlfahrtspolitik blieb zumindest von der Nachkriegszeit bis in die 1990er Jahre gleich. Obwohl der Inhalt der betriebenen Politik nicht direkt mit den wirtschaftswissenschaftlichen Theorien begründet wurde, haben diese den Politikern Mittel für die Festlegung der großen Linien angeboten. In diesem Sinne war die finnische Wohlfahrtspolitik bis zu den 1990er Jahren keynesianisch, wenn auch mit nordischer Akzentuierung. Die Rolle des Staates als Finanzierer und Ausweiter der Wohlfahrtspolitik war zentral, und die Begründung der Politik beruhte in den großen Linien auf den politischen Akzentuierungen des Wirtschaftstheoretikers Keynes.

Der Staat hat auch damals nicht allein die Richtung der Wirtschaft der Wohlfahrtspolitik festgelegt. Seine zentralen Kooperationspartner waren die Kommunen. Durch das Steuerrecht hatten diese in gewissem Maße einen eigenen wirtschaftlichen Spielraum bei der Entwicklung und Verwirklichung der Dienstleistungsproduktion. Der Staat finanzierte jedoch den Großteil der zentralen wohlfahrtspolitischen Aufgaben der Kommunen, besonders die Bildungs-, Gesundheits- und Sozialdienstleistungen. Diese bildeten bereits damals zusammen den größten Ausgabenposten der Wirtschaft des Staates.

---

[409] **Kuusi**, Pekka: 60-luvun […].

8.2.4 Die Wirtschaft des abnehmenden Wohlfahrtsstaates

Die Ausweitungsphase des Wohlfahrtsstaates endete in Finnland mit Beginn der 1990er Jahre. Danach hat die Geldpolitik (Zinspolitik, Abwehr von Inflation) durch ihre Ausrichtung auf den globalen Geldmarkt die Beseitigung der Arbeitslosigkeit als Schwerpunktaufgabe der öffentlichen Wirtschaft bei den Investitionen des Staates und seiner Geschäftstätigkeit außer Acht gelassen[410]. Einkommenstransfers werden verstärkt aus der Perspektive der Stabilität der Wirtschaft und der internationalen Wettbewerbsfähigkeit betrachtet als aus der Perspektive der Konsummöglichkeiten der Haushalte. In den Jahren der wirtschaftlichen Depression sowohl zu Beginn der 1990er Jahre als auch am Ende des ersten Jahrzehnts des 21. Jahrhunderts verschuldete sich auch der finnische Staat heftig und die Voraussetzungen für eine ausgedehnte öffentliche Wohlfahrtspolitik nahmen wesentlich ab.

Die neuen aus dem Wirtschaftsleben stammenden Lehren haben auch die Produktion und Organisation von Wohlfahrtsdienstleistungen, wie z.B. Dienstleistungen im Bereich der Bildung, des Sozial- und Gesundheitswesens sowie der Altenpflege, gelenkt. Auf diesem Gebiet ist eine zentrale ideologische Richtung die aus der Unternehmenswelt stammende *New Public Management*-Ideologie gewesen, ihr folgend sollte der öffentliche Sektor zu einem Markt umgestaltet werden. Der Ideologie zufolge funktioniert der Markt als soziales System, das die Ressourcen der Gesellschaft effizienter und zweckmäßiger ihren Zielen zuführt. Die Veränderung in der Denk- und Handlungsweise zeigt sich z.B. in der Finanzierung der Wohlfahrtsdienstleistungen, in der Organisation der Tätigkeit und in der Verteilung und im Erwerb der entsprechenden Dienstleistungen.

Der Staat hat jedoch seine starke wohlfahrtspolitische Rolle nicht aufgegeben. Er regelt weiterhin, welche Wohlfahrtsdienstleistungen für wen produziert werden. Der Wettbewerb und die Wahlfreiheit der Bürger, die man sich als Kunden vorstellt, sind in die neuen Modelle des Produzierens und des Erwerbs von Dienstleistungen aufgenommen worden. Die Zunahme der Bedeutung des Marktes in der Wohlfahrtspolitik zeigt sich in den Begriffen, die sich in der Terminologie des Bereichs etabliert haben und die aus der Unternehmenswelt stammen. Hier sind z.B. die Wettbewerbsfähigkeit, das Know-how, die

---

[410] **Kosonen**, Pekka: Pohjoismaisten hyvinvointimallien murrokset 1990-luvulla. Teoksessa Veli-Matti Ritakallio (toim.) Riskit, instituutiot ja tuotokset. esseitä hyvinvointitutkimuksesta professori Olli Kankaan täyttäessä 50 vuotta. In: Sosiaalipoliittisen yhdistyksen tutkimuksia. Nr. 59. S. 43 – 67.

Technologie, der Anreiz und das Auslagern zu nennen. Den Markt betreffende Begriffe werden gegenwärtig auch in den Organisationen der Wohlfahrtspolitik eifrig entwickelt[411].

Viele zentrale Sektoren der Wohlfahrtspolitik basieren jedoch weiterhin auf Steuergeldern, sind gesetzlich zugesichert und auf vielerlei Weise vor dem Wettbewerb auf dem Markt geschützt. In Finnland ist z.B. das ausgedehnte Erwerbsrentensystem des privaten Sektors vor dem ausländischen Wettbewerb geschützt. Hier mit von der allgemein in Europa herrschenden Praxis abgewichen wird, obwohl es dennoch von privaten Rentengesellschaften beherrscht wird. Dies gilt auch für die Bildungspolitik. Die für eine Wissensgesellschaft zentrale Hochschulbildung ist bislang für die Studenten kostenlos gewesen. Dies hat jedoch in der Praxis nicht die Gleichberechtigung in der Hochschulbildung garantiert. Kinder gebildeter Eltern sind in der Phase der Ausweitung des Wohlfahrtsstaates und auch weiterhin unter den Hochschulabsolventen überrepräsentiert[412]. Die gleiche Verteilung der wirtschaftlichen Voraussetzungen allein garantiert also auch nicht die Verwirklichung der Gleichberechtigung in einem Wohlfahrtsstaat, zumindest nicht im Endergebnis.

Die Wohlfahrtspolitik nach den 1990er Jahren soll der sich internationalisierenden Wirtschaft dienen und diese unterstützen. Sie soll bei der Reduktion und Eindämmung der öffentlichen Ausgaben helfen, den Markt in seinen verschiedenen Formen aktivieren und überhaupt die Bedeutung des Marktmechanismus für die Organisation der Tätigkeit der Gesellschaft ausweiten. Auch in der europäischen Zusammenarbeit, die an Bedeutung gewonnen hat, vor allem in der Arbeit der Europäischen Union, sollen die Kerngebiete der Wohlfahrtspolitik, wie die Sozial-, Gesundheits- und Bildungspolitik, dem volkswirtschaftlichen Wachstum, der Ausstattung des Arbeitsmarktes und der Wettbewerbsfähigkeit der Wirtschaften dienen. Der Wettbewerb hat als Logik des Handelns in alle Teilsysteme der Gesellschaft Eingang gefunden, egal ob er hineinpasst oder nicht. Daraus hat sich eine sehr selektive Verteilung des Wohlstandes auf die verschiedenen Bevölkerungsgruppen ergeben.[413]

---

[411] **Rihinen**, Olavi: Arvot […].
[412] **Saari**, Juho (toim.): Hyvinvointivaltio. Suomen mallia analysoimassa. Yliopistopaino Kustannus/Helsinki University Press, 2005.
[413] **Laurinkari**, Juhani: Kilpailuyhteiskunnan sosiaalipolitiikka. In: Esitys Sosiaalipolitiikan Päivillä 23/10. Kuopio, 2009.

8.2.5 Verteilersystem und Finanzierung

Die nordischen Wohlfahrtsstaaten verteilen erneut das sich auf dem Markt distribuierende Einkommen. Mithilfe der progressiven Besteuerung und der Einkommenstransferpolitik schaffen sie einen Ausgleich in der Distribution des auf dem Markt erwirtschafteten Einkommens auf die Bevölkerungsgruppen. Dies wird mit den Zielen der Gleichberechtigung und der Gerechtigkeit sowie mit externen Effekten begründet, die einen Ausgleich der entstehenden ungleichen Einkommensverteilung notwendig machen. Eine ungleiche Einkommensverteilung kann zur Zunahme und Aufrechterhaltung der Armut, zu einer Abnahme der effektiven Nachfrage der Volkswirtschaft, zum Entstehen von Sicherheitsrisiken, zu Instabilität in den politischen Gegebenheiten, zu Ungleichheit in einem anderen als dem wirtschaftlichen Sinn, zu einer Verringerung der Arbeitsmotivation der Bevölkerung und zu einer Zunahme des Krankenstandes führen[414]. Die Geringverdiener erhalten auch an Leistungen mehr, als sie durch die Besteuerung und Zahlungen für Dienstleistungen in die Systeme des Wohlfahrtsstaates einbringen. Durch eine Ausbildung ohne Semestergebühren wird z.B. den begabten Kindern von gering Verdienenden Eltern der Zugang zu einem Studium ermöglicht.

Im Jahr 2008 betrug der Anteil der Sozialausgaben am Bruttosozialprodukt in Finnland 25,7%. Er liegt etwas unter dem EU-Durchschnitt, aber der Anteil wächst. Die amtlichen Statistiken in Finnland zeigen in einem Zeitraum von 30 Jahren, dass die Sozialausgaben stetig zugenommen haben. Im Verhältnis sind am meisten die Kosten für das Alter, die Krankenpflege und die Aufrechterhaltung der Gesundheit gestiegen. Durch das Älterwerden der Bevölkerung steigen die Kosten für die Altenpflege weiter an. Die Ausgaben für Arbeitslosigkeit stiegen überdurchschnittlich in den Jahren der Depression zu Beginn der 1990er Jahre und sind Ende des ersten Jahrzehnts des 21. Jahrhunderts erneut gestiegen. Der letzte Anstieg ist noch nicht statistisch erfasst.

Ein leichter Anstieg ist auch bei den Kosten für Familien und Kinder sowie bei den Kosten für Behinderungen zu verzeichnen. Die Kosten für den gesellschaftlichen Wohnungsbau sind im Vergleich zu den übrigen Sozialausgaben minimal, was damit zusammenhängt, dass die Finnen

---

[414] **Rogall**, Holger: Volkswirtschaftslehre [...].

überwiegend in Eigentumswohnungen leben. Das niedrige Niveau des Auskommensschutzes zeigt sich darin, dass sich die Kosten dafür auf nur 2% der Sozialausgaben belaufen, obwohl die Bezieher von Unterstützungen für den Lebensunterhalt 7% aller Bezieher von Sozialleistungen ausmachen. Die in der Tabelle aufgeführten Sozialausgaben beinhalten nicht die Kosten für Bildung, die in den letzten Jahren auch erheblich gestiegen sind.

Die zentralen Systeme der staatlichen Wohlfahrtspolitik, wie z.B. die Sozialpolitik im weitesten Sinne, haben sich mit der Modernisierung, der Industrialisierung und der Urbanisierung ab dem Ende des 19. Jahrhunderts herausgebildet. Seit dieser Zeit wurde betont, dass die Wirtschaft nicht nur aus Produktion und Konsum bestehe, sondern dass zu ihrem Funktionieren auch ethische und humanitäre Aspekte gehörten, die durch einen Ausgleich der Einkommen berücksichtigt werden können. Die Möglichkeit, die sich auf dem Markt bildende Einkommensverteilung zu nivellieren von den Gutverdienenden hin zu den Geringverdienern, hängt jedoch immer von dem politischen Willen der Bürger und der Lage der Volkswirtschaft ab. Das Einwirken auf die *Einkommensverteilung* ist von Anfang an ein zentraler Ausgangspunkt für die Sozialpolitik gewesen. Dies wird vor allem mithilfe der *Sozialversicherung* bzw. mithilfe der steuerbasierten Einkommenstransferpolitik, aber auch mit dem Subventionieren von Sozial-, Gesundheits- und Bildungsdienstleistungen und dem Staffeln von Gebühren angestrebt.

Die erneute Distribution des Einkommens ist auch in den nordischen Ländern kein selbstverständliches politisches Ziel mehr. Der Einfluss der Neuverteilung in der Wohlfahrtspolitik ist gegenwärtig auch bedeutend geringer als noch vor einem Jahrzehnt. Deshalb haben sich auch die Bevölkerungsgruppen mit den höchsten und den geringsten Einkommen in Bezug auf das zur Verfügung stehende Einkommen voneinander entfernt[415].

Die Leistungen des sozialen Schutzes, wie z.B. die Finanzierung der Einkommenstransfers, basieren auf der Finanzierung durch die Arbeitgeber, die Arbeitnehmer und den öffentlichen Sektor, d.h. durch den Staat und die Kommunen. In den letzten Jahren hat man jedoch versucht, die Rolle des Staates als Zahler zu Gunsten der wirtschaftlichen Stabilität und der Marktorientiertheit der Systeme zu schmälern. Das haben die Bürger nicht völlig unterstützt, denn nach einer Befragung halten sie die vom Staat gelenkte Neuverteilung für sozial

---

[415] **Moisio**, Pasi: Köyhyyden ja toimeentulo-ongelmien kehitys. Teoksessa: Pasi Moisio, Sakari Karvonen, Jussi Simpura ja Matti Heikkilä (toim.): Suomalaisten hyvinvointi. Sosiaali - ja terveysalan tutkimus - ja kehittämiskeskus. Vammala, 2008.

gerechter als den Gedanken „Jeder ist seines Glückes Schmied", der die Bedeutung der Individuen betont und der die Gedankenwelt der politischen Entscheidungsträger beherrscht hat.

Tabelle 1. Finanzierung der Sozialausgaben in Finnland im Jahr 2010.

Finanzierer	Anteil an der Finanzierung (%)
Arbeitgeber	38
Arbeitnehmer (versicherte)	11
Staat	25
Kommunen	19
Ertrag der Sozialfonds	7
Zusammen	100

Die Arbeitgeber übernehmen einen fast ebenso großen Anteil (38 %) an der Finanzierung der Sozialausgaben wie der öffentliche Sektor, der Staat und die Kommunen zusammen (44 %). Der Anteil der Versicherten bzw. der Arbeitnehmer an der Finanzierung beträgt 12 % und der Ertrag der Sozialversicherungsfonds machte im Jahr 2010 etwa 7 % aus. Die Fondserträge gegen Ende des ersten Jahrzehnts des 21. Jahrhunderts waren geringer.

Die Meinung der Bürger hatte nur wenig Bedeutung, als über die Kürzung von Leistungen der sozialen Sicherheit entschieden wurde. Solche wurden reichlich in den Nachwehen der Depression in den 1990er Jahren vorgenommen. In Finnland scheint man sehr gut zu verstehen, dass z.B. der Ausgleich der Einkommen nicht über die Tragfähigkeit der öffentlichen Wirtschaft hinaus gehen kann oder dass die Bürger nicht ganz von der Eigenverantwortung für das Schaffen der Voraussetzungen für die soziale Sicherheit befreit werden können. Den Einsparungen in den Ausgaben des Staates und der Kommunen in den Zeiten des Konjunkturrückgangs sowie den Kürzungen der Leistungen ist man in Finnland ruhig begegnet. In den verschuldeten öffentlichen Wirtschaften Südeuropas hat eine vergleichbare Politik oft sogar zu gewalttätigen Demonstrationen geführt.

Der Trend zu Beginn des 21. Jahrhunderts ging hin zur Zunahme der wirtschaftlichen Ungleichheit und zur Stärkung der Arbeitslinie und des Verdienstprinzips. Wohlfahrtspolitische Reformen sind mit einer ausgeglichenen Verteilung der Rechte und Pflichten begründet worden, obwohl trotz der Phasen der wirtschaftlichen Rezession und Depression das zu Verteilende langfristig zugenommen hat. In der finnischen Einkommensverteilungspolitik ist im 21. Jahrhundert eine relative Schwächung der wirtschaftlichen Situation der gering verdienenden Gruppen charakteristisch gewesen, obwohl absolut gesehen die ganze Bevölkerung wohlhabender geworden ist[416].

Eine zentrale Herausforderung der Wohlfahrtspolitik ist, wie stabil sie langfristig sein und sein wird. Mit Stabilität ist in diesem Zusammenhang zum einen die Leistung der wohlfahrtspolitischen Systeme in Bezug auf die ihnen gestellten Aufgaben und zum anderen das Ausreichen der angebotenen Einkommenstransfers und Dienstleistungen für die verschiedenen Bevölkerungsgruppen gemeint. Was ausreichend ist, ist natürlich eine politische Wertefrage.

Die Fragen nach der Stabilität der Wohlfahrtspolitik kehren größtenteils als Fragen der Dimensionierung der Systeme im Verhältnis zu den Ressourcen der Volkswirtschaft und zu den Wachstumszielen der Wirtschaft zurück, in der Politik des 21. Jahrhunderts sind sie als Fragen bezüglich der Effizienz der Systeme zurückgekehrt. Im Mittelpunkt stand, was ist möglich und was mit Steuermitteln und den übrigen Erträgen der öffentlichen Wirtschaft produziert und finanziert werden, welche Effizienz muss vorausgesetzt werden um die Verwirklichung der Ziele in den Subsystemen der Wohlfahrtspolitik zu erreichen. In Tabelle 2 sind die zentralen Aufgaben, Mittel und Herausforderungen der Wohlfahrtspolitik nach Teilgebieten aus der Perspektive des finnischen umfassenden Wohlfahrtsstaates zusammengefasst.

---

[416] **Moisio**, Pasi: Köyhyyden […].

Tabelle 2. Teilbereiche der Wohlfahrtspolitik und deren wirtschaftliche Herausforderungen im Wohlfahrtsstaat.

Teilbereich der Wohlfahrtspolitik	Gesellschaftliche Funktionen	Mittel der Politik	Wirtschaftliche Herausforderungen
Politik der sozialen Sicherheit	Schaffen der Voraussetzungen für soziale Sicherheit, Verteilung auf die Bevölkerungsgruppen sowie das aufeinander Abstimmen von Arbeit und übrigem Leben	Einkommenstransfers des Staates Sozialdienstleistungen und Beihilfen des Staates und der Kommunen progressive Besteuerung Kommunalsteuer	Garantie des Ausreichens der Einkommenstransfers und der Dienstleistungen ohne Anstieg der Kosten für die Systeme der sozialen Sicherheit Eindämmung der Einkommensunterschiede
Gesundheitspolitik	Aufrechterhaltung der Volksgesundheit und Verhinderung von Krankheiten	Öffentliche Gesundheitsdienstleistungen und Subventionieren der privaten Gesundheitsdienstleistungen	Gewährleistung der Wettbewerbsfähigkeit, der Erhältlichkeit, der Qualität und der Effizienz von günstigen öffentlichen Dienstleistungen der Gesundheitspflege
Bildungspolitik	Produzieren und Verteilen von Humankapital	Öffentliche Bildungsdienstleistungen und Studienunterstützung	Gewährleistung der Erhältlichkeit und Wettbewerbsfähigkeit von kostenlosen Bildungsdienstleistungen und Garantie der Gleichberechtigung in der Bildung

Teilbereich der Wohlfahrtspolitik	Gesellschaftliche Funktionen	Mittel der Politik	Wirtschaftliche Herausforderungen
Wirtschafts- und Arbeitspolitik	Produzieren und Verteilen von wirtschaftlichen Ressourcen und Aufrechterhaltung der Beschäftigung	Geld- und Finanzpolitik des Staates Subventionierung der Unternehmertätigkeit (Einkommenstransfers, Besteuerung) Geschäfts- und Investitionstätigkeit des Staates und der Kommunen Öffentliche Unternehmens- und Arbeitskräftedienstleistungen	Gewährleistung der Wettbewerbsfähigkeit, der Stabilität und der Beschäftigung der Volkswirtschaft Gewährleistung der Tätigkeitsvoraussetzungen für die Unternehmen (Kapitalverwaltung, Erhältlichkeit von Arbeitskräften)

Für Finnland wurde festgestellt, dass das Festhalten am Wohlfahrtsstaat im Umfang und auf dem Niveau wie im Jahr 2010 voraussetzt, dass die Volkswirtschaft etwa 3% im Jahr wächst und dass die Effizienz der Tätigkeit, besonders der Dienstleistungen, gesteigert wird. Man müsste es entweder schaffen, das Gleiche mit weniger Ressourcen zu produzieren, oder man müsste die Produktion mit den gegenwärtigen Ressourcen steigern. Innerhalb von kurzer Zeit erschwert die wirtschaftliche Rezession, die im Jahr 2008 begonnen hat, die Produktion von Dienstleistungen in Finnland[417].

Die Stabilität der Wirtschaft hat eine große Bedeutung für die Flexibilität sowie für die Erneuerungs- und Reformfähigkeit der Systeme. Die Staaten sind stabile Systeme und sie müssen die Kontinuität des Handelns gewährleisten können. Sie arbeiten im gegenwärtigen Augenblick, aber ihr Handeln wirkt sich auf die Zukunft aus. Eine stabile Wirtschaft ermöglicht so die Planung und die Voraussicht der Zukunft, und plötzliche Konjunkturschwankungen bringen sie nicht zu Fall.

---

[417] **Salo**, Sinikka: Kylmä järki, lämmin sydän – talous hyvinvoinnin perustana. Puheenvuoro Etelä-Pohjanmaan Sosiaali- ja terveysturvayhdistys ry:n 85-vuotisjuhlaseminaarissa Hyvinvoinnin edistämisen perusta ONNI & SISU Seinäjoella 2.11.2007.

8.2.6 Die Alternativen der öffentlichen Wohlfahrtspolitik

Außer dem Staat und dem Markt baut in der europäischen Denkweise ein drittes Wohlfahrtsregime meistens auf den Familien auf. In allen drei Grundmodellen des Wohlfahrtsregimes (öffentliches, Markt und Familie) spielt der sogenannte *welfare-mix*, d.h. die Organisationen und der dritte Sektor im Allgemeinen, eine bedeutende Rolle. In dem konservativen, sich auf die Familie stützenden Modell (z.b. in Deutschland) haben die Organisationen eine zentrale Rolle inne. Dann wird von Sozialwirtschaft gesprochen. Das Zentrale jedoch an einem Modell wie in Deutschland ist das Verdienstprinzip und die Basiertheit auf Versicherungen.

8.2.6.1 Marktorientierte Wohlfahrtspolitik

Die Hauptalternativen des mit öffentlichen Mitteln betriebenen umfassenden Wohlfahrtsstaates bei der Organisation der Wirtschaft der Wohlfahrtspolitik sind die marktorientierte oder sozialwirtschaftliche, vom Bürger ausgehende Wohlfahrtspolitik. Letztere wird in Finnland allerdings oft mit der Lenkung durch die öffentliche Hand verbunden, weil z.B. die Organisationen und Vereine als ihre zentralen Vertreter in Finnland mehr von der öffentlichen Finanzierung abhängen als z.B. in den Ländern Mitteleuropas oder in Schweden. In der Praxis vermischen sich alle drei Grundalternativen in den Systemen der verschiedenen Länder miteinander, eine ist jedoch immer die beherrschende. Die marktorientierte Wohlfahrtspolitik wird am deutlichsten von der angelsächsischen Tradition vertreten, die in den USA und neuerdings auch in Großbritannien sowie in mehreren anderen Ländern des englischen Sprachraums, wie z.B. in Neuseeland, stark ausgeprägt ist. Ein einzelner Wirtschaftsraum, wo die Sozialwirtschaft am stärksten ausgeprägt ist, ist Deutschland. Die Staatszentriertheit ist eine für die nordischen Länder typische Ausrichtung.

In der marktorientierten Wohlfahrtspolitik spielt der Staat eine unter geordnete Rolle oder die Rolle des Staates kann sich durch die zunehmende Marktorientierung verändern, wie dies in Finnland in den letzten Jahren geschehen ist; er kann sich von einem Anleiter und Finanzierer zu einem Koordinator der Tätigkeit entwickeln. Die Marktorientierung kann auch zunehmen, wenn die Tätigkeit des Staates und der Kommunen z.B. durch die

Ausschreibung von Dienstleistungen und Gutscheinmodelle für Dienstleistungen immer stärker wie ein Markt organisiert wird.

Typisch für die Wirtschaft der marktorientierten Wohlfahrtspolitik sind auch die Internationalisierung der Tätigkeit, die Zunahme des Einflusses der internationalen Wirtschaftsorganisationen als Richtungsweiser der Politik sowie die Verbindung des privaten und des öffentlichen Sektors (partnership) bei der Verwirklichung und Finanzierung der Wohlfahrtspolitik. In Finnland hat die Entwicklung hin zur marktorientierten Wohlfahrtspolitik nach dem Wirtschaftsumschwung der 1990er Jahre stark zugenommen, aber dennoch ist das Fortschreiten in diese Richtung langsam gewesen und es wurden Teilreformen durchgeführt. Dies ist offensichtlich größtenteils mit dem gesellschaftlichen Einfluss der Kooperationen (wie z.B. der Gewerkschaften) zu erklären, die sich größtenteils der Veränderung widersetzen.

Als Wirtschaftslehre bei der neuen Ausrichtung gilt eine neoklassische Variante der Wirtschaftswissenschaft (vor allem der Monetarismus), in der statt der Finanzpolitik die Geldpolitik die öffentliche Wirtschaft dominiert. Die Sorge um die Arbeitslosigkeit wird hinter die Abwehr der Inflation und die Zinspolitik gestellt, der öffentliche Sektor investiert nicht direkt in die Nachfrage nach Arbeitskräften, indem er z.B. Arbeitslose im öffentlichen Sektor beschäftigt oder das Niveau des Auskommensschutzes anhebt, um das Konsumvermögen und die Wohlfahrt der außerhalb des Arbeitsmarktes befindlichen Bevölkerung zu fördern. Das zentrale Ziel der Wohlfahrtspolitik ist, aktive Marktbürger für den internationalen Kontext zu produzieren. Dies hat sich in der Sozialpolitik als Aktivierungstätigkeit und Stärken der Arbeitslinie gezeigt.

Im Kontext der globalen Politik haben der „Thatcherismus" und der „Reaganismus" die pure monetaristische Lehre vertreten, in der die Funktionsfähigkeit des Geldmarktes und die Interessen der Anleger und Eigentümer ins Zentrum der Gesellschaftspolitik gestellt wurden. Auch in der finnischen Wohlfahrtspolitik sind in den letzten Jahrzehnten starke monetaristische und andere auf der neoklassischen Wirtschaftswissenschaft beruhende Aspekte aufgetreten, obwohl in der praktischen Wirtschaftspolitik die keynesianische und die monetaristische Politik überall in einem gewissen Verhältnis vermischt sind. Der Übergang zur Angebotskonzentriertheit und zur Betonung der Geldpolitik ist jedoch in ganz Europa deutlich zu sehen. Die Bedeutung der Europäischen Union und der übrigen internationalen Großorganisationen (IWF, OECD) ist für diese Entwicklung wichtig.

Zu der Marktorientierung gibt es Gegenkräfte. Dafür ist die Stellung der Sozialpolitik bei der Bildung der Europäischen Union ein gutes Beispiel; man hat versucht, sie neben die Wirtschaftspolitik zu stellen. Die Reform der Systeme der sozialen Sicherheit bildete einen Teil der strukturellen Reformarbeit der Europäischen Union. Das Ziel war, für Europa ein soziales Modell zu schaffen, das die Zunahme der Beschäftigung und der Produktivität nicht verhindert, sondern die Abhängigkeit vom Wohlfahrtsstaat reduziert.[418] In der Praxis ist dieses Ziel ein Wunschdenken geblieben. Mit der Lissaboner Strategie wird eine wohlfahrtspolitisch Denkweise aufgebaut, die der Unterstützung der Wirtschaft und der Beschäftigung dient und nicht den Ausgleich der Einkommensverteilung und die Aufteilung der Risiken zum Ziel hat. In der EU werden als Ziel der sozialpolitischen Maßnahmen vor allem die Menschen im arbeitsfähigen Alter verstanden, während in Finnland in der Phase der Erweiterung des Wohlfahrtsstaates vor allem die Alten, Kranken, Arbeitsunfähigen und Geringverdiener als Ziel der Maßnahmen definiert wurden[419].

Das Heranziehen der Wohlfahrtspolitik zur Förderung wirtschaftspolitischer Ziele kommt auch im sozialen Modell der Europäischen Union vor. Das Ideal eines von der EU unterstützten aktiven Wohlfahrtsstaates ist anspornend und produktiv. Es will allen Arbeitsfähigen den Zugang zum Arbeitsmarkt ermöglichen. Die Sozial-, Gesundheits- und Bildungspolitik werden nicht mehr allein als Mittel verstanden, um die soziale Zusammengehörigkeit und die Gleichberechtigung der Bevölkerungsgruppen zu vermehren, sondern sie werden als Bestreben verstanden, neue Arbeitsplätze zu schaffen und die Ressourcen von Menschen aller Altersklassen einzusetzen und auszunutzen sowie die internationalen Wettbewerbsfähigkeit zu steigern.[420]

Im europäischen sozialpolitischen Denken ist die Wohlfahrtspolitik ein Investitionen und wirtschaftliches Wachstum produzierender Faktor, nicht nur ein Kostenpunkt. Ihre Aufgabe ist es zu gewährleisten, dass allen Menschen die Früchte des wirtschaftlichen Wachstums zuteil werden, aber sie soll auch die Hindernisse für die Teilhabe der Menschen beseitigen, um das wirtschaftliche Wachstum zu fördern[421]. Die Leistungen und Pflichten werden genau

---

[418] **Rintala**, Taina: Euroopan unionin sosiaalipoliittiset linjaukset ja suomalainen vanhuspolitiikka. In: Yhteiskuntapolitiikka 70/4, 2005.
[419] **Kuusi**, Pekka: 60-luvun [...].
[420] **Rintala**, Taina: Euroopan [...].
[421] Ebenda.

miteinander verknüpft und die Eigenverantwortung des Bürgers wird auch extrem in den Randgruppen betont.

Nach Bob Jessop[422] gehen wir über (oder sind wir schon übergegangen) zu einem Wettbewerbsstaat, in dem die Unternehmertätigkeit, Produktinnovationen und die Wettbewerbsfähigkeit der Unternehmen und Volkswirtschaften sowie die auf Wissen gestützte Wirtschaft Schlüsselbestreben der Gesellschaftspolitik sind. Die umfassende Wohlfahrtspolitik wird im Wettbewerbsstaat der Wirtschaftspolitik untergeordnet. Die politisch erlangten *Wohlfahrtsrechte* der Bürger (politics of retrenchment) werden gestrichen und der Staat verfolgt eine sogenannte *anspornende Sozialpolitik,* in der z.B. die Leistungen der sozialen Sicherheit gekürzt werden, um die Arbeitssuche zu aktivieren.

Im Wettbewerbsstaat wird die Dienstleistungstätigkeit privatisiert und für den internationalen Wettbewerb geöffnet. In Finnland befinden sich die Wohlfahrtsdienstleistungen weiterhin z.B. außerhalb des Europäischen Binnenmarktes, obwohl es einen Druck in diese Richtung gibt. Bei solchen Veränderungen wird die Rolle des Nationalstaates und des umfassenden nordischen Wohlfahrtsstaates geringer; er entwickelt sich von einem Produzenten von Dienstleistungen zu einem Koordinator ihrer Produktion. Von den Dienstleistungsorganisationen des Wohlfahrtsstaates werden *Selbststeuerung* (governance) und *Gewinndenken* erwartet. Diese Akzentuierung ist sowohl in der Sozial- als auch in der Bildungspolitik spürbar. Die Autonomie der Universitäten in Finnland z.B. wurde im 21. Jahrhundert vermehrt, indem ihrer Tätigkeit die Finanzierung durch staatliche Budgetgelder entzogen wurde und sie teilweise auf den Erwerb eigener Mittel angewiesen sind. Die Universitäten wurden aus der Budgetwirtschaft des Staates herausgenommen und zu selbständigen Rechtspersonen gemacht.

8.2.6.2   Die sozialwirtschaftliche Wohlfahrtspolitik

Die sozialwirtschaftliche Tätigkeit kann eine Antwort auf das traditionelle Scheitern des Marktes in der Sozialpolitik sein. Der Markt kann nicht alle in Bezug auf die Wohlfahrt existierenden zentralen Bedürfnisse befriedigen oder er tut dies, indem er Ungleichheit zwischen den Bürgern schafft und aufrecht

---

[422] **Jessop**, Bob: Future of Capitalist-state. Polity Press: Cambridge, 2005.

erhält[423]. In der Sozialwirtschaft wird das Genossenschaftswesen oft als ihr zentrales Teilgebiet angesehen. Oft hat sich die Sozialwirtschaft jedoch über das Genossenschaftswesen hinaus ausgeweitet und enthält nur Organisationen, die in ihrer Tätigkeit von den Prinzipien der internationalen Genossenschaftsbewegung ausgehen. Neben den Genossenschaften werden zur Sozialwirtschaft die Gesellschaften auf Gegenseitigkeit und die wirtschaftlich tätigen Vereine gezählt, deren Ziel es ist, vorwiegend den Mitgliedern zu dienen[424].

Die Sozialwirtschaft vertritt eine dem Neoliberalismus entgegen gesetzte Denkweise, die auf einem vereinfachten *homo economicus*-Menschenbild basiert[425]. Die Sozialwirtschaft verbindet die wirtschaftliche Aktivität mit dem sozialen Nutzen. Das Ziel der Tätigkeit ist „Mithilfe einer demokratischen Zusammenarbeit die sozial und wirtschaftlich beständige Wohlfahrt des Mitglieds und der umgebenden Gemeinschaft zu fördern"[426]. Die Sozialwirtschaft beschäftigt etwa 7% der Arbeitskräfte in den EU-Ländern und produziert 8 % des Bruttosozialproduktes der EU[427].

Die Sozialwirtschaft ist ein vom Bürger ausgehendes Mittel, um die zentralen sozialen Probleme, die der Marktkapitalismus schafft und die nicht ausgehend vom Markt behoben werden können, zu verhindern und zu beheben. Die Sozialwirtschaft bietet in diesem Sinne Mittel für eigentlich alle damals von dem bekannten Sozialpolitiker Sir William Beveridge genannten sozialen Risiken, die auch die kollektive, wohlfahrtsstaatliche Sozialpolitik traditionell in Finnland bekämpfen wollte. Dies bedeutet kollektive Verantwortung sowie eine kulturell und wirtschaftlich beständige, traditionelle Sozialpolitik.

Die Sozialwirtschaft kann außer als menschliche, (soziale) Wirtschaft und als Gegengewicht gegen den harten Kapitalismus auch als von ihrem Wesen her demokratische, nicht amtliche, nicht bevormundende und als im Alltag des Bürgers anwesende Beherrschung der Probleme angesehen werden. Sie kann

---

[423] **Poutanen**, Veli-Matti: Sosiaalitaloudesta yhteisötalouteen. Teoksessa Juhani Laurinkari (toim.) Yhteisötalous. Johdatus perusteisiin. Palmenia, Helsinki Sivut, 2007. S. 67 – 91.
[424] Ebenda.
[425] **Laurinkari**, Juhani (toim.): Yhteisötalous […].
[426] **Immonen**, Niina: Yhteisötalous Suomessa. Sisäpiirin slangia vai uutta yhteistyön taloutta. Tamper. **Poutanen**, Veli-Matti: Sosiaalitaloudesta yhteisötalouteen. Teoksessa Juhani **Laurinkari** (toim.) Yhteisötalous. Johdatus perusteisiin. Palmenia, Helsinki Sivut, 2007. S. 67 – 91. **Laurinkari**, Juhani (toim.): Yhteisötalous […]
[426] **Immonen**, Niina: Tampereen seudun osuustoiminnan kehittämisyhdistys, 2006.
[427] **Immonen**, Niina: Yhteisötalous […], **Laurinkari**, Juhani (toim.): Yhteisötalous […], **Poutanen**, Veli-Matti: Sosiaalitaloudesta […].

auch als wirtschaftlich sehr effiziente Zuweisung von Produktionseinsätzen und Produkten gesehen werden. Damit kann auch eine Prise Entgegensetzung auf der Kulturachse zwischen Land und Stadt verbunden sein. Gleichzeitig lehnen die Befürworter der Sozialwirtschaft gewöhnlich eine politisch-ideologische Zuordnung ihrer Bewegung zu einem bestimmten Standpunkt ab. Gewöhnlich wird die politische Unparteilichkeit der Sozialwirtschaft betont.[428]

In der Sozialwirtschaft versucht man das Problem der zu großen Ausweitung des Wohlfahrtsstaates mit dem Betonen einer vom Bürger ausgehenden, lokalen und regionalen Perspektive zu beantworten. Es werden Mittel angeführt, wie die Bürger von ihrem eigenen Standpunkt aus und mit ihren eigenen wirtschaftlichen Zusammenschlüssen für sich selbst und ihr Umfeld z.B. soziale Sicherheit schaffen können. Das System ersetzt das vom Markt ausgehende System und stopft die von der Wirtschaft und der Sozialpolitik offen gelassenen Löcher (bottom-up).

Für die vom Bürger ausgehende, auf Subsidiarität bedachte lebenspolitische Linie in Europa gibt es Nachfrage in der Forschung und im Bereich der Entwicklungstätigkeit. Von den Alternativen der Sozialwirtschaft in der Wohlfahrtspolitik seien z.B. die dänischen Genossenschaften erwähnt, die auf die grüne Energieerzeugung gesetzt haben – und fast ein Viertel der Windkraft wird dort von Genossenschaften produziert, die den Konsumenten gehören. In Schweden sind 17 % der Wohnungen Wohnungsgenossenschaften und etwa 10 % der Vorschulplätze werden von Genossenschaften angeboten, die den Eltern gehören, in Frankreich ist es sogar jeder fünfte Vorschulplatz. Von Genossenschaften unterhaltene Kindergärten gibt es vor allem in Großbritannien, wo sie sich als Wohlfahrtsorganisationen registrieren und so Steuererleichterungen erhalten.[429] Die Sozialwirtschaft ist in der Praxis nicht völlig frei von den Problemen des umfassenden Wohlfahrtsstaates und der marktorientierten Alternative. Die Genossenschaftsform der Organisationen z.B. hat nicht die Ethik der Tätigkeit garantiert. Unter anderem die französische Genossenschaftsbank Crédit Agricole ist der Währungsspekulation und der Verwaltung von Hedgefonds bezichtigt worden[430].

Der zentrale Charakterzug der Genossenschaftstätigkeit ist der Ansatz bei den Mitgliedern, der sich in den Begriffen der Genossenschaftstätigkeit

---

[428] **Poutanen**, Veli-Matti: Sosiaalitaloudesta […].
[429] **Laurinkari**, Juhani: Osuustoiminta. Utopiasta kansainvälisen yrittämisen muodoksi. Pellervo-seura, Helsinki, 2004.
[430] **Laurinkari**, Juhani (toim.): Yhteisötalous […].

widerspiegelt: Selbsthilfe, Selbstverwaltung und Eigenverantwortung. In Europa gibt es allerdings außer den Genossenschaften auch andere Institutionen, deren Tätigkeit sich auf wirtschaftliche Gemeinschaftstätigkeit stützt. In den Bestimmungen der Europäischen Union werden alle diese Phänomene mit dem Begriff Korporationswirtschaft definiert.

Die Eigenheit der Genossenschaftstätigkeit ist weitgehend eine Folge ihrer Doppelnatur. Das genossenschaftlich tätige Unternehmen, die Genossenschaft, ist einerseits eine betriebswirtschaftliche Korporation und andererseits eine Korporation, die die Wohlfahrt der Mitglieder zum Ziel hat. Wenn man von der Doppelnatur spricht, bezieht man sich oft darauf, dass die Genossenschaftstätigkeit neben wirtschaftlichen Werten auch ideelle, korporative und soziale Werte verwirklicht. Die Genossenschaftstätigkeit hat Ziele, welche eine rein betriebswirtschaftliche Unternehmertätigkeit nicht unbedingt hat. Ein zentraler sozialpolitischer Zug, der mit dem Streben nach Wohlfahrt verbunden ist, ist die Sicherheit, die Kontinuität und die Gewissheit der Tätigkeit.

Die Gerechtigkeit der Genossenschaftstätigkeit wird als grundlegenderer Wert als die wirtschaftliche Effizienz oder die Wohlfahrt eingeschätzt. Der zentrale Wert der Genossenschaftstätigkeit ist die gemeinschaftliche Tätigkeit. Sie zeigt sich als Solidarität und gegenseitige Hilfe, die die Zielsetzung steuernden zentralen Werteprinzipien und Gerechtigkeitsgrundsätze darstellen. In der Genossenschaftstätigkeit ist es philosophisch gesehen wichtiger, Gerechtigkeit zu verwirklichen, als möglichst große Gewinne anzustreben. In Finnland hat neben den Genossenschaften in den letzten Jahren die *Stiftungs-, Vereins-* und *Organisationstätigkeit* in den verschiedenen Bereichen der Wohlfahrtspolitik neben den öffentlichen Dienstleistungsorganisationen und Unternehmen zugenommen. Die Stiftungen spielen z.B. eine wichtige Rolle in der Finanzierung der Forschung, der Bildungsarbeit und der künstlerischen Tätigkeit, und fast alle Studentenwohnheime in Finnland sind Stiftungen. Auch z.B. das Wohnrechtswohnen wird als Korporationswirtschaft angesehen.[431]

Zur Zeit (2011) fragt man sich, inwieweit die Organisationen und Vereine marktorientiert arbeiten können und inwieweit sie sozialpolitische Aufgaben von diesem Ansatz aus übernehmen können, entweder alleine, untereinander oder zusammen mit dem öffentlichen Sektor, dem Staat und den Kommunen.

---

[431] **Laurinkari**, Juhani: Osuustoiminta [...].

Die Marktorientierung hat in Finnland unter der Leitung des Staates und der Kommunen stattgefunden. In ihrem Kern soll einerseits der Wettbewerb in das Feld der Sozialdienstleistungen gebracht werden durch das Besteller-Produzenten-Modell, andererseits soll die Konsumentenperspektive betont werden, z.B. durch das Gutscheinmodell für Dienstleistungen. Es handelt sich jedoch um *Scheinmärkte*, denn die öffentliche Hand definiert die zentralen Marktelemente, z.B. die Richtungen, die Qualität und die Menge der Produktion.

In Finnland haben auf dem Feld der Organisationen besonders ideelle Vereine das Anbieten von Sozialdienstleistungen übernommen. Zur Arbeit der Organisationen gehören die Sozialdienstleistungen (hier: Wohlfahrtsdienstleistungen) nicht automatisch, denn ihre Tätigkeit basiert laut ihrer Zielsetzung auf Freiwilligkeit. Sie können jedoch erfahrene Arbeitskräfte, z.B. gerade für die Produktion von Dienstleistungen, einstellen. Von seiner Größe her ist das Organisationsfeld in Finnland sehr groß, wenn man sich die Zahl der Organisationen anschaut (über 8000 Organisationen). Die Bedeutung der Organisationen und Vereine und die Tätigkeitsmöglichkeiten in der Sozialpolitik prägt, dass am meisten um die Jahrtausendwende von der Rolle der Organisationen und Vereine in der Arbeitspolitik, besonders in der Arbeitskräftepolitik gesprochen worden ist, in deren Bereich die Fragen der Arbeitslosigkeit, vor allem die Behebung der zum dauerhaften Problem werdenden Langzeitarbeitslosigkeit, fallen.

In der Praxis finanzieren und subventionieren der Staat und die Kommunen die Arbeit der Organisationen und die Dienstleistungsproduktion und bieten ihnen andere Ressourcen an, wie z.B. Arbeitsräume, so dass ihre Stellung als eigenständige wirtschaftliche Akteure und als Alternativen zum öffentlichen Sektor in Frage steht. Das Anpassen der Organisationen an die Marktorientiertheit bedeutet für sie ein Anpassen an neue Produktionsformen und Praktiken für die Dienstleistungen. Die Gesellschaften auf Gegenseitigkeit haben Dienstleistungs- und Arbeitszentren für behinderte Personen, Altenheime, Krankenhäuser und Anlaufstellen für Drogensüchtige sowie Treffpunkte für ausgegrenzte Personen geschaffen. Diese tragen zur Verhinderung und Erleichterung von sozialer Ausgrenzung bei.[432]

Nach einer Definition der Europäischen Kommission verbindet der Begriff *soziale Verantwortung des Unternehmens* (corporate social responsibility, CSR)

---

[432] **Laurinkari**, Juhani (toim.): Yhteisötalous […].

die sich auf die Freiwilligkeit der Unternehmertätigkeit stützenden sozialen und Umweltaspekte mit der Geschäftstätigkeit und den Eigentumsverhältnissen. Die Gesellschaften auf Gegenseitigkeit haben diesen Aspekt bereits von Anfang an mit der Geschäftstätigkeit verbunden und sich auf die Mitglieder konzentriert. Die demokratische Teilhabe, die gerechte Verteilung des Überschusses, die Zusammengehörigkeit und langfristige Unternehmensstrategien sind für diese Unternehmen wichtige Ziele.[433]

Die Gesellschaften auf Gegenseitigkeit haben sich nach dem gleichen Prinzip organisiert wie auch die übrigen Akteure der Sozialwirtschaft (Genossenschaften, Organisationen, Stiftungen und Vereine). Sie sind aus natürlichen und juristischen Rechtspersonen zusammengesetzte freiwillige, auf gegenseitiger Verantwortung basierende Gruppierungen. Ihr Zweck ist, den Bedürfnissen der Mitglieder und nicht dem Kapital zu dienen. Die Tätigkeit des Unternehmens basiert auf dem Prinzip der Zusammenarbeit der Mitglieder untereinander und darauf, dass die Mitglieder an der Verwaltung teilnehmen. Erzielte Gewinne und Überschüsse werden nicht im Verhältnis des angelegten Kapitals verteilt, sondern mit deren Hilfe werden die an die Mitglieder gerichteten Dienstleistungen verbessert, die Unternehmenstätigkeit entwickelt, die Lager aufgestockt und die Überschüsse in begrenztem Umfang verteilt. Die Versicherungsgesellschaften auf Gegenseitigkeit verwendeten als erste die sogenannte *soziale Bilanz*. Mithilfe der sozialen Bilanz können die Tätigkeit des Unternehmens und die äußeren Einflüsse auf die Umwelt und die Gesellschaft vorgestellt und bewertet werden[434].

---

[433] **Immonen**, Niina: Yhteisötalous […].
[434] **Laurinkari**, Juhani (toim.): Yhteisötalous […].

LITERATUR

Abafi, Lajos: A szabadkőművesség története Magyarországon: mutatókkal kiegészítve [*Die Geschichte der Freimaurerei in Ungarn: ergänzt mit Indizes*]. Reprint. Budapest, 1993.

Alderfer, Clayton Paul: An Empirical Test of a New Theory of Human Needs. Organ Behav. Hum. Performance, 1969.

Andorka, Rudolf – **Spéder**, Zsolt: Szegénység Magyarországon [*Die Armut in Ungarn*]. In: Esély, 1996. Nr. 4.

Andorka, Rudolf: Gyermekszám a fejlett országokban. [*Kinderzahl in den entwickelten Ländern*]. Budapest, 1987.

Aristoteles: Nikomakhoksen etiikka. Kääntänyt ja selityksin varustanut Simo Knuuttila. [*Die Ethik des Kikomachos. Übersetzt und erläutert von Simo Knuuttila*]. Juva, 1983.

Baksay, Zsolt: A munkanélküliség esetére szóló kötelező biztosítás és a munkanélküli-segély kérdése az ellenforradalmi Magyarországon [*Phlichtversicherung im Falle der Arbeitslosigkeit und die Frage des Arbeitslosengeldes in dem konterrevolutionären Ungarn*]. In: Századok, 1983. (117) Nr. 4.

Barr, Nicholas: Economics of the Welfare State. Oxford University Press: Oxford, 2004.

Bartal, Anna Mária: Kié volt a szegény? [*Wem gehörte der Arme?*] Valóság 1996. Nr. 12. S. 24-36. **Hodgyai**, Mátyás: Ínséges évek Biharban 1814-1817 között [*Notleidende Jahre im Komitat Bihar 1814–1817*]. In: Történelmi Szemle, 1991. Nr. 1-2.

Beér, János–**Csizmadia**, Andor: Történelmünk a jogalkotás tükrében. Sarkalatos honi törvényeinkből 1001–1949. [*Unsere Geschichte im Spiegel der Rechtsschaffung. Aus unseren entscheidenden Grundgesetzen 1001–1949*]. Gondolat Kiadó, Budapest, 1966.

Benda, Gyula: A társadalomtörténet-írás helyzete és perspektívái [*Die Lage und die Perspektive der Sozialgeschichtsschreibung*]. In: Századvég, 1997. Nr. 4.

Berend T., Iván – **Ránki**, György: Gazdaság és társadalom. Tanulmányok hazánk és Kelet-Európa XIX–XX. századi történetéről [*Wirtschaft und Gesellschaft. Studien über die Geschichte Ungarns und Osteuropas im 19–20. Jahrhundert*]. Magvető Könyvkiadó, Budapest, 1974.

Bódy, Zsombor: Az ipari munka társadalma. [*Die Gesellschaft der industriellen Arbeit*] Budapest, 2010.

Bódy, Zsombor: Az ipari munka társadalma. Szociális kihívások, liberális és korporatív válaszok Magyarországon a 19. század végétől a második világháborúig [*Die Gesellschaft der industriellen Arbeit. Soziale Herausforderungen, liberale und korporative Antworten in Ungarn ab Ende des 19. Jahrhunderts bis zum zweiten Weltkrieg*]. Budapest, 2010.

Bódy, Zsombor: Kislakás, társasház, családi ház. lakásépítkezés és az otthon ideáljának változása Budapesten az első világháború körül [*Kleinwohnung, Gesellschaftshaus, Familienwohnung. Wohnungsbau und Veränderungen des Idealbildes des Familienheimes um den ersten Weltkrieg in Budapest*]. In: Századvég, 2004. Nr.4.

Bódy, Zsombor: Szociálpolitika és szociáldemokrácia Magyarországon az I. világháború idején [*Sozialpolitk und Sozialdemokratie zur Zeit des ersten Weltkrieges in Ungarn*]. In: Századok, 2005. Nr. 6.

Bokor, Ágnes: Szegénység a mai Magyarországon [*Armut in dem heutigen Ungarn*]. Budapest, 1987.

Buda, János: Szemelvények a szegénygondozás történetéből [*Auswahl aus der Geschichte der ungarischen Armenversorgung*]. Pécs, 1999.

Budapest Lexikon I. (A–K). Hrsg.: **Berza**, László. 2., erweiterte Auflage. Akadémiai Kiadó, Budapest, 1993.

Castel, Robert: A szociális kérdés alakváltozásai A bérmunka krónikája. [*Die Metamorphosen der sozialen Frage. Die Chronik der Lohnarbeit*].A Szociálpolitikai Értesítő könyvtára, Budapest, 1998.

Chyzer, Béla dr.: A gyermekmunka Magyarországon [*Die Geschichte der Kinderarbeit in Ungarn*] Budapest, 1909.

Csatáry, Lajos dr.: Az Országos Közegészségügyi Tanács 25 évi története 1868-1893 [*Die 25jährige Geschichte des Landesrates für öffentliche Gesundheitswesen*]. Budapest, 1893.

Cser, Erika: A pesti kényszerítő dologház történetéből [*Aus der Geschichte des Pester Zwangsarbeitshauses*]. In: A mesterség iskolája. Tanulmányok Bácskai Vera 70. születésnapjára. Osiris Kiadó, Budapest, 2000.

Cser, Erika: Fejezetek a magyarországi szeszegénység kezelésének történetéből a 19. században. Doktori értekezés az Eötvös Loránd Tudományegyetemen. Kézirat. [*Kapitel aus der Geschichte der Behandlung der Armut in Ungarn im 19. Jahrhundert. Ph.D-Dissertation an der Eötvös-Loránd-Universität. Manuskript*]. Budapest, 2004.

Csizmadia, Andor: A szociális gondoskodás változásai Magyarországon [*Die Wandlungen der sozialen Fürsorge in Ungarn*]. Budapest, 1977.

Csoba, Judit: Tisztes munka. A teljes foglalkoztatás: a 21. század esélye vagy utópiája? [*Die ehrwürdige Arbeit. Die Vollbeschäftigung: Chance oder Utopie des 21. Jahrhunderts?*]. Budapest, 2011.

Csorna, Kálmán: A szegénygondozás Budapesten [*Armenversorgung in Budapest*]. In: Statisztikai Közlemények Band 62. Nr. 1. Budapest, 1930.

Csöppüs, István- **Gyáni**, Gábor: Szociálpolitika és jótékonyság a két világháború közötti Magyarországon [*Sozialpolitik und Wohltätigkeit in dem Ungarn der Zwischenkriegszeit*] In: Szociális kérdések és mozgalmak Magyarországon (1919-1945) [*Soziale Fragen und Bewegungen in Ungarn (1919–1945)*]. Hrsg.: **Szilágyi**, Csaba, Budapest, 2008.

Csöppüs, István: Komáromi norma – egy szociálpolitikai kísérlet. [*Die Komáromer Norm – ein Experiment in der Sozialpolitik*]. In: Századok, 1992. Nr. 2.

Darvas, Ágnes – **Tausz**, Katalin Hrsg.: Gyorsjelentés a gyermekszegénységről Magyarországon és Romániában [*Schnellbericht über die Kinderarmut in Ungarn und in Rumänien*]. Budapest, 2000.

Deutsche Geschichte in Schlaglichtern. Hrsg.: Helmut **Müller**. Zweite, aktualisierte und erweiterte Auflage. Meyers Lexikonverlag Mannheim/Wien/Zürich, 1990.

Egresi, Katalin: Szociálpolitika Magyarországon. Nézetek, programok, törvények 1919-1939 [*Sozialpolitik in Ungarn. Ansichten, Programme, Gesetze 1919-1939*]. Budapest, 2008.

Erdélyi, János: Úti levelek, naplók [*Reisebriefe, Tagebücher*]. Budapest, 1985.

Esztergár, Lajos: A szociálpolitika eredete és fejlődése. In: Mozaikok a szociális gondolkodás hazai történetéből (III.) [*Der Ursprung und Entwicklung der Sozialpolitik. In: Mosaiken aus der Geschichte des ungarischen sozialen Denkens*]. A Szociális Munka Alapítvány Kiadványai, Budapest, 1993.

Esztergár, Lajos: A szociálpolitika tételes jogi alapja [*Die geschriebenen juristischen Grundlagen der Sozialpolitik*]. Pécs, 1936.

Esztergár, Lajos: Gyakorlati szociálpolitika [*Praktische Sozialpolitik*]. Pécs, 1933.

Fabó, Beáta: Építkezés a reprezentáció szolgálatában: középületek és terek [*Bautätigkeit im Dienste der Repräsentation: öffentliche Gebäude und Plätze*]. In: Az egyesített főváros. Pest, Buda, Óbuda [*Die vereinte Hauptstadt: Pest, Ofen, Altofen*]. Hrsg.: **Gyáni**, Gábor. Városháza Kiadó, Budapest, 1998.

Faragó Tamás: Az 1838. évi árvíz a Szentendrei-sziget falvaiban [*Die Überflut in den Dörfern der Szentendreer Insel im Jahre 1838*]. In: **Faragó**, Tamás: Tér és idő - család és történelem [*Raum und Zeit – Familie und Geschichte*]. In: Társadalomtörténeti Tanulmányok (1976-1992). Miskolc 1999.

Fekete, Sándor: Szociálpolitka [*Sozialpolitik*]. Pécs, 2000.

Ferge, Zsuzsa – **Gara**, Judit – **Horváth**, Ágota – **Szalai**, Júlia: A szegénységgel és a többoldalúan hátrányos helyzettel kapcsolatos mai nyugati nézetek [*Die heutigen westeuropäischen Ansichten über die Armut und die mehrfach benachteiligte Lage*]. In: Valóság, 1980. Nr. 2.

Ferge, Zsuzsa: A szegénység társadalmi megítélése Magyarországon, történelmi nézőpontból [*Die gesellschaftliche Beurteilung der Armut in Ungarn in historischem Blickpunkt*]. In: **Ferge**, Zsuzsa: Szociálpolitika és társadalom [*Sozialpolitik und Gesellschaft*]. Budapest, 1991.

Ferge, Zsuzsa: A szociálpolitika értelmezése [*Sinndeutung der Sozialpolitik*]. In: Szociálpolitika és társadalom. Válogatás Ferge Zsuzsa tanulmányaiból

[*Sozialpolitik und Gesellschaft. Auswahl aus den Studien von Zsuzsa Ferge*]. Budapest, 1994.

Ferge, Zsuzsa: Elszabaduló egyenlőtlenségek. Állam, kormány, civilek. [*Die sich losreißenden Ungleichheiten. Staat, Regierung, Zivilisten*]. Budapest, 2000.

Ferge, Zsuzsa: Fejezetek a magyar szegénypolitika történetéből [*Kapitel aus der Geschichte der ungarischen Armenpolitik*] Budapest, 1998. (1986.)

Ferge, Zsuzsa: Szociálpolitika és társadalom [*Sozialpolitik und Gesellschaft*]. ELTE Szociológiai Intézet Szociálpolitikai Tanszék –T-Twins, Budapest, 1991.

Frerich, Johannes – **Frey,** Martin: Handbuch der Geschichte der Sozialpolitik in Deutschland. Band I: Von der vorindustriellen Zeit bis zum Dritten Reich. Zweite Auflage. R. Oldenbourg Verlag, München/Wien, 1996.

Futó, Mihály: A magyar gyáripar története. I. kötet. A gyáripar kialakulása az első állami iparfejlesztési törvényig (1881) [*Geschichte der ungarischen Fabrikindustrie. Band I. Die Herausbildung der Fabrikindustrie bis zum ersten Gewerbeentwicklungsgesetz (1881)*]. Budapest, Magyar Gazdaságkutató Intézet, 1944.

Gergely, András: Települések, lakások, lakóik a századforduló Magyarországán [*Siedlungen, Wohnungen, ihre Bewohner in dem Ungarn der Jahrhundertwende*]. In: Történelmi Szemle, 1971. Nr. 2.

Gergely, Ferenc: A magyar gyermekvédelem története (1867—1991) [*Geschichte des ungarischen Kinderschutzes (1867–1991)*]. Budapest, 1997.

Gergely, Jenő: A pápaság története [*Geschichte des Papsttums*]. Budapest, Kossuth Könyvkiadó, 1982.

Gesetz vom 5. März 1862 Nr. 18. [...] womit die grundsätzlichen Bestimmungen zur Regelung des Gemeidewesens vorgezeichnet werden. Reichs-Gesetz-Blatt für das Kaisertum Oesterreich. Jahrgang 1862. XIV. Stück. http://alex.onb.ac.at/cgi-content/anno-plus?apm=0&aid=rgb&datum=18620004&seite=00000036&zoom=2

Gyáni, Gábor – **Kövér,** László: Magyarország társadalomtörténete a reformkortól a második világháborúig. [*Ungarns Sozialgeschichte ab dem Vormärz bis zum Zweiten Weltkrieg*]. Osiris Kiadó, Budapest, 2006.

Gyáni, Gábor: A szociálpolitika múltja Magyarországon [*Die Vergangenheit der Sozialpolitik in Ungarn*]. Budapest, 1994. In: Előadások a történettudomány köréből 4.

Gyáni, Gábor: Könyörületesség, fegyelmezés, avagy a szociális gondoskodás genealógiája [*Barmherzigkeit, Disziplinierung oder die Geneologie der sozialen Versorgung*]. In: Történelmi Szemle, 1999. Nr. 1-2.

Gyorsjelentés a fogyatékos emberek helyzetéről. [*Schnellbericht über die Lage der Behinderten*]. Szerkesztette és a tanulmányokat írta **Kováts,** András és **Tausz,** Katalin. Szociális Szakmai Szövetség, Budapest, 1997.

Gyorsjelentés a szegénységről. [*Schnellbericht über die Armut*]. Szerkesztette **Czike**, Klára és **Tausz**, Katalin **Boros**, Jenő fotóinak közreadásával. Szociális Szakmai Szövetség, Budapest, 1996.

Hanvai, Sándor: A szegénygyámolításról [*Über die Armenunterstützung*]. Budapest, 1925.

Hefty, Paul Georg: Auch Korruption fängt klein an. In: Frankfurter Allgemeine, FAZ.NET. 20. September 2011.

Heiland, Helmut: Die Schulpädagogik Friedrich Fröbel. Reinbek, 1993.

Helander, Voitto: Korporatismi. Traditioista, esiintymisesta ja ilmiöllisistä tulkinnoista. [*Korporatismus. Seine Wurzeln, Erscheinungsformen und Interpretationen*]. Gaudeamus, Helsinki, 1981.

Heller, Farkas: A szociálpolitika alapja és lényege [*Die Basis und das Wesen der Sozialpolitik*]. In: Szociálpolitikai Értesítő, 1990. Nr. 1. S. 165-175.; Erstauflage: A korszerű közszolgálat útján [*Auf dem Wege des modernen öffentlichen Dienstes*]. In: A mai magyar szociálpolitika. Band 10. Hrsg.: **Mártonffy**, Károly. Budapest, 1939.

Heller, Farkas: A szociálpolitika alapja és lényege. [*Der Grund und das Wesen der Sozialpolitik.*] In: Mozaikok a szociális gondoskodás történetéből I. A Szociális Munka Alapítvány Kiadványai, Budapest, 1993.

Hellsten, Kristiina: Sosiaalinen turvallisuus - sosiaaliturva muuttuvassa yhteiskunnassa. [*Soziale Sicherheit - sozialer Schutz in einer sich wandelnden Gesellschaft*]. Espoo, 1981.

Hermann, Róbert – **Závodszky**, Géza: Nemzet születik [*Eine Nation im Werden*]. Helikon Kiadó, Budapest, 1997.

Hilscher, Rezső: Bevezetés a szociálpolitikába [*Einführung in die Sozialpolitik*]. Budapest, 1928.

Hirsch, Joachim: Der Sicherheitsstaat. Das Modell Deutschland, seine Krise und die neuen sozialen Bewegungen. EVA, Frankfurt am Main, 1980.

Hof- und Staats-Handbuch der Österreichisch–Ungarischen Monarchie für das Jahr 1900. Wien, 1901.

http://de.wikipedia.org/wiki/Elberfelder_System
http://de.wikipedia.org/wiki/Stra%C3%9Fburger_System
http://en.wikipedia.org/wiki/Samuel_Augustus_Barnett
http://hu.wikipedia.org/wiki/agrárszocialista mozgalmak
http://hu.wikipedia.org/wiki/Istvántelek
http://de.wikipedia.org/wiki/Wirtschaftswunder

Huszár, György: Magyar orvosok önéletrajzai [*Selbstbiographien von ungarischen Ärzten*]. In: Orvostörténeti Közlemények, 1987.

Immonen, Niina: Yhteisötalous Suomessa. Sisäpiirin slangia vai uutta yhteistyön taloutta. Tampereen seudun osuustoiminnan kehittämisyhdistys. Tampere, 2006.

Inántsy-Papp, Elemér: A magyar városok szociálpolitikai tevékenysége [*Die sozialpolitische Tätigkeit der ungarischen Städte*]. In: Statisztikai Közlemények, Band 93. Nr. 31. Budapest, 1940.

Jenei, György: Bevezetés a társadalompolitikába [*Einführung in die Sozialpolitik*]. Bologna Tankönyvsorozat. Aula Kiadó, Budapest, 2008.

Jessop, Bob: Future of Capitalist-state. Polity Press: Cambridge, 2005.

Kaiserliches Patent vom 17. März 1849 [...] womit ein Provisorisches Gemeindegesetz erlassen wird. Jahrgang III.. Stück 170. In: http://alex.onb.ac.at/cgi-content/anno-plus?apm=0&aid=rgb&datum=18590004&seite=00000095&zoom=2

Kaiserliches Patent vom 24. April 1859, wirksam für den ganzen Umfang des Reiches, mit Ausnahme des lombardisch-venetianischen Königreiches, Dalmatiens und des Militär-Gränzlandes. Reichs-Gesetz-Blatt für das Kaisertum Oesterreich. Jahrgang 1859. XIV. Stück. In: http://alex.onb.ac.at/cgi-content/anno-plus?apm=0&aid=rgb&datum=18590004&seite=00000095&zoom=2

Kálmán, Zsófia – **Könczei**, György: A Taigetosztól az esélyegyenlőségig [*Vom Taigethos bis zur Chancengleichheit*]. Osiris Kiadó, Budapest, 2002.

Kant, Immanuel: Kritik der praktischen Vernunft. Jena, 1788.

Karisto, Antti – **Takala**, Pentti – **Haapola**, Ilkka: Elintaso, elämäntaa, sosiaalipolitiikka. Aineistoa suomalaisen yhteiskunnan muutoksesta. Helsingin yliopiston Lahden tutkimus ja koulutuskeskus [*Lebensstandard, Lebensweise. und Sozialpolitik. Materialien zum Wandel der finnischen Gesellschaft*]. Forschungs- und Schulungszentrum in Lahti. Universität Helsinki/Lahti, 1983.

Kaszás, Marianne: Az egyesületi karitásztól az állami gondoskodásig. Szociális gyermekvédelem a századfordulón Budapesten [*Von Wohltätigkeit der Vereine zur staatlichen Versorgung*]. In: Szociológiai Szemle, 1994. Nr. 1.

Kauppi, Raili: Arvot, tavoittet ja ihmiskuva yhteiskunnallisen toiminnan lähtökohtina [*Werte, Ziele und Menschenbild als Grundlagen sozialer Politik*]. In: Teoksessa "Tavoitteet ja todellisuus sosiaalihuollossa". Helsinki, 1982. S. 15.

Kemény, István: A szegénységről. Felszólalás az Magyar Tudományos Akadémián 1970. [*Über die Armut. Diskussionsbeitrag an der Ungarischen Akademie zu Wissenschaften im Jahre 1970*]. In: **Kemény**, István: Szociológiai írások [*Soziologische Schriften*]. Szeged, 1992.

Klobuczynski, Christian Bruno von: Das Elberfelder System der Armenfürsorge. Referat. Grin, Verlag für akademische Texte. Universität Kassel, 1994.

Korpi, Walter: Sosiaalipolitiikan strategiat ja Ruotsin. [*Die Ansätze der Sozialpolitik in Schweden*]. In: Sosiaalipolitiikka 11/8. 1. 6. S. 13-36.

Koselleck, Reinhardt: Preußen zwischen Reform und Revolution. Allgemeines Landrecht, Verwaltung und soziale Bewegung von 1791 bis 1848. Klett-Cotta Verlag, Stuttgart, 1987.

Kosonen, Pekka: Pohjoismaisten hyvinvointimallien murrokset 1990-luvulla. Teoksessa Veli-Matti Ritakallio (toim.) Riskit, instituutiot ja tuotokset. esseitä hyvinvointitutkimuksesta professori Olli Kankaan täyttäessä 50 vuotta. In: Sosiaalipoliittisen yhdistyksen tutkimuksia. Nr. 59. S. 43 – 67.

Kovrig, Béla: A munka védelme a dunai államokban [*Arbeitsschutz in den Donaustaaten*]. Kolozsvár, 1944.

Kuhnle, Stein: The Beginning of the Nordic Welfare States: Similarities and Differences. In: Acta Sociolgica 1978, Supplement.

Kuusi, Pekka: 60-luvun sosiaalipolitiikka. Sosiaalipoliittisen yhdistyksen julkaisuja. WSOY, Porvoo, 1961.

Kuusi, Pekka: 60-luvun sosiaalipolitiikka. [*Die Sozialpolitik in den 6Oer Jahren*]. Porvoo, 1963.

Kőrösy, József: Budapest székesfőváros szegényügye az 1900-1902. években [*Das Armenwesen der Hauptstadt Budapest in den Jahren 1900–1902*]. In: Budapest Székesfőváros Statisztikai Közleményei. Band 37. Budapest, 1905.

Kövér, György: Milyenek vagyunk? [*Wie sind wir?*]. In: Századvég, 1997. Nr. 4.

Krémer, Balázs: Van-e Magyarországon szegénység? [*Gibt es heute in Ungarn Armut?*] In: Esély, 1993.

Ladányi, János: Leszakadók. A gazdasági és társadalmi szerkezetváltás alternatívái. [*Die sich Marginalisierenden. Alternative des wirtschaftlichen und gesellschaftlichen Struturwechsels*]. In: Replika, 1991. Nr. 4.

Lakatos, Mária: Hajléktalanság a nemzetközi irodalom tükrében [*Obdachlosigkeit im Spiegel der internationalen Fachliteratur*]. Budapest, 1993.

Laurinkari, Juhani: Osuustoiminta. Utopiasta kansainvälisen yrittämisen muodoksi. Pellervo-seura, Helsinki, 2004.

Laurinkari, Juhani (toim.): Yhteisötalous. Johdatus perusteisiin. Palmenia, Helsinki, 2007.

Laurinkari, Juhani: Kilpailuyhteiskunnan sosiaalipolitiikka. Esitys Sosiaalipolitiikan Päivillä 2/10. Kuopio, 2009.

Laurinkari, Juhani: Sosiaali- ja terveyspoliittiset arvot sekä niiden ilmentyminen Suomen terveydenhuollon suunnittelujärjestelmässä. Käsikijoitus. [*Soziale und gesundheitspolitische Werte des finnischen Public Health-Systems. Manuskript*]. Kuopio, 1989.

Léderer, Pál – **Tencze**r, Tamás – **Ulicska**, László [Szerk.]: „A tettetésnek minden mesterségiben jártasok." Koldusok, csavargók, veszélyeztetett gyerekek a modernkori Magyarországon [*„Sie sind bewandert in allen Tricks der Heuchelei". Bettler, Landstreicher und gefährdete Kinder in dem Ungarn der Neuzeit*]. Budapest, 1998.

LeGrand, Julian – **Propper**, Carol – **Smith**, Sarah: The Economics of Social Problems. Palgrave Macmillan: Houndsmill, Basingstoke and Hampshire, 2008.

Lehto, Juhani – **Kananoja**, Aulikki – **Kokko**, Simo – **Taipale**, Vappu: Sosiaali- ja terveydenhuolto. WSOY, Helsinki, 2001.

Lehtonen, Heikki. Sosiaalipolitiikan käsitteen ja sen teoreettisen aerustan kehityksesta Suomessa. [*Die Sozialpolitik und die Entwicklung ihrer theoretischen Grundlage in Finnland*]. In: Sosiologia, 1977/14. S. 114-122.

Losonczi, Ágnes: Az életmód az időben, a tárgyakban és az értékekben [*Die Lebensart in der Zeit, in den Gegenständen und in der Wertodnung*]. Gondolat Kiadó, Budapest, 1977.

Magyar Törvénytár 1884-1886. évi törvényczikkek. Szerk.: **Márkus**, Dezső. [*Ungarisches Reichsgesetzarchiv. Gesetzartikel von den Jahren 1884-1886. Hrsg.: Dezső Márkus*]. Budapest, 1897.

Magyarország hatályos törvényei kiegészítve a törvényeket módosító jogszabályokkal [*Geltende Gesetze Ungarns ergänzt mit den das Gesetz modifizierenden Rechtsnormen*]. Hrsg.: **Vladár**, Sándor. Budapest, 1943.

Magyary, Zoltán: A nemzeti szocialista községi közigazgatás [*Die national-sozialistische Gemeindeverwaltung*]. Budapest, 1936.

Meyers Kleiner Lexikon. Geschichte. Herausgegeben von Meyers Lexikonredaktion mit einer Einleitung von Golo **Mann**. Meyers Lexikonverlag Mannheim/Wien/Zürich, 1987.

Mezei, György – **Sarlós**, Katalin: Nyomorskála [*Elendsskala*]. In: Terem a nyomor füzetek [*„Das Elend im Gedeihen" Hefte*] Nr. 1. Budapest, 1995.

Mikkola, Maahantuonti: Sosiaalilainsaad'ännön kehitys Suomessa - saija hallitsemattomia rakennemuutoksia [*Die Entwicklung der Sozialgesetzgebung in Finnland - am Beispiel ihrer Strukturbrüche*. In: Sosiaalinen aikakauskirja, 1987. 516. S. 25-39.

Miller, David: Social Justice. Oxford, 1979.

Mishra, Ramesh: Society and Social Policy. Theoretical Perspectives of Welfare. London, 1977.

Moisio, Pasi: Köyhyyden ja toimeentulo-ongelmien kehitys. Teoksessa: Pasi Moisio, Sakari Karvonen, Jussi Simpura ja Matti Heikkilä (toim.): Suomalaisten hyvinvointi. Sosiaali - ja terveysalan tutkimus - ja kehittämiskeskus. Vammala, 2008.

Molnár, Miklós: Geschichte Ungarns. Von den Anfängen bis zur Gegenwart. Hrsg. der deutschen Ausgabe und Übersetzung: Bálint **Balla**. Krämer, Hamburg, 1999.

Neményi, Ambrus: [Bericht] über die Wohnungslage in der Hauptstadt 1883. In: Források Budapest történetéhez. Band II. BFL, 1971.

Niemelä, Heikki: Suomen kokonaiseläkejärjesteimän muotoutuminen. Kansaneläkelaitoksen julkaisuja. Sosiaaliturvan tutkimuslaitos. [*Aufbau des Pensionssystems in Finnland. Veröffentlichung der Sozialversicherung. Forschungsinstitut für soziale Sicherheit*]. Dissertation. Helsinki, 1988.

Niemelä, Pekka: Sosiaaliturva, oikeudenmukaisuus ja tasa-wo [*Soziale Sicherheit, Gerechtigkeit und Gleichheit*]. In: Sozialversicherung, 1987/25. Nummer 3. S. 86-90.

Nieminen, Armas Vilhelm: Mita on sosiaalipolitiika? Tutkimus sosiaalipolitiikan käsitteen ja järjestelmien kehityksestä [*Was ist*

Sozialpolitik? Eine Untersuchung über den Begriff und die Entwicklung von Sozialsystemen]. In: Sosiaalipoliittisen yhdistyksen julkaisuja 4. Juva, 1984 (alkup. 1955)].

Ormos, Mária: Magyarország a két világháború korában [*Ungarn im Zeitalter der zwei Weltkriege*]. Debrecen, 1998.

Országh, Sándor: A Budai Jótékony Nőegylet 1817-1897 [*Der Budaer Wohltätige Frauenverein*]. Budapest, 1898.

Pálos, Károly: Szegénység, szegénygondozás [*Armut, Armenversorgung*]. Szombathely, 1934.

Pásztor, Mihály: Az eladósodott Budapest [*Das verschuldete Budapest*]. Budapest, 1907.

Pik, Katalin: A szociális munka története Magyarországon (1817-1990) [*Geschichte der Sozialarbeit in Ungarn (1817–1990]*. Budapest, 2001.

Polyák, Andrea: A IX.ügyosztály. Szegénysorsok Budapesten [a] XIX. század végén [*Die Sektion IX. Schicksale von Armen in Budapest gegen Ende des 19. Jahrhunderts*]. In: A mesterség iskolája. Tanulmányok Bácskai Vera 70. születésnapjára [*Die Schule der Meisterschaft. Studien zum 70-jährigen Jubiläum von Vera Bácskai*]. Osiris Kiadó, Budapest, 2000.

Pomogyi, László: Szegényügyi és községi illetőség a polgári Magyarországon. [*Armenversorgungszuständigkeit und Heimatberechtigung in dem bürgerlichen Ungarn*]. Budapest, 2001.

Poutanen, Veli-Matti: Sosiaalitaloudesta yhteisötalouteen. Teoksessa Juhani Laurinkari (toim.) Yhteisötalous. Johdatus perusteisiin. Palmenia, Helsinki Sivut, 2007. S. 67 – 91.

Prónai, Borbála: A kötelező társadalombiztosítás szolgáltatásai a két világháború közötti Magyarországon [*Die Dienstleistungen der sozialen Pflichtversicherung in dem Ungarn der Zwischenkriegszeit*]. In: Szociális kérdések és mozgalmak Magyarországon (1919-1945). Szerk.: **Szilágyi,** Csaba. Budapest, 2008.

R. Várkonyi, Ágnes – **Vörös,** Károly: Három vázlat Budapest társadalomtörténetéből a dualizmus korában [*Drei Skizzen aus der Gesellschaftsgeschichte von Budapest aus dem Zeitalter des Dualismus*]. Studien aus der Vergangenheit von Budapest. Band XXIX.

Raunio, Kyösti: Sosiaalipolitiikan lähtökohdat. Gaudeamus: Helsinki, 1999.

Rejtőzködő jelen : tanulmányok Ferge Zsuzsának. Szerk.: **Tausz,** Katalin, **Várnai,** Györgyi. Közreadja a Hilscher Rezső Szociálpolitikai Egyesület. Budapest, 1996.

Renner, Andreas: Die zwei „Neoliberalismen". In: Fragen der Freiheit, Heft 256, Okt./Dez. 2000.

Réti, Endre: Egykori doktori disszertációk [*Doktordissertationen von einst*]. Budapest, 1974.

Rézler Gyula válogatott tanulmányai 1938–1944 [*Ausgewählte Studien von Gyula Rézler 1938-1944*]. Hrsg.: **Tóth,** Pál Péter. Budapest, 2005.

Riihinen, Olavi: Henkinen tuvallisuus - haaste tulevaisuuden sosiaaliipolitiikalle[*Psychische Sicherheit - eine Herausforderung für die Sozialpolitik in der Zukunft*]. In: Sosiaaliturva, 67 1979. S. 819-827.

Riihinen, Olavi: Hyvinviointiteonoista [*Wohlstandstheorien*]. In: Sosoiaalinen aikakauskija, 576 1987. S. 7-19.

Riihinen, Olavi: Arvot ja hyvinvointipolitiikka. Alustus Järjestöjohdon sosiaali-ja terveyspolitiikan kehittämisforumissa Heinolassa 7/2 2007.

Rintala, Taina: Euroopan unionin sosiaalipoliittiset linjaukset ja suomalainen vanhuspolitiikka.Yhteiskuntapolitiikka, 70/4, 2005.

Rogall, Holger: Volkwirtschaftslehre für Sozialwissenschaftler. Verlag für Sozialwissenschaften, Wiesbaden, 2006.

Romsics, Ignác: Magyarország története a XX. században [*Geschichte Ungarns im 20. Jahrhundert*]. Osiris Kiadó, Budapest, 1999.

Ruotsalainen, Sami: Sosiaaliturvapolitiikan vaikuttimet, persustelutja kehityssuunnat mmilaisen yhteiskuntateorian valossa [*Motive, Beweggründe und Entwicklungstrends der Sozialpolitik aus der Sicht der marxistischen Gesellschaftstheorie*]. In: Helsingin yliopiston sosiaalipolitiikan laitoksen tutkimuksia 7. Helsinki, 1971.

Saari, Juho (toim.): Hyvinvointivaltio. Suomen mallia analysoimassa. Yliopistopaino Kustannus/Helsinki University Press, 2005.

Salo, Sinikka: Kylmä järki, lämmin sydän – talous hyvinvoinnin perustana. Puheenvuoro Etelä-Pohjanmaan Sosiaali- ja terveysturvayhdistys ry:n 85-vuotisjuhlaseminaarissa Hyvinvoinnin edistämisen perusta ONNI & SISU Seinäjoella 2.11.2007.

Sándor,Vilmos: A nagyipari fejlődés Magyarországon 1867–1900 [*Die großindustrielle Entwicklung in Ungarn 1867–1900*]. Szikra, Budapest, 1954.

Schiffer, Rita: Az újpesti Főiskolai Szociális Telep. Szakdolgozat. Bárczi Gusztáv Gyógypedagógiai Tanárképző Főiskola [*Die Hochschulische Soziale Siedlung von Újpest. Diplomarbeit an der Heilpädagogischen Hochschule Gusztáv Bárczi*]. Budapest, 1995.

Schmall, Lajos: Pest város szabályrendeletei és elvi jelentőségű határozatai [*Regelungen und Verordnungen prinzipieller Bedeutung der Stadt Pest*] Band III. Budapest, 1863.

Schmidt-Schweizer, Andreas: Politische Geschichte Ungarns von 1985 bis 2002: von der liberalisierten Einparteienherrschaft zur Demokratie in der Konsolidierungsphase. Oldenbourg Wissenschaftsverlag, 2007.

Schuler, Dezső: A hatósági nyílt szegénygondozás Budapesten [*Die behördliche offene Armenversorgung in Budapest*]. In: Budapest Székesfőváros Statisztikai Közleményei. Band 75. Budapest, 1935.

Schuler, Dezső: A székesfőváros lakosságának szociális gondozása. Mai magyar szociálpolitika [*Die soziale Versorgung der Bevölkerung der Hauptstadt. Sozialpolitik von heute*]. Budapest, 1939.

Schuler, Dezső: Hatósági és társadalmi embervédelem Budapesten [*Behördlicher und gesellschaftlicher Menschenschutz in Budapest*]. In: Statisztikai Közlemények, 1937. Band 78. Nr. 4., Band 90. Nr. 1.

Siipi, Helena.: Hsykkeita. [*Anreiz*] In: Turun yliopiston sosiaalipolitiikan laitoksen tutkielmia B: 13. Turku, 1970.

Spéder, Zsolt: A szegénység változó arcai [*Die sich umwandelnden Gesichter der Armut*]. (Andorka Rudolf Társadalomtudományi Társaság) Budapest, 2002.

Spéder, Zsolt: Család és népesség itthon és Európában. [*Familie und die Bevölkerung hierzulande und in Europa*]. Budapest, 2003.

Szabályrendelet-tervezet a fővárosi lakásviszonyok rendezésére [*Gemeindeordnungsentwurf für die Regelung der Wohnungsverhältnisse der Hauptstadt*]. 1884. In: Források Budapest történetéhez [*Quellen zur Geschichte der Hauptstadt*]. Band II. Hrsg.: **H. Kohut**, Mária. BFL kiadványa, Budapest, 1971.

Szádeczky-Kardos, Tibor: A munkanélküliség statisztikai módszerei és főbb tanulságai Magyarországon [*Die statistischen Methoden und ihre wichtigsten Belehrungen in Ungarn*]. In: Kenéz Béla Emlékkönyv. Budapest, 1932.

Szalai, Júlia: Uraim! A jogaimért jöttem! [*Meine Herren! Ich will meine Rechte wieder bekommen!*]. Új Mandátum Kiadó, Budapest, 1998.

Szalárdy, Mór dr.: A közárvaház és a gyermekhalandóság Magyarországon [*Das Waisenhaus und die Kindermortalität in Ungarn*]. Budapest, 1879.

Szalárdy, Mór dr.: Néhány szó a lelencház ügyében [*Ein paar Worte zur Angelegenheit Findelhaus*]. Budapest, 1892.

Szávai, Ferenc: A kettős Monarchia öröksége [*Das Erbe der Doppelmonarchie*]. IPF-Könyvek 6. Szekszárd, 2000.

Szávai, Ferenc: Die Folgen des Zerfalls der Österreichisch-Ungarischen Monarchie. Sripta Mercaturae Verlag, Sankt Katharinen, 2003.

Szekfű, Gyula: Három nemzedék [*Drei Generationen*]. Budapest, 1938.

Szikra, Dorottya: A szociálpolitika másik arca [*Das andere Gesicht der Sozialpolitik*]. In: Századvég, Nr. 48.

Szikra, Dorottya: Modernizáció és társadalombiztosítás a 20. század elején [*Modernisierung und Sozialversicherung am Anfang des 20. Jahrhunderts*]. In: http://www.kszemle.hu/kiadvany/Augusztinovics_- _Korkep_reform_utan/ch01.html

Szociálpolitika-történeti szöveggyűjtemény [*Textsammlung für Sozialpolitikgeschichte*]. Redigiert von Mihály **Nyilas**. Budapest, 2008.

Tefner, Zoltán: Bomlás és újjászületés. A berni Magyar Királyi Követség alapításának előzményei (1918–1921) [*Auflösung und Wiedergeburt. Vorgeschehnisse der Gründung der Königlich Ungarischen Botschaft in Bern (1918–1921)*]. In: Valóság, Jahrgang VII, 2009/1.

Tomka, Béla: A jóléti állam Európában és Magyarországon [*Der Wohfahrtsstaat in Europa und in Ungarn*]. Corvina Kiadó, Budapest, 2008.

Tomka, Béla: Szociálpolitika a 20. századi Magyarországon európai perspektívában [*Sozialpolitik in dem Ungarn des 20. Jahrhunderts in europäischer Perspektive*]. Századvég Kiadó, Budapest, 2003.

Trick, Peter Matthias: Die Integration Ungarns in den europäischen Wirtschaftsraum: Eine Analyse der außenwirtschaftlichen Verflechtungen Ungarns. Diplomica Verlag, 2009.

Tóth, Lőrincz: Úti tárca [*Reiseportefeuille*]. Pest, 1844.

Tudósítás az Asszonyi Egyesület által sz. kir. Pest városában alapított jóltévő Intézetekről, azoknak belső elrendeltetéséről és fenn állásáról, 1817diki martius elsejétől 1833diki september végéig. [*„Bericht über die von dem Frauenverein gegründeten Wohltätigkeitsvereine in der freien königlichen Stadt Pest, über ihre innere Ordnung und Bestehung"*]. Bécsben 1834.

Ulicska, László: A munka, mint büntetés. Dologház és társadalmi integráció. In: A szociálpolitika történetéből [*Die Arbeit als Strafe. Arbeitshaus/Zuchthaus und gesellschaftliche Integration. In: Aus der Geschichte der Sozialpolitik*]. Budapest, 1993.

Valuch, Tibor: Magyarország társadalomtörténete a XX. század második felében [*Ungarns Sozialgeschichte in der zweiten Hälfte des 20. Jahrhunderts*]. Osiris Kiadó, Budapest, 2001.

Varga, Jenő: A lakásügy, mint közgazdasági és szociális probléma [*Das Wohnungswesen als ökonomisches und soziales Problem*]. In: Huszadik Század, 1918. évf.

Veckó, József: A gyermekvédelem pszichológiai és pedagógiai alapjai [*Psychologische und pädagogische Grundlagen des Kinderschutzes*]. Tankönyvkiadó, Budapest, 1990.

Väänänen-Tommppo, Irma: Työmarkkinajärjestöjen rooli sosiaalipolitiikan kehittämisessä Suomessa vuosina 1956-1979. Helsingin yliopiston sosiaalipolitiikan laitoksen tutkimuksia 6. [*Die Funktionen der Arbeitsmarktvenvaltung bei der Entwicklung der Sozialpolitik in Finnland 1956-1979*]. Helsinki, 1981.

Weisz, Bernát: Indítvány egy lelencház felállítása tárgyában [*Vorschlag im Gegenstand der Errichtung eines Findelhauses*]. Budapest, 1876.

Wenczel, Geyza – **Medriczky,** Andor – **Liber,** Endre: Budapest székesfőváros szociálpolitikai, közjótékonysági és közművelődési közigazgatásának kézikönyve [*Handbuch für Sozialpolitik, gemeinschaftliche Wohltätigkeit und Volksbildung der Hauptstadt Budapest*]. Budapest, 1930.

Wildner, Ödön: A főváros közigazgatásának története a kiegyezéstől a Millenniumig [*Geschichte der Verwaltung der Hauptstadt vom Ausgleich bis zur Zeit des Milleniums*]. In: Statisztikai Közlemények. Hrsg.: **Ilyefalvi**, Lajos. Budapest Székesfőváros Házinyomdája, 1939.

Scott Nicholas Romaniuk
Marguerite Marlin

Divided States

Strategic Divisions in
EU-Russia Relations

Paperback, 476 p.
ISBN: 978-3-942109-98-7
EUR 59,50

disserta Verlag 2012

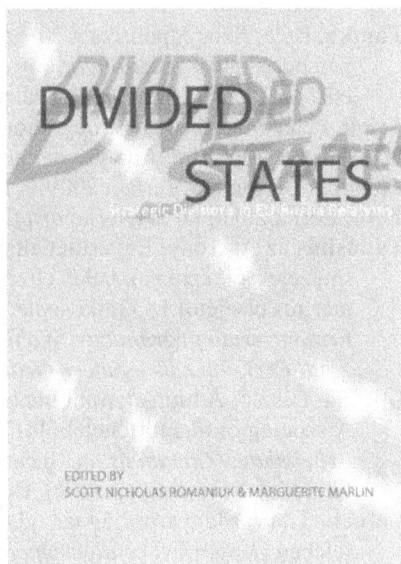

'Divided States' provides a nuanced understanding of some of the most important and impacting issues in EU-Russia relations, and is essential reading for anyone interested in the complex mechanisms that drive political and economic activity in Europe and the European periphery.

The original and thought-provoking chapters, by experts in their fields, apply cutting-edge theoretical constructs such as hybridity theory, a hierarchical understanding of monetary relations, and an examination of asymmetric political and economic partnerships, all of which address key questions and challenges in the field of EU-Russia relations.

While the specific conclusions expressed are as diverse as the issues analyzed, the findings point to a reality of regression in spite of progression in critical spheres regarding state and non-state actors, dynamics driving mutual exclusion instead of inclusion, and budding skepticism regarding nationalist values, social identities, and ideological sentiments.

Dagmar Reindl

Effektivität des vergaberechtlichen Rechtsschutzes in Ungarn

Paperback, 468 S.
ISBN: 978-3-942109-32-1
EUR 69,50

disserta Verlag 2010

Dagmar Reindl

Effektivität
des vergaberechtlichen
Rechtsschutzes in Ungarn

disserta
Verlag

Die vorliegende Arbeit wagt einen rechtsvergleichenden Blick auf den Vergaberechtsschutz in der Republik Ungarn und dessen Effektivität. Maßstab hierfür sind die verfassungseigenen und europarechtlichen Anforderungen an einen effektiven Vergaberechtsschutz sowohl im Anwendungsbereich der Rechtsmittelrichtlinien als auch unterhalb der EU-Schwellenwerte.

Die Autorin erläutert dabei umfassend die institutionellen und verfahrenstechnischen Elemente des ungarischen Primär- und Sekundärrechtsschutzes, die das ungarische Gesetz Nr. CXXIX von 2003 über die öffentliche Auftragsvergabe gewährt. Umsetzungsdefizite in der Gesetzgebung werden diskutiert und Lösungsansätze aufgezeigt.